Karte 1 | Europa–Übersicht der Fotostandorte

Klaus Hormann
Die Flüsse Europas in 100 Panoramen

Die Deutsche Nationalbibliothek verzeichnet diese Publikation
in der Deutschen Nationalbibliografie;
detaillierte bibliografische Daten sind im Internet über
http://dnb.d-nb.de abrufbar.

Das Werk ist in allen seinen Teilen urheberrechtlich geschützt.
Jede Verwertung ist ohne Zustimmung des Verlags unzulässig.
Das gilt insbesondere für Vervielfältigungen,
Übersetzungen, Mikroverfilmungen und die Einspeicherung in
und Verarbeitung durch elektronische Systeme.

© 2009 by WBG (Wissenschaftliche Buchgesellschaft), Darmstadt
Die Herausgabe des Werkes wurde durch die Vereinsmitglieder
der WBG ermöglicht.
Redaktion: Katrin Kurten, Wiesbaden
Fotografien und Karten 1–5: Klaus Hormann
Layout, Satz und Prepress: schreiberVIS, Seeheim
in Zusammenarbeit mit Elke Göpfert, Mörlenbach-Weiher
Umschlaggestaltung: Stefan Schmid, Stuttgart,
unter Verwendung von Abbildungen aus dem Band
Gedruckt auf säurefreiem und alterungsbeständigem Papier
Printed in Germany

Lizenzausgabe für: Konrad Theiss Verlag GmbH, Stuttgart

Besuchen Sie uns im Internet: www.theiss.de

ISBN 978-3-8062-2293-7

Inhalt

Bildverzeichnis	6
Verzeichnis der Karten der Fotostandorte und Tabellenverzeichnis	8
Quellen der Flüsse Europas in den Alpen oder „Ein Fluss hat hunderttausend Quellen"	9
Hochwasser, Wassermangel und was dazwischen liegt	13
Bildteil Flüsse in den Alpen	14 – 27
Ranglisten der Flüsse Europas	28
Die Wolga und andere Flüsse Russlands	30
Bildteil Wolga, Don, Newa	32 – 53
Die Donau	54
Bildteil Donau	56 – 83
Schifffahrt auf den Flüssen Europas und Wasserkraftwerke	84
Der Rhein	86
Weser, Elbe, Oder und Weichsel	87
Bildteil Rhein, Weser, Elbe, Oder, Weichsel	88 – 119
Die Entstehung der Flusssysteme Europas	120
Der Po und andere Flüsse der Po-Ebene, Arno und Tiber	121
Rhone, Seine und andere Flüsse Frankreichs	123
Flüsse der Iberischen Halbinsel	123
Bildteil Italien, Frankreich, Spanien, Portugal	124 – 179
Flüsse Nordeuropas	180
Berühmte kleinere Flüsse Europas	180
Unterirdische Flüsse, Karstflüsse, Karstquellen und ehemalige Flüsse	181
Bildteil Nordeuropa, Karstflüsse, Bosporus	182 – 205
Register der Flussnamen	206
Literaturverzeichnis	207
Bemerkungen zur Fototechnik und über die Betrachtung von Panoramen, sowie ein Schlusswort	208

Bildverzeichnis

Nr.		Seite
1	Rhonegletscher – Grimselpass – Goms (Schweiz)	14
2	Der Ursprung der Aare (Schweiz)	16
3	Der Ursprung des Hinterrheins (Schweiz)	18
4	Oberengadin, Malojapass und Bergell (Schweiz)	20
5	Der Ursprung des Inn (Schweiz)	22
6	Quelle über dem Lunghin-See (Schweiz)	24
7	Die Po-Quelle – Qui nasce il Po (Italien)	25
8	Das alpine Po-Tal und der Monte Viso (Italien)	26
9	Moskwa, Kreml und Roter Platz in Moskau (Russland)	32
10	Der Glockenturm von Kaljazin (Russland)	34
11	Die Oka und die Wolga in Nischni Nowgorod (Russland)	36
12	Die Brücke von Saratow (Russland)	38
13	„Die Sonne von Stalingrad" (Russland)	40
14	Wolgograd: Staudamm, Traktorenfabrik und Gedächtnishalle (Russland)	42
15	Die Wolga zwischen Wolgograd und Astrachan (Russland)	44
16	Im Wolga-Delta bei Karalat (Russland)	46
17	Eisgangspuren an der unteren Wolga (Russland)	48
18	Schleuse zum Land der Kosaken (Russland)	49
19	Denkmal für Stenka Rasin im Don (Russland)	50
20	Die Newa in Sankt Petersburg (Russland)	52
21	Die Donau bei Beuron (Deutschland)	56
22	Der Flussknotenpunkt Passau (Deutschland)	58
23	In den Salzachöfen (Österreich)	60
24	In den Salzachöfen bei Hochwasser (Österreich)	61
25	Die Schlögener Schlinge der Donau (Österreich)	62
26	Donau und Donau-Auen bei Hainburg (Österreich)	64
27	Blick von der Hochburg Visegrad über die Donau (Ungarn)	66
28	Budapest und die Donau vom Gellertberg (Ungarn)	68
29	Festung Kalemegdan, Save und Donau in Belgrad (Serbien)	70
30	Der Eingang zum Durchbruchstal der Donau (Rumänien/Serbien)	72
31	Über dem Stausee des Eisernen Tores (Serbien/Rumänien)	74
32	Blick über die Kazan-Enge (Serbien/Rumänien)	76
33	Blick donauaufwärts zur Kazan-Enge (Serbien/Rumänien)	79
34	Müllkippe an der Donau (Serbien)	80
35	Über dem ursprünglichen Eisernen Tor (Rumänien/Serbien)	81
36	Im Donau-Delta bei Mahmudia (Rumänien)	82
37	Die Mündung des St.-Georgs-Armes der Donau in das Schwarze Meer (Rumänien)	83
38	Der Bodensee mit dem Delta des Rheins (Österreich/Schweiz)	88
39	Der Rheinfall bei Schaffhausen (Schweiz)	90
40	Blick vom Niederwalddenkmal auf den Rhein (Deutschland)	92
41	Der Rhein, St. Goarshausen und St. Goar (Deutschland)	94
42	Koblenz und das Deutsche Eck – Rhein und Mosel (Deutschland)	96
43	Am Anfang des Rhein-Deltas: Blick waalaufwärts von der Brücke Nimwegen (Niederlande)	98
44	Mittellandkanal und Weser in Minden (Deutschland)	100
45	Der Ursprung der Elbe (Tschechien)	102
46	Der oberste Wasserfall der Elbe (Tschechien)	104
47	Granit-Felsbett der Elbe im Fichtenwald des Riesengebirges (Tschechien)	105
48	Elbe-Hochwasser bei Litomerice (Tschechien)	106
49	Die Elbe in der Sächsischen Schweiz (Deutschland)	108
50	Elbe-Hochwasser in Hitzacker (Deutschland)	110
51	Eisgang auf der Elbe zwischen Hitzacker und Darchau (Deutschland)	112
52	Die Elbe an der Festung Grauerort nördlich Stade (Deutschland)	114
53	Fährübergang über die Oder bei Raciborz (Ratibor) (Polen)	115
54	Die Weichsel bei Pulawy (Polen)	116
55	Die Nogat im Weichsel-Delta und die Marienburg (Polen)	118

56	Der Valpola-Bergsturz im Adda-Tal (Italien)	124
57	Der Gardasee und das Etschtal vom Monte Pastel (Italien)	126
58	Der Tagliamento am Alpen-Südrand (Italien)	128
59	Fontanili im Schotterbett des Torrente Cellina (Italien)	130
60	Der Po an der Brücke von Mezzanino (Italien)	132
61	Im Po-Delta bei Taglio di Po (Italien)	133
62	Pumpwerk im Po-Delta am Po delle Tolle (Italien)	134
63	Florenz und der Arno (Italien)	136
64	Der Tiber von der Engelsburg (Italien)	138
65	Die Somme – ein kleiner Fluss mit traurigem Ruhm (Frankreich)	140
66	Blick vom Eiffelturm auf Paris und die Seine (Frankreich)	142
67	Die Seine und Rouen (Frankreich)	144
68	Blick von der Brücke von Tancarville seineaufwärts (Frankreich)	146
69	Die Loire mit Schloss Amboise (Frankreich)	148
70	Die Tarn-Schlucht (Frankreich)	150
71	Der Genfer See und die Rhone (Schweiz)	152
72	Die Mündung der Isère in die Rhone, Schleuse und Kraftwerk Bourg-les-Valence (Frankreich)	154
73	Die Vaucluse-Quelle (Frankreich)	156
74	Die Rhone und Avignon (Frankreich)	158
75	Der Duero mit der historischen Brücke von Toro (Spanien)	160
76	Das tiefe Tal des Douro (Portugal)	161
77	Der Douro mit Porto (Portugal)	162
78	Der Tajo mit Toledo (Spanien)	164
79	Der Tajo am Salto del Gitano (Spanien)	166
80	Blick vom Cristo-Rei über den Tejo auf Lissabon (Portugal)	168
81	An den Lagunas de Ruidera (Spanien)	170
82	Der Río Guadiana von der Burg von Medellín (Spanien)	171
83	Die Guadiana-Staustufe Alqueva (Portugal)	172
84	Der Guadalquivir von der Burg Almodóvar del Río (Spanien)	174
85	Mäanderbogen des Ebro bei Sastago (Spanien)	176
86	Das Ebro-Delta (Spanien)	178
87	Felsbett der Otra im Setesdal bei Berdal (Norwegen)	182
88	Bjoreidalen und Sysenvatnet-Stausee (Norwegen)	184
89	Bjoreidalen und Vöringfossen (Norwegen)	186
90	Der Wasserfall Tännfors am Indals Älv (Schweden)	188
91	Das Tal der oberen Gloma vom Barkaldvola (Norwegen)	190
92	Der Jutulhogget-Canyon (Norwegen)	192
93	Das Stenkulla-Kraftwerk am Angerman Älv (Schweden)	193
94	Stromschnelle des Torne Älv bei Kengis (Schweden)	194
95	Die Themse bei Eton und Windsor (England)	196
96	Die Quellen des Timavo (Italien)	198
97	Dolinen zwischen Reka und Timavo (Slowenien)	200
98	Talaufwärts-Blick im Tal der Plitvitzer Seen (Kroatien)	201
99	Wasserfälle über und zwischen den Plitvitzer Seen (Kroatien)	202
100	Der Bosporus (Türkei)	204

Verzeichnis der Karten der Fotostandorte

Karte 1	(Vordere Buchdeckel-Innenseite) Europa-Übersicht der Fotostandorte	
Karte 2	Die Alpen zwischen Genfer See, Bodensee und Gardasee (mit Darstellung des Blickwinkels der Panoramen)	19
Karte 3	Dnjepr, Newa, Wolga und Don	39
Karte 4	Das Eiserne Tor (mit Darstellung des Blickwinkels der Panoramen)	78
Karte 5	(Hintere Buchdeckel-Innenseite) Das Einzugsgebiet der Donau zwischen Passau und dem Schwarzen Meer	

Tabellenverzeichnis

Tabelle 1	Die bedeutendsten Flüsse Europas	29
Tabelle 2	Der mittlere Jahresabfluss der Wolga	30
Tabelle 3	Die sechs großen Stauseen der „Wolga-Kaskade"	31

Quellen der Flüsse Europas in den Alpen oder „Ein Fluss hat hunderttausend Quellen"

Es gibt kaum etwas Selbstverständlicheres für den gesunden Menschenverstand, als dass ein Fluss einen Ursprung hat. Wer am Ufer eines großen Flusses steht und sich fragt, wo der Fluss herkommt, der darf ja wohl annehmen, dass der Fluss nicht unendlich lang ist. Und da ein Fluss immer bergab fließt, kann er auch nicht im Kreis fließen. Also muss er irgendwo anfangen. Und diese Stelle, das ist eben der Ursprung, die Quelle.

Die Quelle eines Flusses zu finden, kann aber recht schwierig sein, weil ein großer Fluss ja durch das Zusammenfließen von vielen kleineren Flüssen, Bächen und Rinnsalen entsteht und es dabei durchaus nicht immer klar ist, was Hauptfluss und was Nebenfluss ist, also welcher Wasserlauf flussaufwärts die Fortsetzung des großen Flusses ist. Das hat z.B. bei der Donau, wo der Name Donau erst mit der Vereinigung der beiden Quellflüsse Breg und Brigach auftaucht, zu bitteren Fehden um den wahren Ursprung der Donau geführt. Solchen angeblich wissenschaftlichen Streitereien kann man aber die Grundlage entziehen mit dem doch leicht einzusehenden Leitsatz: „Ein Fluss hat hunderttausend Quellen!"

So gut es auch sein mag, sich diesen Satz bei jeder Diskussion über die Quelle eines Flusses vor Augen zu halten, so würde er aber als alleinige Antwort auf die Frage nach dem Ursprung eines Flusses von den meisten wohl doch als enttäuschend empfunden werden. Die Idee, dass ein großer Fluss irgendwo einer bedeutenden Quelle entspringt und dass man nur aufmerksam und mit Ausdauer den Fluss aufwärts wandern muss, um diese Quelle zu finden, ist so verbreitet und hat etwas so Faszinierendes an sich, dass sie doch nicht einfach aus der Luft gegriffen sein kann. Soll man die schöne Idee von der Quelle eines großen Flusses gänzlich in das Reich der Fabel verweisen? Man kann doch einem Zweifler sagen: Schau dir die Quelle der Rhone an! Eine Bilderbuch-Quelle eines großen Flusses! (Bild 1)

Warum hat die Rhone eine so bedeutende, eindeutige Quelle, während bei den meisten anderen Flüssen uns die angebotene Hauptquelle eher als Verlegenheitslösung erscheint und mein Leitsatz „Ein Fluss hat hunderttausend Quellen" viel eher auf Zustimmung zählen kann? Das ist verblüffend einfach zu erklären. Der Rhonegletscher und die ihn umgebenden Berghänge bedecken eine Fläche von etwa 25 km². Bei dieser Größe des Einzugsgebiets kommt in einem niederschlagsreichen Gebirge schon eine beachtliche Wassermenge zusammen. Das Stadium, in dem sich kleinste Bäche nach und nach vereinigen, das spielt sich bei einem großen Gletscher auf dem Eis und unter dem Gletscher ab. Bis zum Unterende des Gletschers ist schon ein echter Fluss zusammengekommen, der dann mit einem Schlag in Erscheinung tritt.

Es bleibt noch die Frage zu klären, warum gerade dieser Gletscherbach an der Furkastraße die Rhonequelle bildet. Es gibt ja im Einzugsgebiet der Rhone noch größere Gletscher mit noch stärkerem Wasseraustritt am Unterende, z.B. den großen Aletschgletscher (auf Karte 2 nordnordöstlich von Brig gut zu erkennen), der eine Fläche von mehr als 100 km² hat, also vier Mal so groß ist wie der Rhonegletscher.

Für die Suche nach der Quelle eines Flusses gibt es keine verbindlichen internationalen Absprachen, auch kein Machtwort eines berühmten Gelehrten; aber wenn man sich mal konkret anschaut, welche Quellen den Flüssen zugeordnet wurden, dann erkennt man etwa folgendes Prinzip: Man verfolge den Fluss aufwärts, beginnend mit seinem untersten Punkt, der Mündung. Und jedes Mal, wenn sich der Fluss stromaufwärts gabelt, d.h., wenn sich zwei Flüsse vereinigen, dann verfolge man den größeren Fluss. Manchmal tritt da allerdings das Problem auf, was das heißt, der größere Fluss? Der längste, der mit der größten Wassermenge oder der mit der größten Einzugsgebietsfläche? Das wurde, wie später Beispiele noch zeigen werden, nicht konsequent einheitlich gehandhabt. Bei der Entscheidung, welcher von zwei sich vereinigenden Flüssen den Namen des Hauptflusses flussaufwärts fortführen darf, hat man sich in den Fällen, wo ein Unterschied in der Wassermenge klar erkennbar ist, durchweg nach der Wassermenge gerichtet. Das ist ja etwas, wovon man an der Vereinigungsstelle etwas sehen kann – im Gegensatz zu Flusslänge und Einzugsgebietsgröße. Allerdings ist ein Vergleich von Abflussmengen aus verschiedenen Gründen schwierig. Für eine sichere Entscheidung muss der Unterschied schon beträchtlich sein.

Bei der Rhone sähe diese Suche nach der Quelle so aus (siehe auch Karte 1 und Karte 2): Wenn wir vom Rhone-Delta, von der Camargue, die Rhone aufwärtsziehen, dann ist die erste große Flussvereinigung die Mündung der Durance bei Avignon. Ein eindrucksvoller Fluss mit starkem Gefälle, der da aus den Alpen kommt; aber dass die Rhone der Hauptfluss ist, daran gibt es kaum Zweifel, ausgenommen der Fall, dass nach einem Unwetter in den südlichen französischen Alpen die Durance außergewöhnlich angeschwollen ist. Also zieht der Quellsucher weiter nach Norden. Genau dasselbe wie für die Durance gilt für die Isère, die bei Grenoble aus den Alpen kommt. Schwieriger wird es bei der Saône, die sich in Lyon mit der Rhone vereinigt. Das Einzugsgebiet der Saône ist fast anderthalb Mal so groß wie das der Rhone, die Saône hat auch den psychologischen Vorteil, dass sie die geradlinige Flussaufwärtsverlängerung der unteren Rhone ist. Und die längste Flusslinie, die man von der Rhone-Mündung flussaufwärts verfolgen kann, wird gebildet von der Linie Rhone–Saône–Doubs, und keinesfalls von der Rhone bis zum Furkapass. Aber man hat sich da wohl an der Wassermenge orientiert und schon vor der Zeit der Abflussmessungen die richtige Entscheidung getroffen: Der Fluss, der von Osten aus den Alpen kommt, erhält in seinem kleineren Einzugsgebiet wesentlich höhere Niederschlagsmengen, und das verleiht ihm die stärkere Wasserführung.

Der Genfer See macht beim Flussaufwärtswandern die Suche nach der Quelle zwar etwas unübersichtlich, aber da mündet kein Bach ein, der für die aus dem Wallis kommende Rhone eine ernsthafte Konkurrenz wäre. Oberhalb des Genfer Sees haben die beiden größten potenziellen Mitbewerber – die Visp, die von einer stattlichen Anzahl vergletscherter Viertausender der Walliser Alpen umrahmt wird, und die Massa, die mit dem Aletschgletscher den größten Gletscher der Alpen entwässert – in ihrer Hochregion zwar höchste Niederschlagsmengen (bis über 4000 l Wasser pro Quadratmeter und Jahr, wenn man sich die Schneemenge geschmolzen denkt). Die Einzugsgebiete dieser beiden Flüsse sind jedoch deutlich kleiner als das jeweils oberhalb gelegene Rhone-Einzugsgebiet. Obendrein haben sie das psychologische Handicap, mit engen Kerbtälern von der Seite in ein sehr langes, breites Tal zu stoßen, so dass der Quellsucher doch ohne große Gewissenskonflikte zu unserer Rhonequelle kommt.

Ganz anders spielt sich die Suche nach der Quelle beim Rhein ab. Wir sollten vielleicht unsere Quellsuche in Köln beginnen, weil wir dort den Rhein, bevor er sich in den Niederlanden verzweigt, noch unmissverständlich als einheitlichen Fluss vor uns haben und es unterhalb von Köln Zuflüsse, die dem Rhein den Titel Hauptfluss streitig machen könnten, nicht gibt. Welcher der Arme des Rhein-Deltas in den Niederlanden die wahre Fortsetzung unseres Kölner Rheins ist, das braucht uns zumindest bei der Suche nach der Quelle nicht zu bewegen.

Wenn wir dann auf dem Rhein flussaufwärts fahren und an die Mündung der Mosel kommen, dann könnten wir auf dem Wasser vielleicht unsicher sein, ob wir uns rechts oder geradeaus halten sollen. Wir verschaffen uns von der Festung Ehrenbreitstein einen Überblick über das Deutsche Eck (Bild 42), und da bleibt dann auch ohne Blick in die Hydrologischen Jahrbücher kaum mehr ein Zweifel, dass uns hier Orientierung nach Westen kaum zur Quelle des Rheins führen würde. Beim Main und Neckar ist das nicht viel anders; bei allen diesen einmündenden Flüssen hat der Rhein im Mittel wenigstens fünf Mal so viel Wasser, und damit können diese Flüsse dem Rhein den Titel Hauptfluss kaum streitig machen.

Aber oberhalb von Basel gibt es an der deutsch-schweizerischen Grenze **für den Quellsucher ein echtes Problem**. Da vereinigen sich nordwestlich von Zürich, bei Waldshut, zwei offensichtlich ziemlich gleichwertige Flüsse mit den Namen Rhein und Aare (siehe Karte 2). Von diesen beiden Flüssen hat der eine eine mittlere Wasserführung von 460 m³/s bei einer Einzugsgebietsfläche von 15 500 km², der andere 560 m³/s bei fast 18 000 km². Und dieser zweite mit den höheren Werten ist nicht der Rhein, sondern die Aare (Bild 2). Wenn man hier die Namensgebung als Irrtum ansehen will, dann ist der Irrtum leicht zu erklären: Zu der Zeit, als die beiden Flüsse ihren Namen erhielten, war es völlig unmöglich, sich Gewissheit zu verschaffen, welcher Fluss im Durchschnitt mehr Wasser hat. Dazu muss man ja Tag für Tag über viele Jahre hinweg komplizierte Messungen durchführen, und das Kritische sind dabei die Hochwässer. Die haben einen sehr wesentlichen Anteil an der Gesamtjahresmenge, sind aber besonders schwer zu erfassen. In so einer Situation, bei zwei annähernd gleichwertigen Flüssen, kommt es dann sehr häufig vor, dass der Fluss, dessen Richtung vom vereinigten Fluss fortgesetzt wird, zum Hauptfluss erklärt wird und den Namen beibehält. Der Rhein fließt vom Bodensee bis Basel, also vor und nach der Vereinigung mit der Aare, im Wesentlichen nach Westen, während das Wasser der Aare nach der Vereinigung mit dem Rhein seine Fließrichtung fast umkehrt.

Wer mit dem Gedanken spielt, durch **Umbenennung** die Dinge wieder ins Lot zu bringen, der sollte erst einmal dieses Buch weiterlesen, sich vergegenwärtigen, wie viele weitere Flüsse er dann noch umzunennen hat, dass es nicht bei den Flüssen bliebe, sondern dass auch Städtenamen wie Innsbruck und Donauwörth in den Wirren dieser Revolution untergehen würden, und wenn ihn das immer noch nicht von seinen frevelhaften Plänen abhält, dann sollte er sich klarmachen, dass in der Po-Ebene ein Hochwasser mit einigen Laufverlegungen genügen würde, um sein ganzes System der natürlichen Namenshierarchie wieder über den Haufen zu werfen. Nein, es gibt wohl keine andere sinnvolle Lösung als die, die bestehenden Namen als das Ergebnis von nicht mehr zu ändernden Schiedsrichterentscheidungen zu akzeptieren. Und was den Anlass dieser Betrachtung betrifft, das Problem des Rheins mit der Aare: Das ist nur ein Vorgeschmack der vielfältigen Schwierigkeiten, die beim Rhein in den Alpen oberhalb von Chur noch auf uns warten – und noch bei vielen anderen Flüssen.

Die Namensfrage wird beim Rhein oberhalb von Chur wirklich dramatisch. Bei Reichenau vereinigen sich der Hinterrhein und der Vorderrhein, und oberhalb dieser Vereinigungsstelle wird dann noch eine ganze Reihe von weiteren Rheinen unterschieden, z.B. der Medelser Rhein, der Sumvitger Rhein, der Madrischer Rhein und der Averser Rhein.

Man kann da eigentlich **nur den Hut ziehen vor dem hydrologischen Sachverstand der uns unbekannten Taufpaten des Alpenrheins**. Die haben erkannt, dass es wenig sinnvoll ist, einem dieser Bäche die alleinige Verantwortung für den Rhein der Loreley und des rheinischen Karnevals aufzubürden. Sie haben gesagt: Alle sind wichtig, und sie haben sich nicht einmal auf einen Primus inter Pares (lateinisch, „der Erste unter Gleichrangigen") festgelegt. Aber so eine weise Entscheidung war dann für die Naturliebhaber und Bergsteiger, die im 19. Jahrhundert immer zahlreicher in die Alpen drängten, wohl nicht mehr akzeptabel, und noch weniger für die moderne Fremdenverkehrsindustrie. Da wurde der Druck immer stärker festzulegen, wo der Kölner Rhein entspringt, und spätestens mit der Eintragung des Namens Rheinquellhorn in die amtlichen Schweizer Karten war es juristisch nachprüfbar, wo der Rhein entspringt, der weiter flussabwärts von Patrioten als der Deutsche Rhein gefeiert wurde.

Mit dem Namen Rheinquellhorn wurde ein klares Votum für den **Hinterrhein als Hauptquellfluss des Rheins** ausgesprochen (Bild 3). Diese Bevorzugung gegenüber dem Vorderrhein ist mit Blick auf die Wasserführung durchaus sinnvoll. Der Vorderrhein erscheint zwar in dem breiten Längstal als die natürliche Flussaufwärtsverlängerung des Rheins von Chur, aber von den beiden Flüssen, die sich da bei Reichenau vereinigen, hat der Hinterrhein das deutlich größere Einzugsgebiet und führt im Durchschnitt mehr Wasser. Und doch stimmt da an der Entscheidung für den Hinterrhein etwas nicht: Von der Rheinquelle zwischen Rheinwaldhorn und Rheinquellhorn verläuft zwar flussabwärts eine insgesamt recht klare Haupttal-Linie bis zur Vereinigung mit dem Vorderrhein bei Reichenau, aber man hat bei der Entscheidung für eine Rheinquelle beim Rheinquellhorn wohl übersehen oder später nicht sehen wollen, dass bei Thusis ein Fluss von der Seite kommt, der wasserreicher ist und ein größeres Gebiet entwässert als der Fluss, der, wohl mit Blick auf den Talverlauf, als der Hauptfluss angesehen wird.

Dieser Seiteneinsteiger ist die Albula (Karte 2). Der Unterschied ist beträchtlich: **Das Einzugsgebiet der Albula ist anderthalb Mal so groß wie das des Hinterrheins**, in den sie nach herrschender Auffassung einmündet. Und weil die Berge in beiden Gebieten etwa gleich hoch sind und deshalb ähnlich niederschlagsreich, **führt die Albula auch etwa anderthalb Mal so viel Wasser**. Es ist schwierig, den Abfluss zweier Flüsse nur vom Anblick her zu vergleichen, besonders wenn die Talform sehr unterschiedlich ist, so dass es ohne Messungen gar nicht auffällt, dass der Hinterrhein der kleinere Fluss ist. Wenn man das Prinzip, immer den wasserreichsten Fluss als den Hauptfluss zu betrachten, konsequent weiterverfolgen würde, die Albula aufwärts, dann fände man die Quelle des Rheins in einer Gegend, wo niemand mehr vom Rhein spricht, nämlich am Oberende des Dischmatals, westlich des Flüela-Passes.

Für Quizsendungen, wo es auf die beliebten geographischen Fragen ja jeweils eine eindeutige Antwort geben muss, ist es natürlich zu begrüßen, dass mit dem Bergnamen Rheinquellhorn in der Rheinquellenfrage mittlerweile eine klare Entscheidung getroffen ist. Von einem etwas mehr literarisch orientierten Standpunkt aus ist diese Entscheidung aber bedauerlich, besonders im Hinblick auf die Tatsache, dass sich gerade beim

Rhein frühere Generationen so erfolgreich bemüht haben, die Vielfalt des Ursprungs in zahlreichen Variationen des Namens Rhein zum Ausdruck zu bringen. **Wahrhaft angemessen wäre es deshalb, die Frage nach der Quelle des Rheins in ähnlicher Weise zu beantworten, wie Cervantes den Herkunftsort des Ritters von der traurigen Gestalt umschrieb**, vielleicht um möglichst vielen Orten eine Teilnahme am Wettstreit um die Ehre zu ermöglichen: „In einem Ort in der Mancha, an dessen Namen mich zu erinnern ich gar nicht den Versuch machen möchte, lebte vor gar nicht allzu langer Zeit…"

Also, für den Rhein: „Irgendwo in Graubünden" – wir wollen hier ja nicht die leidige Geschichte mit der Aare noch einmal aufnehmen – „irgendwo in Graubünden, hoch über dem Talgrund, wo kein Baum, auch nicht Arve oder Lärche, mehr genügend Wärme findet, sondern nur noch Linnés kleinster Baum der Erde, die Krautweide, sich an den Boden drückt, zwischen Blöcken von rötlich angewittertem Urgestein und dicht neben Schneeflecken, die auch in den meisten Sommern nicht mehr voll abschmelzen, da entspringt der Rhein." Für viel mehr möchte ich als Gewährsmann für die Quelle des Rheins nicht geradestehen, auf keinen Fall für den abwegigen Gedanken, dass die wahre Quelle des Rheins im äußersten Osten, nahe dem Flüela-Pass läge. Für den, der damit noch nicht zufrieden ist, zusätzlich höchstens dies: Ein Fluss hat hunderttausend Quellen. Beim Rhein könnten es vielleicht auch ein paar mehr sein.

Nach diesem zweiten Beispiel der Suche nach der Quelle eines großen europäischen Flusses, einer Suche, deren Ergebnis im Gegensatz zur ersten für viele vielleicht enttäuschend ausgefallen ist, stellt sich die Frage, ob die Vorstellung, dass ein Fluss einer von der Quelle bis zur Mündung durchgehenden Linie entspricht, nicht ein Erbe aus unwissenschaftlicher Vorzeit ist, überfällig, durch eine angemessenere Lösung ersetzt zu werden. Geht man mit unseren Flussnamen nicht an der Tatsache vorbei, dass jedes Flusssystem ein unendlich reich verzweigtes, untrennbar zusammenhängendes Astwerk ist, dessen äußerste Zweige letzten Endes alle gleichberechtigt sind? Ist es sinnvoll, sich den einzelnen Fluss als normalerweise (d.h. abgesehen von gelegentlichen Gabelungen) unverzweigte Linie vorzustellen, an der Nebenflusslinien enden, die wiederum ihre Nebenflüsse haben?

Es ist sehr sinnvoll! Die Lösung, jedem in der Landschaft anzutreffenden Wasserlauf – vom kleinsten Bach bis zum großen, in das Meer mündenden Strom – jeweils einen bestimmten Punkt als Ursprung, als Quelle zuzuordnen und der ganzen Strecke vom Ursprung bis zur Mündung einen einheitlichen Namen zu geben, das ist bis heute die beste Möglichkeit, eine für jeden Menschen verständliche Ordnung in das Astwerk eines Flussnetzes zu bringen. Die Alternative wäre, jedem Flussabschnitt zwischen zwei Nebenflussmündungen einen eigenen Namen zu geben und zu versuchen, mit diesen Namen auch gleichzeitig die Hierarchie zu kennzeichnen. Ansätze zu solchen Namenssystemen gibt es mehrmals in Bayern, z.B. beim Regen, wo sich bei Zwiesel Großer Regen und Kleiner Regen zum Schwarzen Regen vereinigen und dann bei Kötzting Schwarzer Regen und Weißer Regen zum Regen. Konsequent weiterentwickelt mit Namen wie Linker Östlicher Schwarzer Kleiner Regen wäre so ein System dann nach mehr als fünf Flussvereinigungen wohl nur noch am Computer zu beherrschen.

Weder die Natur noch die Naturwissenschaft erfordern es zwingend, Flussnamen nach einem bestimmten System zu vergeben. Die Natur kümmert sich nicht darum, wie wir das von ihr geschaffene verästelte System verwalten. Das Wasser der Isar findet seinen Weg zum Schwarzen Meer, ganz gleich, ob wir diesen Weg Isar-Inn-Donau nennen, nur Donau oder nur Isar von Mittenwald bis zum Schwarzen Meer, oder ob wir es ganz versäumen, irgendwelche Namen zu verteilen.

Unser Namenssystem von Flüssen beruht auf der großartigen Idee, das komplizierte, verästelte System dadurch zu beschreiben, dass man es aus unverzweigten, langen Linien mit durchgehenden Namen zusammengesetzt denkt. Diese Idee ist mit einer sehr angenehmen Eigenschaft verbunden: Das System der Namenslinien gibt zwar keine Antwort auf die Frage, wie wir den Anfang einer Namenslinie bestimmen sollen, aber es funktioniert immer, ganz gleich wie wir die Quelle festlegen. Wir können auf dem Flussaufwärtsweg zur Quelle der Achse der größten Wassermenge folgen, wir können größtmögliche Länge des Weges bis zur Quelle anstreben oder auf möglichst geradlinigen Verlauf unserer Namenslinie achten, wir können uns ganz ausgefallene Begründungen für die Wahl der Quelle ausdenken oder auch beliebig zwischen diesen Möglichkeiten wechseln – immer erhalten wir ein hierarchisches System von Flusslinien mit über lange Strecken durchgehenden Namen.

Die unendlich reich verzweigten Astwerke der Flusssysteme sind, abgesehen von seltenen Ausnahmen, ohne Zutun des Menschen entstanden. Die Idee, so ein System durch Definition langer Linien mit durchgehenden Namen übersichtlich zu gliedern, ist ein Gedanke des Menschen. Deshalb ist es nicht sinnvoll zu glauben, der Mensch könne erforschen, was die natürliche Gliederung ist. Nein, der Mensch definiert die Hierarchie von Hauptfluss und Nebenflüssen; er ist es, der festlegt, welche Flussstrecken einen einheitlichen Namen haben sollen. Er hat das in der Vergangenheit nicht konsequent nach einheitlichen Regeln getan, aber **bei den Flüssen Europas sind die geschichtlich gewachsenen Namen längst zu einer von einer großen Mehrheit anerkannten Realität geworden** und sie sind verwoben mit einer Fülle weiterer Namen wie Städtenamen und Landschaftsnamen. Man sollte deshalb mit dem historisch gewachsenen System der Flussnamen in Frieden leben und ihm das Beste abgewinnen, nämlich seinen Charme, immer wieder individuelle Lösungen und besondere Ideen zu vermitteln. Wir haben z.B. in einigen wenigen Fällen Flüsse, die nicht an einer Quelle beginnen, sondern an der Vereinigung von „gestandenen" Flüssen, wie die Weser an der Vereinigung von Werra und Fulda oder die Donau beim Zusammenschluss von Breg und Brigach.

Auch Techniker und Wissenschaftler, die sich amtlich oder anderweitig beruflich mit Flüssen beschäftigen und deshalb die Hauptäste eines Flusssystems und deren Abflusswerte klar vor Augen haben, gliedern so ein System durchweg nach den historisch begründeten Flussnamen und akzeptieren die damit verbundene, nicht immer ganz konsequente Hierarchie. Für den, der sich zu seinem Vergnügen für einen Fluss interessiert, ist die Information über den Gültigkeitsbereich des Namens dieses Flusses mindestens ebenso wichtig. Deshalb ist auf den neben dem Text zu sehenden Kärtchen dieses Buches die „Namenslinie" des jeweils aktuellen Flusses besonders hervorgehoben, selbst dort, wo sie nicht unbedingt in allen Teilen als die Hauptachse des Flusssystems anzusehen ist.

Fragt man einen Laien, was er über einen bestimmten Fluss weiß, so wird er wohl als Erstes versuchen zu sagen, wo der Fluss entspringt. Umso erstaunlicher ist es, dass die Wissenschaft offensichtlich zu dieser Frage keine grundsätzliche Entscheidung getroffen hat. Vielleicht liegt das daran, dass diese Frage schwer einem bestimmten konventionellen Wissenschaftsgebiet zuzuordnen ist, dass sie sich in einem Grenzbereich zwischen Naturwissenschaft, Philosophie und Geisteswissenschaft bewegt und wissenschaftlich womöglich für keines dieser Gebiete sonderlich wichtig ist. Für die Naturwissenschaft ist das Thema letzten Endes abgehakt: Der Hydrologe ist gewohnt, respektvoll die historisch tradierte Quelle eines großen Flusses auch zu nennen, aber für seine Untersuchungen und Berechnungen interessiert ihn diese Quelle nicht mehr als die anderen hunderttausend Quellen desselben Flusses. Der Geisteswissenschaftler, etwa der Historiker oder Sprachwissenschaftler, der den Ursprung der Flussnamen am besten beurteilen kann, wird es kaum wagen, von sich aus die Zuständigkeit für eine Frage zu beanspruchen, die er für eine naturwissenschaftliche hält. Der Philosoph kann sich grundsätzlich für Fragen um Name und Begriff als zuständig betrachten, aber die Frage nach dem Ursprung eines Flusses wird ihm kaum als für die heutige Welt von existenzieller Bedeutung erscheinen. Mit letztem Einsatz und Fanatismus diskutiert wird die Frage dagegen gelegentlich von Heimatforschern, jeweils aus Anlass eines bestimmten Flusses. Für diese Heimatforscher, die für ihre Quelle des Flusses kämpfen, bedeutet der von mir empfohlene Respekt vor den historisch gewachsenen Konventionen kein Arbeitsverbot: Solange die Sache noch umstritten ist, habt ihr eure Chance; ihr braucht nur die Allgemeinheit von den Vorteilen eurer Quellenlösung zu überzeugen. Nur glaubt nicht, ihr könntet der Allgemeinheit beweisen, womöglich gar naturwissenschaftlich beweisen, dass ihre bisherige Meinung falsch ist. **Wie in der Kunst ist bei der Namensgebung und Quellzuweisung für Flüsse nichts völlig falsch. Alles ist letzten Endes erlaubt!** Ob sich allerdings etwas Erlaubtes auch durchsetzt, das steht auf einem anderen Blatt.

Mir schwebt vor, irgendwann einmal einen etwas vergessenen, sympathischen Erholungsort im Bayerischen Wald zu suchen, der es verdient, dass ich dem Gemeinderat folgenden Tipp zur Belebung des Fremdenverkehrs gebe: Wählt von euren vielen hübschen Quellen im Wald eine aus, bei der ihr die Forstverwaltung bewegen könnt, für eine freiere Aussicht ein paar Stämme zu opfern. Stellt dann dort eine Bank auf und ein schlichtes Holzschild mit der Aufschrift: „Auch hier entspringt die Donau! Meereshöhe 867 m, 2452 km bis zur Mündung ins Schwarze Meer." Sollen Furtwangen oder Donaueschingen es wagen, euch wegen unlauteren Wettbewerbs anzuzeigen – ich bin auf eurer Seite!

Das Thema „Quelle eines großen Flusses" ist also kaum geeignet für wissenschaftliche Streitgespräche, doch kann es ein sehr schöner Anlass sein, um über Tradiertes nachzudenken und um seiner Fantasie freien Lauf zu lassen, mit Worten, Bildern oder mit Musik. Nach dieser beruhigenden Erkenntnis sollten wir uns auf den Bildern noch die Quellen von zwei weiteren großen Flüssen in den Alpen ansehen, die Quelle des Inn (Bilder 4, 5 und 6) und die Quelle des Po (Bilder 7 und 8).

Es ist erstaunlich, mit welcher Konsequenz man offensichtlich schon im Altertum bei der Bestimmung der **Quelle des Po** dem Prinzip gefolgt ist, bei Vereinigungen von Flüssen immer den mit der größeren Wassermenge aufwärts zu verfolgen – ohne dass meines Wissens dieses Prinzip irgendwo ausdrücklich formuliert wäre. Vom Po-Delta flussaufwärts bis in die Gegend von Turin stellt sich nicht ernsthaft die Frage, ob nicht vielleicht einer der von Norden aus den Alpen kommenden Flüsse im Durchschnitt mehr Wasser hat. Erst von der Mündung der Dora Baltea an fragt sich der unvoreingenommene Betrachter der Landkarte, warum der aus dem verhältnismäßig kleinen Alpental von Paesana kommende Fluss die Standarte des Po tragen darf und nicht die Dora Baltea, nicht die Dora Riparia oder der dem alpinen Po unmittelbar benachbarte Pellice.

Meine ausweichende Antwort auf diese Frage lautet, dass die Verzweigungsverhältnisse in der Po-Ebene südlich von Turin so unübersichtlich sind, dass man versucht ist, es sich an den Knöpfen abzuzählen, welcher von den vier Flüssen, die da innerhalb von acht Kilometern zusammenströmen, den größten Anspruch hätte, den Namen des Po flussaufwärts weiterzutragen. Ein einziges großes Hochwasser, bei dem sich eine der drei Flussmündungen oder der Po selbst um wenige Kilometer verlagert, könnte die Verzweigungsverhältnisse völlig durcheinanderbringen. Aber wo ist da ein Problem? Man braucht doch nur die Leute zu fragen, welches der Po ist, und in den Karten steht es auch.

Auf diese Weise kommt man ohne Schwierigkeiten zu einem großen Parkplatz in 2000 m Höhe und fünf Minuten später kann man an der Stelle stehen, wo Wasser aus der Erde sprudelt und eine goldene Inschrift auf einem dunkelgrünen Stein sagt: **Qui nasce il Po – hier entspringt der Po** (Bild 7).

Ich vermute, dass bei der Bestimmung der Quelle des Po der Monte Viso (Bild 8) eine wesentliche Rolle gespielt hat. Dem Monte Viso (3841 m) fehlten zwar 160 m zum Viertausender, aber das war zur Zeit der römischen Längenmaße sicher nicht von Bedeutung. Wichtiger dürfte gewesen sein, dass der Monte Viso wesentlich höher ist als die Berge in einer großen Umgebung. Es gibt keinen anderen Berg in den Alpen, der in nur 20 km Entfernung vom Alpenrand fast 4000 m Höhe erreicht. Dadurch erscheint von der Ebene aus, z.B. bei guter Sicht von Turin, der Monte Viso als einzigartig hoher Gipfel, vielleicht als der höchste Alpengipfel überhaupt – wenigstens demjenigen, der noch nicht in der Lage ist, Gipfelhöhen durch Messung zu bestimmen. Und was ist näher liegend für eine intuitive Naturbetrachtung, als dass der größte bekannte Fluss am bedeutendsten Massiv des ihn umgebenden Gebirges entspringt?

Hochwasser, Wassermangel und was dazwischenliegt

Man würde es sich zu leicht machen, wenn man einfach sagte, Flüsse seien launisch wie das Wetter. Wie viel Wasser ein Fluss führt, hängt zwar ganz entscheidend vom Wetter ab, aber der Zusammenhang ist kompliziert. Wenn wir am Ufer eines großen Flusses stehen und es kommt plötzlich ein Unwetter, bei dem es in Strömen gießt, dann wird wahrscheinlich unser Fluss nicht einen Zentimeter ansteigen. Aber es kann uns passieren, dass wir plötzlich an die Seite springen müssen, weil der winzige Bach, neben dem wir stehen geblieben sind, gewaltig anschwillt und sich eine braune Brühe in den großen Fluss wälzt. Daraus ist folgender Schluss zu ziehen: **Große Flüsse reagieren nur langsam und nur auf großräumig wirksame Wetterereignisse, kleine Bäche können ihren Abfluss sehr plötzlich ändern.**

Es gibt nur wenige handfeste, klar zu beobachtende Dinge, die ohne Statistik so schwer zu verstehen sind wie das Thema Hochwasser. Der Leser möge bitte hier unter „Statistik" nicht das willkürliche Herausfischen von irgendwelchen Zahlenwerten verstehen, die das unterstützen, was man gerne beweisen möchte – so etwas verdient das Urteil „Statistik lügt". Auch Rekordsuche ist nicht immer sinnvolle Statistik, etwa wenn man „den wärmsten Neujahrstag seit 23 Jahren" präsentiert. Gute Statistik ist bei Wetter- und Abflussdaten vor allem die Kunst, Daten so zu ordnen und zusammenzustellen, dass man daraus Schlüsse für die Zukunft ziehen kann, dass man etwas sagen kann über die Wahrscheinlichkeit, mit der z.B. ein bestimmtes bedrohliches Ereignis eintreten kann.

Wir hatten ja in den vergangenen ein bis zwei Jahrzehnten eine Reihe schwerster Hochwasser-Ereignisse, auch in Europa – etwa an der Oder, wo wir stolz im Fernsehen verfolgen konnten, wie die Deutschen den Polen geholfen haben, sowie an der Elbe besonders in Tschechien und Dresden, in Österreich, in Norditalien. Ereignisse, die deutlich die Frage aufwerfen: Rächt sich da die Natur wegen der Vernachlässigung des Klimaschutzes? Wenn ich auf diese Frage eine gewissenhafte Antwort geben soll, muss ich sagen: Ich weiß es nicht! Kann sein, aber sicher beweisen können wir das noch nicht. Schauen Sie sich die Hochwassermarken an alten Kirchtürmen und Stadtmauern an. So etwas hat es auch schon vor vielen Jahrhunderten gegeben, schon lange bevor wir im 18. Jahrhundert damit begonnen haben, den CO_2-Gehalt der Atmosphäre in einem Maße zu erhöhen, dass das nicht ohne Auswirkung auf unser Klima bleiben konnte.

Wenn man vor so einer **unglaublich hohen Hochwassermarke aus früheren Jahrhunderten** steht und sich nicht gerade dicht darunter oder gar darüber eine andere, ganz junge Marke aus den letzten 20 Jahren befindet, dann hat man meistens das Gefühl: Das wäre heute kaum möglich, das waren andere Bedingungen! Dieses Gefühl täuscht aber durchweg; die Gefahr ist meistens eher etwas größer als kleiner geworden. Das liegt weniger an einer (durchaus möglichen) Klimaänderung als an den veränderten Abflussbedingungen. Flüsse sind begradigt und eingedeicht worden, d.h., natürliche Rückhaltebecken wurden beseitigt. Die Wälder, in denen bei Regen einiges Wasser zwischengespeichert wird, sind in den letzten Jahrhunderten auch nicht größer geworden. Woher kommt unser Gefühl „das kann uns heute kaum passieren"?

Das liegt in erster Linie daran, dass wir glauben, in unserem Erinnerungszeitraum von 30–50 Jahren, bei einigen wenigen vielleicht auch mal 70 Jahren, müsse alles Vorhersehbare doch wenigstens ein Mal aufgetreten sein. Das trifft aber für extreme Hochwasser-Ereignisse nicht zu. Da gibt es bestimmte Konstellationen, die man schon als „dümmsten Zufall" bezeichnen muss, die aber dann in 1000 Jahren doch ein, zwei oder drei Mal eintreten können. Um so ein Beispiel zu konstruieren: Der Winter war mild und regnerisch und der Boden ist mit Wasser vollgesogen. Ende Februar schneit es nochmals heftig. Dann setzt Tauwetter ein verbunden mit Landregen, was die Flüsse schon kräftig anschwellen lässt. Und dann kommt ein Sturmtief mit Starkniederschlägen, zuerst im oberen Teil des Einzugsgebiets. Und mit der Hochwasserwelle, die sich in mehreren Tagen flussabwärts bewegt, zieht das Starkregenfeld in derselben Richtung, so dass die Nebenflüsse ihren höchsten Wasserstand genau in dem Augenblick entwickeln, in dem die Hochwasserwelle des Hauptflusses vorbeizieht.

Der Ausdruck **Jahrhundert-Hochwasser** verdeutlicht sehr schön, wie selten so ein extremes Ereignis ist. Er bietet aber absolut keine Sicherheit, dass nicht nach drei Wochen noch einmal ein Jahrhundert-Hochwasser kommt. Beim Hochwasser gibt es so vertrackte Konstellationen, die extrem unwahrscheinlich, aber möglich sind, dass man selbst in hundert Jahren nicht damit rechnen kann, alles Denkbare zu überschauen. Wenn man für 30 Jahre, besser noch für 50–100 Jahre über zuverlässige Pegelaufzeichnungen verfügt, dann kann man aber mithilfe statistischer Methoden abschätzen, wie hoch an dieser Pegelstelle das Jahrhundert-Hochwasser und das Jahrtausend-Hochwasser ausfallen dürften. Und man staunt, wie viel höher das Hochwasser ausfallen kann, wenn man auch die „unsinnigen" Konstellationen in Betracht zieht, die nur in 1000 Jahren eine „sinnvolle" Wahrscheinlichkeit haben. Ganz Ähnliches gilt übrigens auch für das **Jahrhundert-Niedrigwasser**, mit dem Unterschied, dass die Folgen meist nicht so dramatisch sind. Es ist eben weniger einschneidend, wenn die Schifffahrt mal für zwei Wochen eingestellt werden muss und einige Dörfer durch Tankwagen mit Trinkwasser zu versorgen sind, als wenn Menschen von Hausdächern zu retten und später Tausende von Wohnungen vom Schlamm zu reinigen sind.

Um etwas ganz anderes als bei den extremen Hoch- und Niedrigwasserständen geht es bei der Frage, **mit welchen Wasserständen wir normalerweise im Laufe eines Jahres zu rechnen haben**. Hier gilt für die **Flüsse Mitteleuropas** die Regel, dass im Mittel die höchsten Wasserstände in den Wintermonaten auftreten und die niedrigsten im August–September. Das liegt nicht an den **Niederschlägen**, die im Sommer bei uns eher etwas höher ausfallen als im Winter, sondern an der **Verdunstung**, die im Sommer wesentlich größer ist und deshalb im durchschnittlichen Jahr im Laufe des Sommers zu einer zunehmenden Austrocknung des Bodens und zu einer Verringerung der Grundwasservorräte führt. Das gilt allerdings nur für den durchschnittlichen Abfluss; schwere Hochwasser sind bei entsprechenden Wetterlagen sehr wohl auch im Sommer möglich. Von der Regel des spätsommerlichen Abflussminimums sind in Mitteleuropa die Flüsse auszunehmen, die aus den **Alpen** kommen. Hier steigt bei den großen Flüssen wie Aare, Alpenrhein, Inn wegen der Schneeschmelze der Wasserstand von Februar/März bis Juni kontinuierlich an und das Minimum des Abflusses wird im Hochwinter erreicht, wenn in der Hochregion der Alpen Temperaturen weit unter null Grad herrschen.

1 Aufnahme am 13.8.2002, 15 Uhr 05, horizontaler Bildwinkel 245°

Rhonegletscher – Grimselpass – Goms (Schweiz)

Unser Blick vom Nordende des Bidmer am Furkapass geht nahe dem linken Bildrand nach Südwesten zum breiten Talboden des obersten Rhonetals (Goms), weiter rechts zum Finsteraarhorn, auf den Grimselpass, den Rhonegletscher und den Furkapass (ganz rechts, im Nordosten). Am Unterende des Rhonegletschers entspringt die Rhone, die durch das Goms und weiter durch das Wallis zum Genfer See fließt.

Der Aufnahmestandpunkt in 2500 m Höhe ist in einer Stunde vom Parkplatz am Furkapass (2431 m) zu erreichen, auf einem weitgehend horizontal verlaufenden, für alpine Verhältnisse sehr bequemen Weg, der vom Pass zunächst nach Süden und dann nach 2 km auf der Nordseite des Tällistock nach Westen führt. Bis auf die Passage eines kurzen, halbverfallenen Tunnels (im Jahr 2002), bei der man dem Gestein der Tunneldecke nicht zu sehr vertrauen sollte, ist der Weg für einen Bergwanderer auch ohne alpinistische Erfahrung problemlos. Und er lohnt sich, denn der Blick von diesem Aussichtspunkt auf den Rhonegletscher ist wesentlich umfassender als der vom Hotel Belvedere an der Furkastraße. Wem dieser Spaziergang zum Bidmer zu wenig Anstrengung bietet, der mag auf halbem Wege erst einmal einen Abstecher zum Tällistock (2875 m) machen. Von dort ist der Überblick über die Gipfel der Berner Alpen und des südlichen Wallis noch vollständiger, aber die Perspektive ist wahrscheinlich eindrucksvoller vom Bidmer, entsprechend der Empfehlung von Nietzsche:

> Bleib nicht auf ebnem Feld!
> Steig nicht zu hoch hinaus!
> Am schönsten sieht die Welt
> Von halber Höhe aus.

Im rechten Drittel des Panoramas ist unser Blick nach Norden gerichtet, auf die Zunge des Rhonegletschers, an deren Unterende die Rhone unter dem Gletschereis hervortritt. Rechts davon sieht man die Furkapassstraße, die in Kehren einen Steilhang zum Hotel Belvedere (an der 5. Kehre von unten) ansteigt, um die stärker lawinengefährdeten Hänge im Tal-Inneren weiter rechts zu vermeiden. Nach zwei weiteren Kehren unmittelbar oberhalb des Hotels zieht dann die Straße in etwas flacherem Gelände oberhalb der Steilhänge nach rechts zum Furkapass, der unmittelbar am rechten Bildrand gerade noch unter den Wolken einen kleinen Einblick in das oberste Reusstal erlaubt. Links der Bildmitte sieht man die Kehren einer weiteren Passstraße, der

Grimsel-Passstraße, die von der Hotelsiedlung Gletsch zum Grimselpass ansteigt. Der steile Abstieg der Rhone und der Talstraße unterhalb (links) von Gletsch ist im Vordergrund des Bildes vom Bidmerrücken verdeckt; über dem Bidmer sieht man dann die hellgrünen Wiesen des breiten Talbodens der oberen Walliser Rhone, des Goms.

Die Rhone, die unter dem Rhonegletscher hervortritt, als Gletscherbach zu bezeichnen, ist Understatement, denn da tritt schon ein kleiner Fluss aus dem Gletschertor aus. Das Wasser tritt an mehreren Stellen unter dem Gletscher hervor, die Hauptmenge sammelt sich in einem kleinen See links (vom Betrachter aus gesehen) vor dem Gletscher und stürzt dann in einer langen Kette von Schnellen, die man schon Wasserfälle nennen möchte, wo aber nur an kurzen Strecken wirklich freier Fall herrscht, zu Tal, über den Granit des Aar-Massivs.

Noch um die Mitte des 19. Jahrhunderts reichte der Rhonegletscher bis etwa zu der Stelle, wo sich die Rhone vor Erreichen des breiten Talbodens vorübergehend in mehrere Arme aufspaltet. Man kann die Fläche, welche die Zunge des Rhonegletschers damals bedeckte, recht gut erkennen als das Gebiet mit geringem Grünanteil, d.h. mit überwiegend nackten Felsen. Vor 20 000 Jahren, d.h. zum abschließenden Höhepunkt der letzten Eiszeit, war das Rhonetal, so weit man auf dem Bild blicken kann, bis etwa 2600 m Höhe mit dem Eis des Rhonegletschers gefüllt. Dieser schickte einen Seitenast über den Grimselpass nach Norden in das Tal der oberen Aare (Haslital), welcher dabei im Aaregranit die Wanne des Totesees aushobelte (der See am oberen Ende des im Bild sichtbaren Teils der Grimselstraße).

Die wesentlich über 3000 m aufragenden Gipfel zeichnen sich durch scharfe Grate aus: links (südlich) des Goms das weitgehend von Gletschern bedeckte Blinnenhorn (3373 m), ganz in der Ferne, mitten über dem breiten Taltrog des Goms, aber in Wirklichkeit auch südlich des Rhonetals der dreieckige Gipfel des Weißhorns (4500 m, nicht ganz leicht vom hellen Himmel zu unterscheiden), über dem linken Ufer des Totesees das Finsteraarhorn (4274 m), rechts davon, gerade noch links von den Wolken hervorschauend, das Lauteraarhorn (4042 m), dazu die Felsgrate, die den Rhonegletscher umgeben. Diese Gipfel verdanken ihre steilen Felswände der Tatsache, dass sie auch in der Eiszeit über das Eis des großen Rhonegletschers aufgeragt haben und deshalb nicht wie die tieferen Felshänge vom Eis glattgeschliffen wurden. Auch die große Talbreite des Goms ist ein Werk des mächtigen eiszeitlichen Rhonegletschers. Im Gegensatz zu einem Fluss, der bei steilem Gefälle oft eine Schlucht in den Felsuntergrund einschneidet, bildet ein mächtiger Gletscher ein breites U-förmiges Tal aus, ein Trogtal.

2 Aufnahme am 11.9.2006, 9 Uhr 30, horizontaler Bildwinkel 239°

Der Ursprung der Aare (Schweiz)

Die Aare entsteht durch die Vereinigung der Abflüsse zweier großer Gletscher, des Oberaargletschers (ganz links im Bild, noch links vom Trübtensee, dem dunkelblauen See im Vordergrund) und des Unteraargletschers (rechts vom Trübtensee). Zwei Stauseen reichen bis an das Unterende der beiden Gletscherzungen: der in 2300 m Höhe gelegene Oberaarsee und der 400 m tiefer gelegene Grimselsee. Über dem lang gestreckten Grimselsee lässt sich sehr schön eine eiszeitliche Schliffgrenze beobachten: Vom jenseitigen Seeufer bis zu einer Höhe von etwa 2700 m sehen wir bucklige, glatte Felsen mit dazwischen gelegenen steilen Grashängen und nur vereinzelt, an einigen eingeschnittenen Bachkerben, scharfkantige Felsformen. Erst oberhalb einer verhältnismäßig flachen Zone von Schuttkegeln und hellen Felsplatten erhebt sich eine lange, in zahllose Pfeiler und Rippen gegliederte, 100–200 m hohe, steile Granitwand. Nur dieser Felskamm und die wesentlich höheren Berge am Horizont ragten aus dem Eisstromnetz heraus, das zur Eiszeit hier alle Täler erfüllte. Der eiszeitliche Aaregletscher hobelte alle tieferen Felshänge glatt und bog dann nach links in das obere Aaretal, das Oberhasli, ein. Die bekanntesten von den Bergen am Horizont sind das Finsteraarhorn (4275 m, rechts vom Oberaarsee) und die von Neuschnee überpuderte Gruppe Lauteraarhorn-Schreckhorn (4074 m) über dem Unteraargletscher.

Der gelappt-kreisförmige See im rechten Bildviertel ist der Totesee, dessen Felswanne von den eiszeitlichen Gletschern ausgehobelt wurde; diese haben auf den Felsen am Grimselpass eindrucksvolle Schliffspuren hinterlassen. Die Passhöhe des Grimselpasses ist unmittelbar links vom Totesee zu erkennen. Genau über der Passhöhe sieht man das Zungenende des Rhonegletschers, dem die

Rhone entspringt, und darüber, etwas weiter links, den durch eine Eishaube gekennzeichneten Dammastock (3583 m). Auch in der Umgebung des Rhonegletschers ist ein deutlicher Gegensatz zwischen glattgeschliffenen tieferen Felshängen und scharfkantigen Felsrippen in der Höhe zu erkennen. Eine interessante Antwort gibt es auf die Frage, in welcher Richtung eigentlich in der Eiszeit das Eis über den Grimselpass geflossen ist. Wahrscheinlich in beiden Richtungen! Beim Beginn einer Eiszeit war der Aaregletscher wohl der erste, der die Grimsel-Passhöhe erreichte und dann einen Lappen in das Rhonetal schickte. Die unterhalb von Gletsch steil in das Goms hinunterstoßende Zunge des Rhonegletschers konnte ihm zunächst nicht den Platz an der Grimsel streitig machen. Nach und nach füllte sich dann aber das Goms immer höher mit Gletschereis, vor allem aus den Tälern des heutigen Fieschergletschers, des Aletschgletschers und aus den Walliser Tälern. Dieser Zustrom war so gewaltig, dass das Eis nur schwer in Richtung Genfer See abfließen konnte und deshalb im oberen Goms die Eisoberfläche bis auf 2700 m Höhe anstieg. Dabei drängte dann ein Teil auch nach Norden über die Grimsel und ein ganz schwacher Strom sogar nach Osten über den Furkapass, die tiefste Einsattelung im dunklen Mittelgrund, rechts vom Rhonegletscher.

Über den Furkapass, mit 2431 m Höhe der höchste der von einer Straße überquerten Alpenpässe dieser Gegend, konnte nur wenig Eis fließen, und es wurde deshalb keine talbodenartige Passhöhe ausgehobelt. Er hat, obwohl auch er in der Eiszeit unter der Oberfläche des Eisstromnetzes lag, eher den Charakter eines Schartenpasses – im Gegensatz zum Grimselpass, der wegen der sehr deutlichen Spuren des in der Eiszeit über ihn fließenden Gletschers auch als „Transfluenzpass" (d.h. „Überfließungspass") bezeichnet wird.

3 Aufnahme am 17. 8. 2002, 11 Uhr 40, horizontaler Bildwinkel 95°

Links der Bildmitte sehen wir einen dunklen Felszacken in den Himmel ragen, der bei flüchtiger Betrachtung die höchste Erhebung zu sein scheint. In Wirklichkeit ist er aber mehr als 200 m niedriger als der links von ihm gelegene Gipfel mit der dreieckigen Schneekappe, das Rheinquellhorn. Mit seinem Namen Rheinquellhorn (nicht Hinterrheinquellhorn!) wird klar der Anspruch erhoben, dass der Hinterrhein der eigentliche Ursprungsfluss des Rheins ist.

Der breite, dreieckige, vergletscherte Gipfel im rechten Drittel des Bildes ist das Rheinwaldhorn. Der vor ihm auf uns zu strömende kräftige Bach ist der Hinterrhein. Er wird ernährt aus einer Reihe von Bächen, von denen der kräftigste am Unterende eines zerlappt über plattigen Felsuntergrund hängenden Gletschers, des Paradiesgletschers, hervortritt. Das also ist im Augenblick als der Ursprung des Rheins anzusehen. Dieser „Augenblick" war am 17. 8. 2002. Noch um 1960 reichte der Paradiesgletscher bis etwa zu der Stelle, wo der Hinterrhein zum ersten Mal beginnt, eine helle, breite Schottersohle auszubilden. Damals bildete der Paradiesgletscher noch eine zusammenhängende Fläche, die den breiten Felsrücken umschloss, den wir links vom tiefsten Sattel zwischen Rheinwaldhorn und Rheinquellhorn sehen. Heute teilt dieser Felsrücken (die Gemskanzel) den Paradiesgletscher in zwei Teile, und nur der östliche Teilgletscher (links von der Gemskanzel) kommt vom Rheinquellhorn. Es ist also heute schwer, sich vorzustellen, dass der Rhein am Rheinquellhorn entspringt, denn der Gletscher, an dessen Unterende wir gerade die Quelle des Rheins ausgemacht hatten, liegt vor dem Rheinwaldhorn und berührt das Rheinquellhorn gar nicht.

Die von Gletschereis glattgeschliffenen Felsen im Vordergrund (Granitgneise) zeigen an, dass noch während der letzten Eiszeit, vor etwa 20 000 Jahren, das Hinterrheintal bis zu dieser Höhe (2800 m) von einem mächtigen Gletscher erfüllt war. Nur die Gipfelpartien von Rheinwaldhorn, Rheinquellhorn und den links anschließenden Bergen ragten über das Eisstromnetz, das die Täler erfüllte, auf.

Der Ursprung des Hinterrheins (Schweiz)

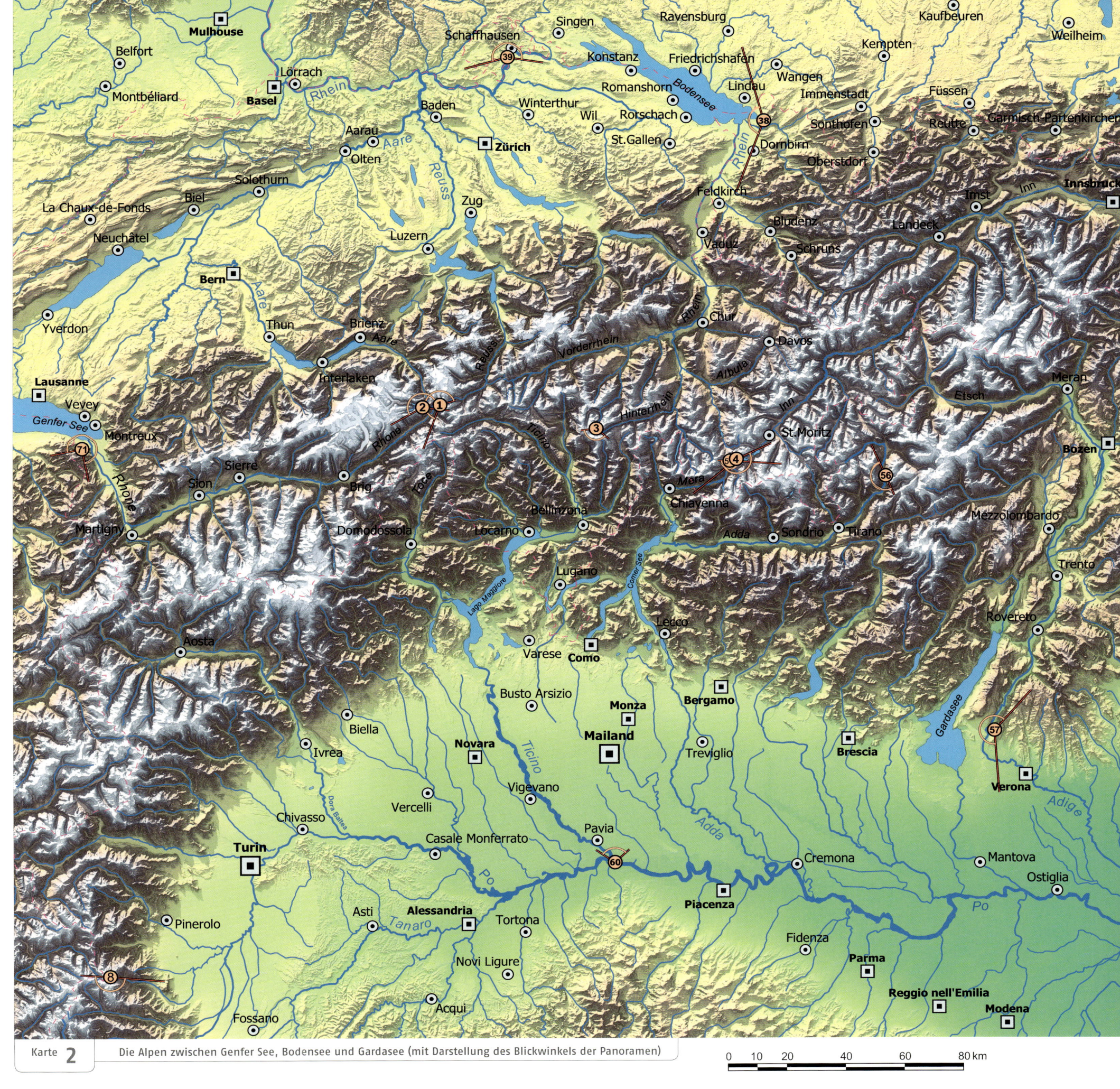

Karte 2 Die Alpen zwischen Genfer See, Bodensee und Gardasee (mit Darstellung des Blickwinkels der Panoramen)

4 Aufnahme am 19. 8. 2002, 10 Uhr 40, horizontaler Bildwinkel 178°

Oberengadin, Malojapass und Bergell (Schweiz)

Unser Standort liegt in 2200 m Höhe am Wege vom Malojapass zum Lunghin-See. Der Blick geht links nach Nordosten in das Oberengadin mit dem Silser See, in der Bildmitte über die Passhöhe des Malojapasses (1800 m) in das Fornotal zum Murettopass, und nach Südwesten, nach rechts, in das steil abfallende Tal der Mera (das Bergell). Der Malojapass, der tiefste Punkt der Wasserscheide zwischen Inn und Mera (rätoromanisch Maira), liegt ziemlich genau in der Mitte des Panoramas, etwa an der Straßenverbreiterung und den roten Tennisplätzen links davon. Unmittelbar westlich (rechts) des Passes führt die Straße in steilen Kehren durch den Wald hinab zum Dorf Casaccia. Das geringe Längsgefälle des Oberengadins (150 m auf den obersten 35 km vom Malojapass bis S-chanf) ist für Alpenflüsse schon etwas ganz Außergewöhnliches, und ebenso außergewöhnlich ist der Wechsel des Gefälles am Malojapass: Nach rechts, nach Westen, senkt sich das Tal der Mera auf weniger als 1 km Entfernung um 250 m ab. Man hat den Eindruck, dass der Malojapass kein natürlicher Talschluss des Inntals ist, dass der Talboden nach rechts irgendwie ins Leere läuft und der eigentliche Talschluss früher einmal viel weiter im Westen (rechts) lag.

Es ist üblich, diese extreme Asymmetrie der Abdachungen von Nordost- und Südwestseite des Malojapasses durch rückschreitende Erosion zu erklären, d. h. mit der Begründung, dass die steil zur nahen Po-Ebene herabeilenden Flüsse wie die Meira sich viel schneller einschneiden und dabei ihr Einzugsgebiet vergrößern auf Kosten des Inngebiets. Dem ist aber Folgendes entgegenzuhalten: In unmittelbarer Nähe der Wasserscheide, hier also am Malojapass, gibt es nur unscheinbare Rinnsale, die auf festem Felsuntergrund so gut wie nichts ausrichten können, also auch nicht „rückschreitend" ihr Einzugsgebiet erweitern können. Wie aus der Richtung des Tals der Orlegna (Fornotal, das Tal südlich vom Fotopunkt 4 auf Karte 2) zu erkennen ist, hat dieser Bach früher einmal zum (nach Nordosten fließenden) Inn entwässert. Nach der gängigen Vorstellung von der rückschreitenden Erosion ist das Fornotal von der rückschreitend erodierenden Meira „angezapft" worden. Nur, zur Verlagerung der Wasserscheide müssten kleinste Bäche „rückschreitend erodieren", und die sind auf hartem Gneisuntergrund völlig machtlos!

Das Problem lässt sich mithilfe der eiszeitlichen Gletscher elegant aus der Welt schaffen: Die Zungenenden der heutigen Gletscher sind nicht weit vom Talboden des Engadin entfernt: Im Fornotal genügt ein Anstieg von 400 Höhenmetern,

um den Forno-Gletscher zu erreichen, und noch müheloser kommen wir weiter im Osten, bei Pontresina, an das Ende des Morteratsch-Gletschers, dessen Zunge bis 2000 m Höhe hinabsteigt. Während der Eiszeiten waren diese Täler wie auch das Haupttal des Engadins bis maximal 2800 m Höhe von einem großen Eisstromnetz erfüllt. Da von Maloja der Weg zur Po-Ebene viel kürzer und steiler ist als durch das Engadin und das Innsbrucker Inntal nach Kufstein und Rosenheim, ist in jeder Eiszeit ein bedeutender Gletscherarm nach Westen geflossen und hat dabei jeweils die Wasserscheide zwischen Inn und Po überschliffen und erniedrigt. Der Malojapass ist also wie der Grimselpass ein „Transfluenzpass" (siehe Bild 1), d.h. ein Pass, der durch das Überfließen von Eis modelliert wurde. Nur war der überfließende Eisstrom beim Malojapass noch einige Hundert Meter mächtiger. Beim Rückzug der Gletscher am Ende einer Eiszeit mussten die obersten Nebentäler des Inntals, wozu früher auch einmal das Fornotal gehörte, zunächst nach Südwesten entwässern, weil das Engadin noch von gewaltigen Eismassen erfüllt war. Wenn ein Fluss so in eine neue Bahn gelenkt wird und sich dort einschneidet, dann neigt er dazu, dort zu bleiben, auch wenn die Ursache für die Ablenkung (die Eismassen im Inntal) später verschwindet. Ein Fluss mit der Kraft der Orlegna schafft dann bis zur nächsten Eiszeit, also in 50 000 bis 100 000 Jahren, was die „rückschreitende Erosion" eines kleinen Baches dicht unter der Wasserscheide nicht in Millionen Jahren zustande bringen könnte,

nämlich eine merkliche Eintiefung im neu hinzugewonnenen obersten Abschnitt des Meratals. Damit ist dann die Voraussetzung für eine Ablenkung des nächsten obersten Inn-Nebentals gegeben. Da wir mit vier bis sieben großen eiszeitlichen Vergletscherungen der Alpen zu rechnen haben, die zum Teil noch in mehrere Vorstoßphasen gegliedert sind, kann man sich gut vorstellen, dass im Verlauf des gesamten Eiszeitalters, in einem Zeitraum von über zwei Millionen Jahren, das oberste Oberengadin um einen 10–20 km langen Abschnitt beraubt wurde. Auch die Richtung des Albignatals (südsüdwestlich von Fotopunkt 5) lässt erkennen, dass es früher einmal zum Inn entwässert hat. Die ursprüngliche Wasserscheide lag wohl noch westlich des Albignatals, nahe der heutigen Grenze zwischen der Schweiz und Italien. Voraussetzung für die Verlagerung der Wasserscheide ist in jedem Fall eine bedeutende Asymmetrie der beiden Abdachungen der Hauptwasserscheide: ein sehr flaches Oberengadin und ein kurzer, steiler Abstieg zur Po-Ebene. Diese Asymmetrie wurde im Laufe von 10–20 Mio. Jahren durch den am Südrand der Alpen besonders starken Gegensatz zwischen Heraushebung der Alpen und Senkung des Vorlandes geschaffen.

5   Aufnahme am 19. 8. 2002, 9 Uhr 10, horizontaler Bildwinkel 165°

Der Urprung des Inn   (Schweiz)

Einer der schönsten Ausflüge im Oberengadin ist die Wanderung zum Lunghin-See in 2484 m Höhe. Hierher dringt kein Laut vom Bergbahntrubel von St. Moritz; an Technikgeräuschen höchstens mal das Horn des Postbusses von der Malojastraße, aber man braucht bei schönem Wetter auch nicht das Gefühl zu haben, hier von allen Mitmenschen verlassen zu sein. Wer eine Bergsteigerseele in sich fühlt, kann den Blick auf die gegenüber, im Talschluss des Forno- und Albignatals aufsteigenden Granitpfeiler richten und von vergangenen oder zukünftigen Kletterheldentaten träumen. Er kann sich aber auch allein am Spiel der Wolken oder an den Bergblumen freuen und selbst im Nebel hat der Weg zum Lunghin-See ein eigenes Flair, das auch Nietzsche und Rilke gekannt und geschätzt haben dürften.

     Dass hier auch der Inn entspringt, sollte für den Entschluss zu diesem Aufstieg nicht allein entscheidend sein. Man kann nämlich argumentieren, dass von den Bächen, die in den Silser See fließen, aus dem dann unbestreitbar der Inn ausfließt, der aus dem Val Fedoz (im linken Viertel von Bild 4, hinter dem Silser See) mit Abstand der größte ist, viel größer als der Bach aus dem Lunghin-See. Wer aber auf der Suche nach der Quelle des Inn nicht pedantisch einem physikalischen oder mathematischen Prinzip folgen will, dem dürfte klar sein, dass man

den lang gestreckten Silser See erst einmal bis zu seinem Westende, bis zum Oberende der Talflucht des Oberengadins, zu verfolgen hat, und dort ist dann eben der Bach aus dem Lunghin-See, auf der Landeskarte der Schweiz als En (rätoromanisch = Inn) bezeichnet, die einzig sinnvolle Fortsetzung weiter flussaufwärts. Schließlich hoffe ich, dass Bild 5 auch als Argument anerkannt wird, dass es kaum eine schönere Verkörperung der Idee einer Quelle des Inn geben kann als eben jener Lunghin-See, der mit einer Bergwanderung von etwa zwei Stunden von Maloja aus zu erreichen ist.

Der Lunghin-See füllt eine von eiszeitlichen Gletschern ausgehobelte Felswanne und wird gespeist von zahlreichen Hangquellen (z.B. auf den grünen Hängen ganz rechts), d.h. Quellen, die dort zu Tage treten, wo am Unterende von Schutthängen der Untergrund aus wasserundurchlässigen Gesteinen auftaucht und deshalb das weiter oberhalb versickerte Regen- und Schmelzwasser wieder zum Vorschein kommt. Rechts im Vordergrund liegen Bergsturzblöcke. Auf ihnen ist natürlich kein Quellbach zu sehen, man hört nur gelegentlich das Wasser unter den Blöcken glucksen. Die vielen Quellen sind glücklicherweise klein und ähnlich genug, um nicht schon wieder die leidige Frage aufzuwerfen, ob nicht eine von ihnen als letzte Konsequenz in der Suche nach der Innquelle auszuwählen ist. Ganz links am Horizont sieht man die Bernina-Gruppe mit dem Piz Bernina (4049 m).

6 | Aufnahme am 19.8.2002, 9 Uhr 50, horizontaler Bildwinkel 65°

Rechts im Vordergrund sprudelt das Wasser über zusammenhängenden (der Geologe würde sagen „anstehenden"), wenn auch etwas von Rissen durchzogenen Fels. Über ihm lagert in der oberen Bildhälfte, dort wo Gräser und Stauden wachsen, eine dünne Decke von Moränenschutt. Dieses Moränenmaterial wurde von einem der zahllosen Gletscher abgelagert, die in der Eiszeit hier in der Umgebung des Malojapasses jede Stelle unterhalb von einer Höhe von etwa 2400–2800 m bedeckten. Regen- und Schneeschmelzwasser tränken dieses Lockermaterial, das sich dabei richtig vollsaugt; das überschüssige Wasser fließt an der Unterseite der Moränendecke, auf der Felsoberfläche talwärts. Es bewegt sich dort nicht als gleichmäßig dicke Wasserschicht, sondern entsprechend der unruhigen Oberfläche der Felsen in Mulden kräftig und auf den Buckeln zwischen den Mulden nur wenig. An Stellen, wo die Decke aus Lockermaterial dünn ist, kann es an die Erdoberfläche kommen, also eine Quelle bilden, und dann viel freier sprudeln als unter dem Schutt und leichter Lockermaterial wegspülen.

In der rechten Bildhälfte kann man ahnen, dass das Wasser hier nicht einfach aus dem Felsen herausquillt, sondern schon oberhalb der Quelle unter dem Schutt auf der Felsoberfläche geflossen ist. Dort ist die Grasnarbe zerrissen; vegetationsfreie Flecken von Moränenlehm zeigen an, dass das Material in Bewegung ist, weil es hier, in einer kleinen Mulde, stark mit Wasser getränkt ist, da an seiner Unterseite ein winziger Bach fließt. Solche Stellen gibt es allein auf der Westseite des Lunghin-Sees zu Hunderten.

Quelle über dem Lunghin-See (Schweiz)

Die goldene Schrift „QUI NASCE IL PO" bedeutet: Hier entspringt – wörtlich: „wird geboren" – der Po. Wenn der Geologe ausdrücken möchte, wie sicher er etwas im Gelände beobachtet hat, sagt er gerne, dass er „die Hand drauflegen" konnte. Das könnte man hier, an der Quelle des Po, schon, nämlich da, wo das Wasser zwischen den beiden dicken Felsplatten etwas links der Bildmitte hervorsprudelt. Warum hat man also die Inschrift nicht genau dorthin gesetzt, auf eine der beiden Platten? Nun, es verlagert sich hier im Laufe des Jahres die Stelle, wo genau der Po entsteht. Der helle, feinere Schutt etwas rechts vor der Inschrift zeigt an, das häufig auch dort schon Wasser fließt, wenn nämlich der Ursprung des Po etwas höher, unter dem großen Block hinter der Schrift liegt.

Die Quelle des Po ist eine typische Schuttquelle. Oberhalb von ihr finden sich steile, noch heute aktive Schutthänge aus so groben Felsblöcken, dass hier das gesamte Niederschlagswasser versickern muss. Wo am Unterende der Schutthalde das Gelände flacher wird, konnte sich in der Vergangenheit mehr Feinmaterial ansammeln, zumal ja das Gelände auch vor weniger als 10 000 Jahren noch von Gletschern überflossen wurde, welche Moränen, also Schuttmassen mit einem hohen Anteil an fein zerriebenem Gesteinsmaterial, ablagerten. Dieser Untergrund aus feinerem Material ist zwar keinesfalls absolut wasserundurchlässig, aber die Wassermengen, die in den großen steilen Grobblockhängen, auch weiter rechts, versickern, können hier nicht mehr allein als Grundwasserstrom weiterfließen. Das Wasser muss zum Teil zutage treten. Je nachdem, wie viel Wasser von oben kommt und wie viel davon noch im Untergrund weiterfließen kann, liegen die obersten Wasseraustritte etwas höher oder tiefer.

Bei einer Schuttquelle wie hier hängt die genaue Lage der Quelle also von der Höhe des Grundwasserspiegels ab. Im Augenblick der Aufnahme, am 16.9.2003, waren hier in einer Höhe von 2100 m keinerlei Schneereste mehr vorhanden, auch nicht auf den oberhalb liegenden Hängen. In so einer „Trockenwetterphase" kommt zwar immer noch etwas Wasser aus den oberhalb gelegenen Schuttansammlungen und Felsspalten, aber es wird immer weniger, und damit sinkt dann auch der Grundwasserspiegel hier am Talgrund ab. Das kann schließlich zum völligen Versiegen des Wasseraustrittes führen, während unter der Erdoberfläche eine Grundwasserströmung weiter talwärts geht.

Der Bergwanderer wird den Block mit der Inschrift wohl kaum als Beeinträchtigung der Unversehrtheit der Natur empfinden, sondern eher als nette Idee oder wichtigen Hinweis. Trotzdem wird auch der geologisch wenig erfahrene Betrachter des Bildes wohl das Gefühl haben: Da ist ein Fremdkörper! Dieser Eindruck liegt nicht am Gestein: Am rechten Bildrand und ganz vorne sieht man genau dieselben blaugrünen Farben der am tiefen Meeresgrund erstarrten und später von den gebirgsbildenden Kräften verquetschten Lava. Nur, der Block mit der goldenen Schrift wurde wohl, als er zur Beschriftung zum Steinmetz, vielleicht nach Turin, kam, erst einmal gründlich gewaschen, damit die Schrift auch in Friedhofsqualität eingemeißelt werden konnte. Bis sich auf ihm wieder so ein Flechtenbewuchs eingestellt hat wie auf dem großen Block dahinter, wird es einige Jahrhunderte oder gar Jahrtausende dauern, und mit der grauen Anwitterung der Gesteinsoberfläche noch länger. Vorher werden aber sicher einige Besucher und Vertreter der „Ente Regionale di Turismo" bemängeln, dass die goldene Schrift kaum mehr von den gelben Flechten zu unterscheiden ist und dass man den Block doch, per piacere, für ein paar Tage zur Auffrischung nach Turin bringen möge. Ja, auch Naturdenkmäler haben ihre Probleme, hier zum Glück höchstens für ein paar Sommermonate.

Aufnahme am 16.9.2003, 12 Uhr 45, horizontaler Bildwinkel 60°

(Italien) Die Po-Quelle – Qui nasce il Po

8 | Aufnahme am 16.9.2003, 10 Uhr 00, horizontaler Bildwinkel 170°

Vom Ursprung des Po findet der Leser in diesem Buch zwei Bilder: eines (Bild 7) mit direktem Blick auf die Stelle, wo auf einem grünlichen Block aus einmal untermeerisch entstandenem vulkanischem Gestein zu lesen steht „QUI NASCE IL PO", und dann dieses Bild 8, mit dem Blick das alpine Po-Tal abwärts bis in die westliche Po-Ebene und auf die ein weites Gebiet überragende Berggestalt des fast 4000 m hohen Monte Viso, der noch bis nach Turin und weiter signalisiert: Qui nasce il Po!

Wie unterschiedlich andächtig und gläubig man so eine Botschaft auch aufnehmen mag, eine Reise zum Ursprung des Po dürfte auf jeden Fall zu den Pilgerfahrten zählen, die Anhängern unterschiedlichster Lebensauffassungen etwas geben können: dem einen Stärkung der Gesundheit, einem anderen das Gefühl, an der Wiege eines großen Flusses zu stehen, einem dritten Nachdenken über Hannibals Zug über die Alpen und anderen vielleicht so etwas wie einen Blick in die Ewigkeit. Wenn sich der Pilger bewusst macht, dass all diese Täler ein Werk von Flüssen sind, die in Millionen bis Zigmillionen von Jahren Gesteine zernagt haben, die Hunderte von Millionen Jahre alt sind, dann wird ihm in eindrucksvoller Umgebung vielleicht etwas verständlicher, was er sich unter 30 Mio. Jahren – die ja noch lange nicht die Ewigkeit sind – vorzustellen hat. Die Tätigkeit der Flüsse ist hier die Bewegung des Sekundenzeigers, die erahnen lässt, was eine Stunde, ein Tag und ein Jahr bedeuten.

Die Stelle, derentwegen wir dieses Tal aufgesucht haben, die Quelle des Po, ist durch die Hänge im Vordergrund verdeckt. Sie liegt ziemlich genau unter dem Gipfel des Monte Viso, also in der Bildmitte, ein wenig tiefer als der Punkt, an dem die Bachkerbe und der in Serpentinen herabführende Wanderpfad unter dem Vordergrund verschwinden.

Im Mittelgrund, vor dem Gipfel des Monte Viso, steigt das Relief von links nach rechts in drei bis vier riesigen Stufen an: Schutthalde, rechts darüber eine 100–200 m hohe Felsstufe, wieder Schutthalden, Felsstufe usw. Das Ganze erinnert etwas an Schichtstufen, d.h. an Stufen aus Ablagerungen wechselnder Härte (die in diesem Fall nach rechts geneigt wären). Es sind aber keine Sedimentgesteine, keine Gesteine, die als Schichten abgelagert

Das alpine Po-Tal und der Monte Viso (Italien)

worden wären. Die Stufen aus Gesteinen unterschiedlicher Härte sind vielmehr dadurch entstanden, dass durch gewaltige horizontale Schubbewegungen Gesteinsplatten gebildet wurden, die von rechts nach links übereinandergeschoben wurden.

Auffällig ist, dass auf der uns zugewandten Nordseite des fast 4000 m hohen Monte Viso keine richtigen Gletscher zu sehen sind. Bei den weißen Flächen am Fuß der über 1000 m hohen Nordwand des Monte Viso handelt es sich um von Neuschnee bedeckte Schuttkegel, und nur vereinzelt gibt es dort Lawinenschneereste, die den Sommer überdauern. Bei dem großen weißen Fleck in der Mitte der Felswand und dem schmaleren weißen Streifen rechts unter dem Gipfel handelt es sich tatsächlich um Flächen „ewigen Schnees", doch ist die Mächtigkeit des Eises zu gering, als dass es als Gletscher in Bewegung geraten könnte. Die Schneegrenze, d.h. die Höhe, in der auf flacheren Flächen ein Gleichgewicht herrscht zwischen Schneefall und Schneeaufzehrung durch Schmelzen und Verdunstung, liegt in diesem Teil der Alpen recht hoch, bei etwa 3300 m, ungefähr in der Höhe der großen Schneefläche in der Mitte der Felswand. In dieser Höhe kann sich in der schattigen Position einer Nordwand also Schnee sehr gut auf Dauer halten. Am Fuß der Felswand, in etwa 2700 m Höhe, ist es dagegen im Sommer insgesamt doch so warm, dass auch mächtige Anhäufungen von Lawinenschnee nur in sehr schattiger Lage den Sommer überdauern.

Wenn wir nahe dem linken Bildrand das Po-Tal talauswärts verfolgen, stoßen wir auf eine isolierte Kuppe, den 1300 m hohen Monte Bracco. Dahinter liegt im weißen Dunst die Po-Ebene, und über diesen Dunst sieht man, ganz schwach, etwas rechts vom Po-Tal, noch einmal einen grauen Streifen aufragen, das 600–800 m hohe Hügelland der Langhe, das man schon als Ausläufer des Ligurischen Apennin ansehen kann.

Ranglisten der Flüsse Europas

Die Suche nach geographischen Rekorden ist eine der beliebtesten Ausdrucksformen geographischen Interesses. Sie reicht von heute klar überprüfbaren Errungenschaften wie „der höchste Berg der Erde", „der tiefste See" über schon schwieriger zu entscheidende Eigenschaften wie dem ältesten Gestein oder dem längsten Fluss bis zu wenig sinnvollen Wettbewerben wie der Frage nach der tiefsten Schlucht der Erde oder dem schönsten Badestrand. Da man nicht allen hunderttausend Quellen und Bächen eines großen Stromgebiets dieselbe Aufmerksamkeit widmen kann, ist es schon nahe liegend, sich zu überlegen, welche Größen man als für die Bedeutung eines Flusses entscheidend ansehen kann, selbst wenn verschiedene Kriterien dann unterschiedliche Ranking Lists ergeben, die unversöhnlich nebeneinander stehen wie der Weltmeister der World Boxing Association und der Weltmeister des World Boxing Council.

Der Wettstreit um den Titel „größter Fluss der Erde oder eines Erdteils/ Landes" wird meistens nach zwei Kriterien ausgetragen: entweder als Frage nach dem längsten Fluss oder nach dem wasserreichsten. Die Frage nach der genauen Länge eines Flusses ist dort, wo es keine amtliche Kilometrierung eines Flusses gibt – die natürlich für den Wettstreit unantastbare Autorität hätte –, schwierig zu entscheiden, weil sie beträchtlich davon abhängt, auf was für einer Karte man die Länge bestimmt, d.h., welche kleinsten Windungen man noch berücksichtigt. Das könnte man heute mit der Auswertung von Satellitenbildern recht weit treiben, und damit würden sich die traditionell genannten Flusslängen wohl überwiegend verlängern. Das Interesse an einer Klärung der Frage mit allen verfügbaren Mitteln hält sich aber offensichtlich in Grenzen, denn die Aussicht, damit traditionelle Rekorde umstoßen zu können, ist gering, und das Guinness Book of Records belohnt wohl lieber neue Leistungen als neue Messmethoden.

Entscheidend für das begrenzte Interesse an der genauen Länge der Flüsse ist wohl auch die Tatsache, dass es für den Anblick und die wirtschaftliche Bedeutung des Rheins bei Köln viel weniger entscheidend ist, wie viele Kilometer ein Wassertropfen aus der Quelle des Rheins bis hierhin zurückgelegt hat, als die Frage, wie viel Wasser auf dem ganzen Weg zusammengekommen ist. Flüsse, die Trockengebiete durchqueren, sind am Ende trotz großer Lauflänge manchmal nur noch kümmerliche Rinnsale, oder sie schaffen es nur mit Ach und Krach, sich in niederschlagsreichere Gebiete hinüberzuretten, wo sie im Grunde noch einmal ganz neu anfangen. Dass die Länge der Flüsse als Maß für die Bedeutung eines Flusses überhaupt eine Rolle spielt, dürfte in erster Linie daran liegen, dass der Wasserreichtum eines Flusses sehr viel schwieriger zu bestimmen ist als die Länge. Die Größe des Einzugsgebiets bildet einen etwas besseren Ersatz für unbekannte Wassermengen als die Flusslänge, aber brauchbar ist dieser Ersatz nur dann, wenn man auch die klimatischen Verhältnisse berücksichtigt.

Nach der Tabelle 1 steht es außer Frage, dass die **Wolga die Königin der Flüsse Europas** ist, sowohl nach der Wassermenge wie nach der Lauflänge und der Einzugsgebietsgröße. Ihr Abflusswert wurde von mir auf 8000 m^3/s gerundet, um der Frage zu entgehen, welcher der in der Literatur anzutreffenden Werte zwischen 7950 und 8350 m^3/s der repräsentativste ist. Die **Donau** ist der einzige andere Fluss in Europa, der ihr halbwegs das Wasser reichen kann. Und was dann auf den nächsten vier Plätzen folgt, fließt alles in Russland und dürfte, vielleicht mit Ausnahme der **Newa**, in Mitteleuropa ziemlich unbekannt sein.

In dieser Tabelle wurde die Reihenfolge der Flüsse Europas nach ihrem mittleren jährlichen Abfluss gewählt. Dabei sind die ersten zwölf Flüsse auch zufällig gerade diejenigen, welche eine mittlere Wasserführung von mehr als 1000 m^3/s (Kubikmeter pro Sekunde) haben. Wem das Kriterium der Wasserführung nicht als das wichtigste erscheint, der kann sich hier auch über die Flusslänge und die Einzugsgebietsgröße informieren. Man sieht, dass die ersten beiden, die Wolga und die Donau, nach jedem der drei Kriterien die Liste mit klarem Abstand vor den anderen anführen. Was die Donau an die zweite Stelle dieser Tabelle bringt, ist natürlich nicht die Donau von Regensburg und auch nicht die von Wien, sondern die, die ins Schwarze Meer mündet. Aber es ist ja auch nicht die Wolga der Waldai-Höhen, die Rhein, Rhone und Elbe in den Schatten stellt.

Wenn man diese Liste so betrachtet wie eine moderne Ranking List von Tennisprofis oder von Grand-Prix-Konkurrenten, mit der Frage, ob sie die wahre Stärke gerecht widerspiegelt, dann empfindet man es als etwas unbefriedigend, dass die **Newa – der Fluss, der durch St. Petersburg fließt** – schon den 6. Platz einnimmt. Diesen Platz erreicht die Newa ja nur mit nicht ganz fairen Mitteln, nämlich dadurch, dass kurz vor der Mündung in den Finnischen Meerbusen im Ladogasee drei größere Flüsse zusammenkommen, von denen es jeder einzelne kaum auf 1000 m^3/s bringt. Der Klasse der Top 12 mit mehr als 1000 m^3/s gehört die Newa dann nur auf 80 km Länge an, während der Rhein schon ab dem Schwarzwald im Mittel mehr als 1000 m^3/s hat, d.h. bis zur Mündung in die Nordsee über eine Länge von rund 800 km. Aber was hilft's? Wie sollten wir die Punktwertung gerechter gestalten? Man kann ja auch positiv argumentieren: Die Newa ist der größte Fluss, der in Europa mitten durch das Zentrum einer großen Stadt fließt.

Rhone, Save und Po zeichnen sich dadurch aus, dass in ihren Einzugsgebieten von unter 100 000 km^2 erstaunlich große Abflussmengen zusammenkommen. Das liegt daran, dass diese Flüsse und viele ihrer Nebenflüsse aus den Alpen kommen, wo wesentlich mehr Niederschlag fällt als in den meisten anderen Gebieten Europas. In der Hydrologie kennzeichnet man die unterschiedliche Ergiebigkeit eines Fluss-Einzugsgebiets gerne dadurch, wie viel Liter pro Sekunde im Mittel ein Quadratkilometer erbringt. Diese Größe heißt „spezifischer Abfluss" und wird in l/(s*km^2) ausgedrückt. Man kann das auch, vielleicht etwas anschaulicher, so kennzeichnen, dass man in Gedanken den gesamten Jahresabfluss gleichmäßig auf die Einzugsgebietsfläche verteilt und sich ausrechnet, wie dick diese Wasserschicht wäre. Diese Zahlen sind in der letzten Spalte angegeben (Höhe der Jahresabfluss-Schicht). Man sieht, dass bei den genannten drei Alpenflüssen die Schicht des jährlich abfließenden Wassers auf eine Dicke von 500–700 mm kommt. Wenn man bedenkt, dass in Mitteleuropa im Durchschnitt pro Jahr eine Wasserschicht von etwa 500–600 mm Dicke verdunstet, dann bedeutet dies, dass in den Alpen im Durchschnitt um die 1200 mm Niederschlag fallen müssen, damit 500–700 mm für den Abfluss übrig bleiben. Ganz besonders fällt bei dieser Betrachtung in der Tabelle der Inn auf, der die sehr niederschlagsreiche Nordseite der westlichen Ostalpen entwässert und deshalb eine Wasserschicht von fast 900 mm Dicke für den Abfluss übrig hat, was in seinem Einzugsgebiet einen mittleren Jahresniederschlag von etwa 1500 mm voraussetzt.

		Mittlerer jährl. Abfluss m³/s	Flusslänge km	Einzugsgebiet km²	Jährl. Abflussschicht mm
1	Wolga	8000	3688	1 360 000	186
2	Donau	6450	2850	805 000	253
3	Kama	4100	2030	522 000	248
4	Petschora	4060	1809	327 000	392
5	Nördliche Dwina	3560	1302	360 000	312
6	Newa	2600	1100	282 000	291
7	Rhein	2200	1360	224 000	309
8	Rhone	1700	812	96 000	559
9	Save	1575	975	88 000	565
10	Po	1500	676	70 100	675
11	Dnjepr	1480	2285	503 000	93
12	Weichsel	1100	1095	194 000	179
13	Don	930		442 000	66
14	Ussa (N. Petschora)	929		54 700	536
15	Loire	900		120 000	237
16	Mesen	840		76 000	349
17	Theiß	823		138 000	188
18	Elbe	750		144 000	164
19	Inn	735		26 100	889
20	Memel	690		98 000	222
21	Gloma	685		42 000	515
22	Westliche Dwina	680		84 000	255
23	Garonne	650		56 000	383
24	Duero/Douro	600		93 400	220
25	Ebro	616		86 000	220
25	Ebro (Zaragoza)	585		40 400	481
26	Göta Älv	580		50 200	368
27	Oder	570		118 600	154
28	Onega	552		57 600	312
29	Drau	530		37 100	469
30	Kemijoki	530		51 400	325
31	Luleälv	510		25 200	639
	Tajo/Tejo	400		82 000	155
	Seine	334		65 000	162
	Guadalquivir	316		47 000	212
	Tiber	231		16 500	441
	Guadiana	180		70 400	81
	Arno	140		8247	536
	Themse (London)	82		9950	260

Tabelle **1** Die bedeutendsten Flüsse Europas

Ein Gegenstück zu den Alpenflüssen bildet in dieser Hinsicht der **Dnjepr**, da aus einem riesigen Einzugsgebiet nur ein mittlerer Jahresabfluss von 1500 m³/s zusammenkommt. Das liegt daran, dass die Niederschlagsmengen in der Ukraine ziemlich gering sind. Wenn im Jahr nur etwa 500 mm Niederschlag fallen und die Sommertemperaturen hoch sind, dann darf man sich nicht wundern, dass von der 500 mm dicken Niederschlagsschicht nur 90 mm für den Abfluss übrig bleiben. Für den stillen Don gilt das, was ich über den Dnjepr gesagt habe, in noch stärkerem Maße: geringe Niederschläge bei hohen sommerlichen Temperaturen. Deshalb hat die Jahresabfluss-Schicht hier nur eine Dicke von 66 mm. Bei der Weichsel ist mit 179 mm die Jahresabfluss-Schicht auch nicht überwältigend, aber das ist bei ihren Nachbarflüssen Oder und Elbe auch nicht besser. Es hindert alle drei Flüsse nicht daran, gelegentlich katastrophale Hochwässer zu entwickeln.

Bei den ersten zwölf in der Wettkampftabelle der Flüsse Europas bin ich mir einigermaßen sicher, dass kein wichtiger anderer Fluss übersehen wurde. Allerdings sollte man sich bei der Tabelle darüber im Klaren sein, dass die Werte des mittleren Jahresabflusses kaum genauer als mit einem mittleren Fehler von etwa 5–10% bestimmt werden können. Dies bedeutet, dass ich für die Reihenfolge Kama–Petschora oder Po–Dnjepr keine Garantie übernehmen kann. Für ein einzelnes Jahr kann die Meisterschaftstabelle sowieso ganz anders aussehen. Die Tabelle zeigt also nur, wie erfolgreich die Flüsse im langjährigen Durchschnitt die Meisterschaft bestreiten.

Bei den Flüssen mit weniger als 1000 m³/s mittlerem Abfluss, also nach dem 12. Platz, muss man damit rechnen, dass vielleicht noch ein oder zwei Flüsse aus dem nordwestlichen Russland einzuschieben sind, die sich mangels bekannter Daten nicht bemerkbar machen konnten. Ab Nummer 31 wurde mir dann die gewissenhafte Buchführung über die Meisterschaft sowieso zu mühsam. Deshalb wurden dann nur noch ein paar sehr bekannte Flüsse am Ende der Tabelle ohne Nummerierung eingefügt, damit man eine Vorstellung von deren Größe bekommt. Ihr genauer Platz in der Rangliste wäre schwierig zu bestimmen und unsicher, ist aber wohl auch wirklich nicht wichtig.

Die Wolga und andere Flüsse Russlands

Die untere Wolga ist der größte Fluss Europas, sowohl hinsichtlich ihrer Wassermenge wie hinsichtlich ihrer Länge und auch mit Blick auf die Größe ihres Einzugsgebiets. Das zeigt unmissverständlich Tabelle 1 (auf S. 29). Weil das Flussnetz der Wolga einen so prachtvoll gleichmäßig verästelten Baum bildet, mit einer markanten Hauptverzweigungsstelle, der Mündung der Kama in die Wolga, ist die Frage, wo die Wolga entspringt, noch mehr als bei den anderen großen Flüssen Europas eine Formsache. Vor allem deshalb, weil die **Kama sehr wahrscheinlich geringfügig wasserreicher als die Wolga** ist, was die Möglichkeit eröffnet, die wahre Quelle der Wolga ganz woanders zu suchen, nämlich in der Gegend von Perm, westlich des Ural. Deshalb soll hier ohne eine präzise Begründung einfach mitgeteilt werden: Als Ursprung der Wolga wird üblicherweise ein kleiner Bach in den Waldai-Höhen angesehen. Die Waldai-Höhen bilden die höchste Erhebung im gesamten Wolga-Einzugsgebiet oberhalb der Kama-Mündung, und schließlich hat mit diesem Ursprung die Wolga auch ein einigermaßen symmetrisches Einzugsgebiet, mit je einem großen Nebenfluss auf beiden Seiten: die Oka zu ihrer Rechten und weiter flussabwärts die Kama zur Linken.

Der bedeutendste Fluss Europas ist die Wolga von Saratow, Wolgograd und Astrachan, denn erst unterhalb der Vereinigung von Wolga und Kama übertrifft die Wolga die untere Donau. Wie sie zum größten Fluss Europas anschwillt und mit welchen anderen Flüssen Europas sie hinsichtlich ihrer Wasserführung an den verschiedenen Stellen zu vergleichen ist, zeigt Tabelle 2. Bei der Betrachtung dieser Tabelle sollte man auch folgende Dinge im Auge behalten:

1. Die Bestimmung der mittleren Wasserführung erfolgt an den Pegelstellen und ist eine recht aufwendige Angelegenheit. Vor allem bei Hochwasser, das ja bei der mittleren Wasserführung stark ins Gewicht fällt, ist es sehr schwierig zu bestimmen, wie viele Kubikmeter in einer Sekunde die Pegelstelle passieren. Auch bei sehr sorgfältigen langjährigen Messungen muss man damit rechnen, dass das Endergebnis noch um 5–10 % vom wirklichen Wert abweichen kann.
2. Auch nach der Perestroika sind Abflusswerte der russischen Flüsse, sobald es um Details geht, noch immer von der Aura von Staatsgeheimnissen umgeben oder, nüchterner formuliert, man bekommt sie einfach nicht.

Tabelle 2 wurde aus den erhältlichen Werten zusammengestellt ohne den Versuch, Unstimmigkeiten auszubügeln. Eine solche Unstimmigkeit liegt z. B. darin, dass nach der Vereinigung von Wolga und Kama die Wolga ja mindestens $3550\,m^3/s + 4100\,m^3/s = 7650\,m^3/s$ haben sollte; es werden aber für die erste Pegelstelle unterhalb der Vereinigung nur $6890\,m^3/s$ angegeben. Das kann an der „natürlichen" Ungenauigkeit der Messungen liegen, es kann aber auch noch hinzukommen, dass die verschiedenen Werte sich gar nicht auf denselben Zeitraum beziehen. Die Tabelle lässt erkennen, dass an der Stelle, wo sich Wolga und Kama vereinigen, die Kama wahrscheinlich eine größere mittlere Wasserführung hat als die Wolga. Da man aber nicht weiß, bei welchem der drei Werte ($3550/4100/6890\,m^3/s$) der Fehler am größten ist, lässt sich das nur vermuten, aber nicht sicher beweisen.

Was den Glanz der Wolga als Königin der Flüsse Europas erheblich beeinträchtigt, ist die Tatsache, dass sie über mehr als ¾ ihrer Länge heute gar **kein Fluss mehr ist, sondern eine Kette von sieben großen Stauseen**. Zwischen Dubna (120 km nördlich von Moskau) und Wolgograd wird das ursprüngliche Gefälle der Wolga praktisch vollständig zur Energiegewinnung genutzt. Am Fuß einer jeden Staustufe beginnt schon wieder der Stauraum der nächsten Stufe; ein fließender Fluss ist dazwischen kaum zu erkennen. Was diesen „Ausbau" der Wolga in sieben Staustufen so ungeheuerlich macht, ist die Tatsache, dass er zur Bildung riesiger Seen geführt hat, deren Volumen ⅔ des mittleren Jahresabflusses der Wolga ausmacht. Das hat zu Formulierungen geführt wie: „Früher brauchte das Wasser der Wolga 44 Tage von der Quelle bis zum Kaspischen Meer, jetzt sind es anderthalb Jahre." Das ist sehr anschaulich, aber insofern nicht ganz zutreffend, als in der Tiefe der Stauseen das Wasser fast völlig stagniert, überhaupt nicht mehr bewegt wird und dementsprechend in den oberen Wasserschichten doch schneller ausgetauscht wird. Man sollte auch trotz des gewaltigen Volumens der Stauseen nicht die Vorstellung haben, dass man mit diesem Speicher das Wasser der Wolga gleichmäßig

Wolga bei	m³/s	Nebenflüsse	m³/s	Andere Flüsse zum Vergleich	m³/s
Uglitsch	450				
Rybinsk	1150				
Gorodets	1690			Rhein bei Mainz	1600
		Oka	1300		
Nischni Nowgorod	2900			Donau oberhalb Belgrads	3000
Tscheboksary	3550				
		Kama	4100		
Tetyuschi	6890			Donau am Beginn des Deltas	6400
Samara	7740				
Wolgograd	8350				

Tabelle 2 Der mittlere Jahresabfluss der Wolga

über das ganze Jahr verteilen könnte. Würde man im Herbst und Winter die Speicher völlig „leerfahren", dann hätte man ja an den Staustufen kein Gefälle mehr, das man für die Energiegewinnung nutzen kann. Man kann also im Interesse der Energieproduktion für den jahreszeitlichen Ausgleich des Abflusses die Spiegelhöhe der Seen nur um wenige Meter absenken. Dadurch ergibt sich, dass das „nutzbare Speichervolumen" durchweg nur knapp die Hälfte des Gesamtvolumens der Seen beträgt. Immerhin, damit lässt sich der Unterschied zwischen Hochwasserspitzen im Frühjahr/Sommer und dem Wassermangel im Herbst/Winter schon erheblich ausgleichen.

Es sind für das Flusssystem der Wolga nicht genügend Informationen öffentlich verfügbar, um Fluch und Segen des Wolga-Ausbaus sachlich gegeneinander abzuwägen. Die gewaltigen Vorteile für die Schifffahrt und Energiegewinnung sind leichter in Zahlen zu fassen als die Beeinträchtigung von Pflanzen- und Tierwelt, der Verlust an Ackerland und die verlorene Vielfalt des Landschaftsbildes. Die Verschmutzung des Wassers der Wolga ist durch die minimale Fließgeschwindigkeit zwar verschärft, aber nicht verursacht. Und wie groß der Verlust zu bewerten ist, dass von den Naturlandschaften am größten Fluss Europas nur noch eine erhalten ge-

Name	Stauhöhe	Höhe des Oberwassers	Fläche	Volumen in km³		Abfluss	Kraftwerk installierte Leistung
	m	m ü. M.	km²	gesamt	nutzbar	km³/Jahr	MW
Rybinsk	18	96	4550	25	17	36	330
Gorky	16	80	1590	9	4	53	520
Tscheboksary	15	62	2270	14	6	112	1400
Kuibyschew	25	47	6450	58	35	242	2300
Saratow	13	24	1830	13	2	247	1290
Wolgograd	25	11	3120	32	8	251	2563

Tabelle 3 — Die sechs großen Stauseen der „Wolga-Kaskade"

blieben ist, nämlich die über eine Breite von 20–40 km noch weitgehend natürlich verwilderte unterste Wolga mit dem Delta, muss jede Generation neu entscheiden. Das Bild der mühselig das Schiff flussaufwärts schleppenden Wolga-Treidler in der Tretjakow-Galerie in Moskau ist noch heute zu Recht ein Symbol für positive gesellschaftliche Veränderungen. Sicher möchte niemand wieder die Arbeit der Wolga-Treidler neu zum Leben erwecken. Aber die Trauer, dass es diese Landschaft nicht mehr gibt, sollte man auch nicht unterdrücken.

Die Wolga endet im Kaspischen Meer. Dass man hier von einem Meer spricht, ist allein durch seine Größe bedingt, denn im Grunde ist das Kaspische Meer ein typischer Endsee, d.h. ein See, der keinen Abfluss hat. Der **Wasserhaushalt eines Endsees** regelt sich in der Weise, dass die Menge des Wassers, das die Flüsse in den See bringen oder das als Niederschlag direkt auf dem See niedergeht, gleich der Menge des Wassers ist, welches an der See-Oberfläche verdunstet. Weil die Menge des von den Flüssen zugeführten Wassers von Jahr zu Jahr erhebliche Unterschiede aufweist, ergeben sich bei Endseen durchweg beträchtliche Schwankungen des Wasserspiegels. Bringen die Zuflüsse einmal über mehrere Jahre hinweg deutlich mehr Wasser, dann steigt der Wasserspiegel an. Dadurch vergrößert sich die See-Oberfläche und es verdunstet entsprechend mehr. Der Anstieg des Wasserspiegels hält so lange an, bis durch die damit verbundene Zunahme der Verdunstung sich wieder ein Gleichgewicht ergibt zwischen Wasserzufuhr und Verdunstung – oder bis der See überläuft, d.h. irgendwo einen Abfluss nach außen findet. Dann ist er natürlich kein Endsee mehr, aber davon ist das Kaspische Meer unter den heutigen Klimabedingungen weit entfernt.

Beim Kaspischen Meer ist man Wasserspiegelschwankungen gewohnt. Im 20. Jahrhundert gab es eine starke Absenkung des Wasserspiegels: von –25 m (25 m unter dem Spiegel des Weltmeeres) zu Anfang des Jahrhunderts auf –29 m in den 1970er Jahren. Besonders zwischen 1930 und 1970 war die Absenkung sehr stark, was zu Problemen bei Hafenanlagen führte. Es schien klar, dass diese Absenkung vom Menschen verschuldet war, weil Wolga-Wasser zur Bewässerung abgeleitet wurde, vielleicht auch, weil die großen Stauseen zu erhöhter Verdunstung führten. Merkwürdigerweise steigt aber seit den 80er Jahren des 20. Jahrhunderts der Wasserspiegel wieder an, obwohl die Wasserentnahmen aus Wolga und Ural für Bewässerungszwecke eher zugenommen haben. Zur Erklärung dieses erneuten Anstiegs in der jüngsten Zeit gibt es mehrere Möglichkeiten. Am beliebtesten ist zurzeit die Erklärung durch Änderung der großräumigen Hebungen oder Senkungen der Erdkruste, also durch Änderung der tektonischen Tendenzen. Sicher spielen langfristig die tektonischen Bewegungen eine wichtige Rolle. Schließlich ist ja das ganze Becken des Kaspischen Meeres durch tektonische Senkung entstanden. Aber das sind Tendenzen über Jahrtausende und Jahrmillionen. Wenn sich der Wasserspiegel des Kaspischen Meeres für wenige Jahrzehnte anders verhält als vorher, dann scheinen mir (wahrscheinlich natürliche) kleinere Klimaveränderungen die einfachere Erklärung zu sein.

Zur Spalte Abfluss der Tabelle 3: Wie viel Wasser ein Fluss im Durchschnitt führt, die „mittlere jährliche Wasserführung", das gibt man meistens in Kubikmetern pro Sekunde (m^3/s) an. Etwas weniger häufig benutzt wird die Angabe, wie viele Kubikkilometer Wasser der Fluss im Jahr transportiert. Diese Möglichkeit wurde in der Tabelle benutzt, weil man dann einfacher die Wasserführung des Flusses mit dem Volumen der Stauseen vergleichen kann. Die beiden Maße für den Abfluss lassen sich leicht ineinander umrechnen: $1\,km^3/Jahr$ entspricht $31{,}69\,m^3/s$ (für die, es nachrechnen wollen: $1\,km^3/Jahr = 1\,000\,000\,000\,m^3 / 31\,557\,600\,Sekunden = 31{,}69\,m^3/s$).

| 9 | Aufnahme am 31. 5. 2008, 10 Uhr 10, horizontaler Bildwinkel 222° |

Moskwa, Kreml und Roter Platz in Moskau (Russland)

Wir blicken vom Südende der Moskwa-Brücke am Roten Platz über die Moskwa und auf den Kreml mit seiner roten Festungsmauer und dem großen Kreml-Palast, auf die vergoldeten Kuppeln mehrerer Kreml-Kathedralen und des Glockenturmes Iwan Welikij sowie auf den Roten Platz, die Basilius-Kathedrale und das Kaufhaus Gum (links dahinter).

Moskau liegt bekanntlich nicht an der Wolga, sondern wird von der Moskwa durchflossen, die – gemessen an den großen Flüssen Russlands – ein Flüsschen ist. Dieses fließt in die Oka, die wesentlich größer ist und sich an ihrer Mündung bei Nischni Nowgorod als zweitgrößter Nebenfluss der Wolga präsentiert. Nach ihrer Wasserführung ist die Moskwa mit den deutschen Flüssen Werra oder Leine vergleichbar. Dass der Blick über die Moskwa auf dem Bild vielleicht eindrucksvoller ist als die Flussufer in Hannover und Witzenhausen, dürfte zum einen an der Silhouette des Kreml und der Basilius-Kathedrale liegen, zum anderen aber auch daran, dass die Moskwa als Schifffahrtsweg eine wesentlich größere Bedeutung hat. In Moskau beginnen deshalb auch für die meisten Touristen die großen Kreuzfahrten, z.B. die Wolga-Kreuzfahrt, die bis Astrachan führt. Auf ihrer Reise überqueren fast alle Kreuzfahrtschiffe zunächst im Moskau-Wolga-Kanal die 155 m ü. M. gelegene Wasserscheide zwischen Moskwa und oberer Wolga. Sie haben dabei mithilfe von insgesamt sechs Schleusen einen Anstieg von 36 m und einen Abstieg zum Ivankovo-Stausee von knapp 40 m zu bewältigen. Der Kanal trifft bei Dubna auf den Ivankovo-Stausee und damit auf die Wolga.

Der Blick von der Moskwa-Brücke auf den Roten Platz war am 31.5.2008 durch die für ein Open-Air-Konzert aufgebaute Bühne verdeckt. Deshalb rechts ein kleiner Ausschnitt eines anderen Bildes (vom 22.9.2007), das zwar auch nicht frei von provisorischen Bauten ist, aber zwischen Kreml und Basilius-Kathedrale besser den eigentlichen Platz und dahinter die Fassade des Kaufhauses Gum erkennen lässt.

Aufnahme am 24.9.2007, 12 Uhr 50, horizontaler Bildwinkel 114°

Der Glockenturm von Kaljazin (Russland

Die systematische Umwandlung der Wolga in eine Seen- und Kraftwerkskette begann 1937 mit der Errichtung des Ivankovo-Stausees nördlich von Moskau. Schon 100 Jahre früher hatte man in den Waldai-Höhen, also im Quellbereich der Wolga, erste Stauseen errichtet, die 1943–47 zum Speicher Obere Wolga umgebaut wurden, der heute auch der Trinkwasserversorgung von Moskau dient. Die Fläche dieser Seen in den Waldai-Höhen erreicht aber nur ein Drittel von der des Ivankovo-Stausees. Im Ivankovo-Stausee ertrank auch die Stadt Kaljazin. Unser Bild zeigt deren noch heute über die Wasseroberfläche aufragenden Glockenturm der Nikolaj-Kirche, bewundert von den Passagieren des Kreuzfahrtschiffs „Novikov Priboi", das gerade über den Marktplatz von Kaljazin fährt.

Die Wolga ist hier hinsichtlich der Wasserführung etwa mit der Mosel vergleichbar. Bei 11 m Fallhöhe am Staudamm war damit für das Kraftwerk Dubna nur die Installation einer Leistung von 30 MW sinnvoll. Das ist nur wenig mehr als $1/100$ von der des größten Wolga-Kraftwerks, gelegen bei Wolgograd (2560 MW). Solche älteren kleineren Kraftwerke, bei denen man sich fragt, ob ihr Ertrag die durch sie verursachten Zerstörungen rechtfertigt, gibt es aber auch in Mitteleuropa in großer Zahl. So eindrucksvoll der

halb aus dem Wasser ragende Glockenturm auch sein mag, so sollte man ihn nicht zu stark mit symbolischer Bedeutung beladen, ihn nicht zum Mahnmal sowjetischen Technik-Wahns erklären, denn ähnlich halb im Stausee ertrunkene Kirchtürme finden sich auch in Ländern ohne proletarische Revolution, z.B. im Reschen-Stausee am Dreiländereck Italien–Österreich–Schweiz.

| 11 | Aufnahme am 27.9.2007, 17 Uhr 10, horizontaler Bildwinkel 105° |

Nischni Nowgorod, die „untere Neustadt", erhielt seinen Namen, weil es im 13. Jahrhundert deutlich tiefer, flussabwärts an der Wolga gegründet wurde als das jenseits der Wasserscheide zur Ostsee gelegene Nowgorod. Von 1932 bis 1990 trug die Stadt, wie viele andere russische Städte, einen revolutionsgemäßeren Namen, nämlich den des berühmtesten russischen Schriftstellers dieser Zeit: Maxim Gorki (übrigens gegen den Willen von Gorki). Auch wenn die Rückbenennungen dieser Städte durchweg erfolgreich waren, hat man sich wohl noch für eine ganze Weile beide Namen zu merken, denn nicht alle mit dem Namen der Stadt verbundenen Bezeichnungen machen die Rückbenennungen automatisch mit. So heißen einer der großen Wolga-Stauseen und seine Staustufe wohl noch immer Gorki-Stausee und Gorki-Staudamm. Das ist umso verwirrender, als der Gorki-Staudamm gut 50 km flussaufwärts von Nischni Nowgorod, dem früheren Gorki, liegt und die Stadt sich deshalb nicht am Gorki-Stausee, sondern bereits im obersten Staubereich der nächsttieferen Stufe, des Kuybischew-Staudammes befindet. Auch hier liegt die für den Namen zuständige Stadt viel weiter flussabwärts (60 km). Die Stadt Kuybischew, die heute wieder Samara heißt, hatte von 1935–1991 ihren revolutionsgerechten Namen zu Ehren eines verdienten Sowjetpolitikers erhalten. Die Stadt, die unmittelbar zu Füßen des Kuybischew-Staudammes liegt, ist die Industriestadt Toljatti (benannt nach dem italienischen Kommunistenführer Palmiro Togliatti).

Da Nischni Nowgorod nur 50 km unterhalb einer Wolga-Staustufe liegt und es bis zur nächsttieferen Staustufe 280 km sind, ist der Stausee hier verhältnismäßig schmal, bei tieferem Wasserstand kann man sogar schon von Fluss-Charakter sprechen, sowohl bei der Wolga wie bei der einmündenden Oka. Im linken Drittel des Bildes sieht man die Kanawinski-Brücke, welche die zu beiden Seiten der Oka gelegenen Teile der Stadt verbindet. Vor ihr sieht man auf dem rechten Oka-Ufer zwei im 17. Jahrhundert im Auftrag der Kaufmannsfamilie der Stroganows erbaute Kirchen: die Kirche der Gottesmutter von Smolensk und die Mariä-Geburts-Kirche mit ihrem Wechsel von roten und weißen Steinen im „Stroganow-Barock". Jenseits der Oka steht auf dem

Die Oka und die Wolga in Nischni Nowgorod (Russland)

Landzipfel zwischen Oka und Wolga, im Messegelände, die Alexander-Newski-Kirche. Unmittelbar rechts von der Oka-Mündung sieht man den in Form eines Schiffs gebauten „Flussbahnhof", hinter dem die Aufbauten mehrerer Kreuzfahrtschiffe zu erkennen sind.

    Der gepflasterte Weg im Vordergrund links ist merkwürdig: Der Hang, der von unserem Standort nördlich der Kremlmauer zum „Flussbahnhof" hinterführt, sieht auf den ersten Blick wie Ödland aus. Beim Suchen nach einem optimalen Fotoplatz entdeckte ich dann aber, dass er überzogen ist von einem verzweigten System gepflasterter Wege, ein richtiger Promenadenhang. Allerdings offensichtlich aus besseren Zeiten, denn die spontane Vegetation – um den Ausdruck „Unkraut" zu vermeiden – hat die Wegflächen zur Hälfte schon wieder zurückerobert. Wann waren die „besseren Zeiten"? Die bürgerlichen, vorrevolutionären Zeiten sind wohl schon zu lange vorbei; da wäre von den Platten der Promenaden heute kaum mehr etwas zu sehen. Es waren wohl die Zeiten der geschlossenen Stadt Gorki, als selbst Sowjetbürger nur mit Sondergenehmigung die Stadt mit ihren Zentren für Hochtechnologie betreten durften. Damals sollten die Eingeschlossenen vielleicht wenigstens einen schönen Blick auf die Mutter Wolga am Abend genießen können.

Aufnahme am 2.10.2007, 9 Uhr 50, horizontaler Bildwinkel 89°

Die Brücke von Saratow (Russland)

Mit dem Namen der Stadt Saratow verbindet sich für den Naturgeographen vor allem der berühmte Reliefgegensatz zu beiden Seiten der Wolga: auf der Westseite der plötzliche Anstieg um 150–200 m, den man als das Bergufer bezeichnet, und im Osten das flache Wiesenufer. Auf unserem Bild ist links die Flachlandschaft des Wiesenufers zu erkennen; im rechten Viertel sieht man in der Ferne eine Plateaufläche, die sich deutlich über die Wolga erhebt. Die Brücke verbindet die Stadt Saratow (rechts des Bildes) mit der gegenüberliegenden Stadt Engels und weiter mit dem südlichen Uralgebiet. Die nächste Brücke kommt dann flussabwärts erst wieder in Wolgograd.

Die Asymmetrie zwischen dem steilen Bergufer und dem flachen Wiesenufer ist charakteristisch für den Lauf der Wolga zwischen Samara und Wolgograd, in etwas abgeschwächtem Maße auch weiter flussaufwärts. Lange Zeit hat man geglaubt, dass diese Asymmetrie eine Folge der Erddrehung sei: So wie auf der Nordhalbkugel der Erde die Winde nicht geradlinig vom Hoch zum Tief wehen, sondern infolge der Erddrehung eine Rechtsablenkung erfahren, glaubte man, dass die Wolga nach rechts gegen das Bergufer gedrängt wird. Das ist zwar nicht falsch, erklärt aber trotzdem nicht, warum es rechts (also im Westen) ein fast 200 m über die Wolga aufragendes Plateau gibt und links nicht. Die moderne Erklärung besagt, dass die Wolga am Westrand eines Senkungsgebiets fließt. Auf ihrer rechten Seite (wenn man in Fließrichtung der Wolga blickt) hat sich die Erdkruste gehoben, östlich der Wolga hat sie sich gesenkt. Die Wolga fließt am rechten Rand des Senkungsgebiets, weil dort die Senkung am stärksten ist.

Karte 3 — Dnjepr, Newa, Wolga und Don

☆ Historische Stadtposition

| 13 | Aufnahme am 7.10.2007, 9 Uhr 40, horizontaler Bildwinkel 305° |

Ich hatte Bilder vom Blick auf die Wolga beim ehemaligen Stalingrad gesehen und eindrucksvolle Fotos der größten Statue Europas, der „Mutter Heimat", aber nie beides zusammen, nie ein Bild, das zeigt, wie der Blick von der Wolga auf das Sieges- und Mahnmal schwenken kann. Dazu ist nicht nur in der Horizontalen ein Blickwinkel von mindestens 180° notwendig, sondern auch in der Vertikalen müssen 90° erreicht werden. Auf einer Wolga-Kreuzfahrt standen mir vor und nach dem Abstecher nach Astrachan immerhin insgesamt zweieinhalb Tage zur Verfügung. Das Wetter war günstig: Sonne, gute Sicht. Etwas Wolkendramatik wäre mir noch lieber gewesen, zum einen um die historische Bedeutung des Ortes zu unterstreichen und zum anderen einfach um eine Chance zu haben, dass für einen Moment die Gegenlicht-Sonne abgedeckt ist. Aber so optimale Bedingungen erreicht normalerweise nur der ortsansässige Fotograf.

Am ersten Tag, dem 3.10., hatte ich zunächst nach einem Blick auf den Wolga-Staudamm gesucht, und auf dem Marmajew-Hügel war es dann um die Mittagszeit schon zu spät: Das Gesicht der Mutter Heimat lag fast voll im Schatten. Aber ich wusste jetzt, dass gegen 9–10 Uhr eine gute Zeit sein würde, was sich dann vier Tage später bei genauso wolkenlosem Himmel auch nutzen ließ. Vergeblich habe ich einen etwas größeren Abstand von der Statue gesucht, um eine günstigere Perspektive zu erhalten; aber den hat man nur bei der Frontalansicht von Osten, mit der Wolga im Rücken, nicht beim Blick von der Seite, der weiter über die Wolga schweifen soll.

Bei der Ausarbeitung des Panoramas gab es dann noch ein Problem mit der Projektion. Normalerweise verwende ich bei der Zusammenstellung eines Panoramabildes die Projektion auf eine Kugel. Dann sieht jeder kleinere Ausschnitt so aus, wie er sich für jeden „Augenblick" (mit dem entsprechend begrenzten Blickwinkel) bietet. Da man das Foto aber nicht auf der Innenseite einer Kugel betrachtet, sondern auf einem ebenen Papier, ergibt sich dann häufig, dass über größere Teile des Panoramas reichende Linien, die man als Geraden erwartet,

„Die Sonne von Stalingrad" (Russland)

gebogen sind. Bei Kondensstreifen im Himmel des Bildes fällt das den meisten Betrachtern gar nicht auf, aber eine Mutter Heimat mit einem gebogenen Schwert, mit einem „Türkensäbel" – das wäre nicht tragbar gewesen. Also wurde hier die Projektion des Panoramabildes auf einen Zylinder gewählt. Bei so einer Projektion ergibt sich ein überall korrektes Bild, wenn man es auf der Innenseite eines Zylinders aus der Mitte dieses Zylinders betrachtet. Dann ergäbe sich z.B. beim Blick nach ganz oben eine perspektivische Verkürzung und man hätte nicht das Gefühl, die Mutter Heimat habe zu einem für eine noch größere Statue bestimmten Schwert gegriffen. Außerdem möchte ich gestehen, dass die Mutter Heimat auf den bekannten Fotos – aus etwas größerer Entfernung und genau aus der Richtung der monumentalen Treppe, die von Osten heraufführt – eleganter wirkt, weniger pathetisch, aber mitreißender zur Verteidigung der Heimat ruft als in dieser extremen Perspektive. Mein Ziel war es aber, den Zusammenhang herzustellen: Mutter Heimat und der Blick auf die Wolga.

Nun zum Titel des Bildes: „Die Sonne von Stalingrad". In Carl Maria von Webers Oper „Der Freischütz" wird die Arie des Max („Durch die Wälder, durch die Auen …") eingeleitet mit den Worten: „Oh, diese Sonne! Furchtbar steigt sie mir empor!" Diese Worte gingen mir nicht aus dem Sinn, als ich darüber nachdachte, wie die deutschen Soldaten 1942 so einen schönen Herbsttag in Stalingrad erlebt haben mögen, als ihnen klar wurde, in welchen Winter sie der Größenwahn ihres Führers zwingen würde. Ich habe übrigens ausprobiert, wie das Bild wirkt, wenn man die störenden Linsenreflexe neben der Sonne wegretuschiert: Normaler, weniger dämonisch, freundlicher – aber genau das war Stalingrad eben nicht!

Das Bild zeigt neben dem Ruf zum Kampf für die Heimat auch die Gedenkhalle für die Toten, die goldenen Kuppeln einer modernen orthodoxen Kirche, und es zeigt die Wolga, um die es ja wesentlich beim Kampf um Stalingrad ging. Die Wolga war gerade in dieser Gegend bereits in früheren Jahrhunderten vielmals ein Ort erbarmungsloser Kämpfe gewesen – und wurde im Winter 1942/43 Schauplatz einer Schlacht, in der etwa eine halbe Million Soldaten ihr Leben ließen und an deren Ende Hunderttausende in eine hoffnungslose Gefangenschaft ziehen mussten.

| **14** | Aufnahme am 3. 10. 2007, 12 Uhr 20, horizontaler Bildwinkel 55° |

Bild 14 ist ein Ausschnitt von Bild 13, aufgenommen mit der 6-fachen Brennweite, so dass hier ganz andere Details zu erkennen sind. Ich habe dieses Bild vor allem aufgenommen, um die Lage des Staudammes von Wolgograd zu zeigen (im linken Viertel des Bildes, hinter dem am höchsten über den Horizont aufragenden Schornstein). Dieser Staudamm ist der unterste Damm der „Wolga-Kaskade". Das mit ihm verbundene Kraftwerk hat die größte Leistung aller Flusskraftwerke des Wolga-Kama-Systems, sowohl was die installierte Leistung (2600 MW) betrifft, als auch nach der mittleren jährlichen Energieproduktion (11 Mrd. kWh). Die Fallhöhe ist mit 25 m genauso groß wie die des Kuibyschew-Dammes oberhalb von Samara, doch ist die zur Verfügung stehende Wassermenge, die genauso entscheidend ist für die Energieproduktion wie die Fallhöhe, bei Wolgograd naturgemäß noch größer.

Der Staudamm ist 2,5 km lang. Der aufgestaute See hat mit 32 km³ (Kubikkilometern) nach dem Kuibyschew-Stausee (58 km³) das zweitgrößte Volumen der Wolga-Stauseen. Er kann ein Achtel des mittleren Jahresabflusses der Wolga aufnehmen. Unterhalb des Wolgograd-Staudammes fließt die Wolga dann mit ihrem natürlichen Gefälle zum Kaspischen Meer. Die jahreszeitliche und auch die tageszeitliche Veränderung der Abflussmengen ist allerdings auch unterhalb des

Wolgograd-Staudammes nicht natürlich zu nennen, da sie wesentlich dadurch bestimmt wird, welche Leistung die Turbinen zu einer bestimmten Zeit abgeben sollen.

In Richtung des Staudammes liegt vor uns der Wolgograder Stadtteil Traktorskaja, benannt nach der berühmten Traktorenfabrik Dserschinskij, in der 1942 in unmittelbarer Nähe der deutschen Wehrmacht noch Panzer produziert wurden und die dann – im nicht von den deutschen Truppen eroberten Teil von Stalingrad – Zentrum des russischen Brückenkopfes westlich der Wolga war.

Ganz rechts im Bild sieht man die runde Gedenkhalle für die sowjetischen Gefallenen. Dass in dieser Halle mit permanenter Ehrenwache Schumanns „Träumerei" erklingt, ist wohl kaum als besondere Verbeugung vor dem Komponisten zu verstehen, weil er Deutscher ist. Aber die Tatsache, dass er Deutscher ist, war offensichtlich auch kein Hinderungsgrund, seine Musik zu wählen, um wehmütiges Nachdenken über das Geschehene und leise Hoffnung auf eine Zukunft ohne Hass und Feindschaft auszudrücken.

(Russland)

Wolgograd: Staudamm, Traktorenfabrik und Gedächtnishalle

15 Aufnahme am 4.10.2007, 17 Uhr 00, horizontaler Bildwinkel 55°

Die Wolga zwischen Wolgograd und Astrachan (Russland)

Wolgograd bildet für den Lauf der Wolga einen besonders markanten Punkt: Hier wendet sie sich von der Südsüdwest-Richtung nach Südosten, und damit verschwindet der Gegensatz steiler Talhang (Bergufer) auf der rechten Seite – flaches Wiesenufer auf der linken. Auf ihrem weiteren Lauf nach Südosten fließt sie durch ebenes Gebiet, wo nur noch Stufen geringer Höhe zwischen der großräumigen Ebene und dem aktuellen Flussbett anzutreffen sind. In der Nähe von Wolgograd können diese Uferstufen schon mal 20 m Höhe erreichen; mit zunehmender Annäherung an das Delta, an die Stadt Astrachan, verschwinden sie ganz. Der Staudamm oberhalb von Wolgograd ist der letzte in der Wolga-Kaskade, danach hat die Wolga wieder ihr natürliches Gefälle. Nur ihre Wasserführung ist nicht dieselbe wie vor dem Ausbau der Kaskade, denn die riesigen Stauseen werden genutzt, um die Extreme der Wasserführung, die Hoch- und Niedrigwasser-Ausschläge, beträchtlich zu mildern.

Auf diesem Abschnitt zwischen Wolgograd und Astrachan ist die Wolga praktisch immer in mehrere Arme aufgeteilt. Man nennt das Verwilderung, eine Erscheinung, die sich vor allem bei Flüssen findet, die eine stark wechselnde Wasserführung haben, und bei Flüssen, die akkumulieren, die Sedimente ablagern. Es ist aber auf der ganzen Strecke deutlich ein Hauptarm der Wolga erkennbar. Das ist sicher zum Teil dadurch bedingt, dass im Interesse der Schifffahrt eine Fahrrinne markiert und durch Baggerungen eine Mindesttiefe sichergestellt wird. Begünstigt wird die Ausbildung eines Hauptarmes aber auch durch die Tatsache, dass die Wasserführung der Wolga durch die Stauseen gleichmäßiger geworden ist. Die Breite der Zone, über die sich die vielen Arme der Wolga erstrecken, und die sie bei Hochwasser auch weitgehend ausfüllt, beträgt 20–40 km. Der Hauptarm der Wolga hält sich durchweg an der rechten Seite dieser Zone. Auch auf der linken Seite ist größtenteils ein bedeutender Arm zu verfolgen, der den Namen Achtuba hat. Es handelt sich dabei aber nicht um einen unabhängigen Fluss, auch nicht um einen Nebenfluss, sondern um eine

Flussarm-Reihe, die immer wieder über weitere, kleinere Arme Verbindungen zum Hauptarm hat.

Das Bild zeigt die Wolga 120 km nordwestlich von Astrachan, also bei gut zwei Dritteln der Luftlinien-Entfernung von 380 km zwischen Wolgograd und Astrachan. Unser Blick geht flussaufwärts, links über die Staraja Wolga (Alte Wolga), rechts über den heutigen Hauptarm der Wolga, der einen Bogen der Alten Wolga abschneidet. Das 6–8 m hohe Terrassenufer rechts im Bild zeigt, dass gegenwärtig hier die Wolga seitlich (nach links) erodiert. Es ist aber durchaus nicht die linke (nordöstliche) Begrenzung der insgesamt etwa 25 km breiten Verwilderungszone. Vielmehr ist die Terrasse das Südwestufer einer sehr großen Insel zwischen Wolga und Achtuba.

Klimatisch befinden wir uns hier in einer Steppenregion mit einer mittleren Jahresniederschlagsmenge von knapp 300 mm. Die Vegetation ist jedoch stark vom hohen Grundwasserstand begünstigt, so dass wir bis zu einer Höhe von mehreren Metern über dem augenblicklichen Wasserstand geschlossene Auwälder antreffen und selbst auf der deutlich höheren Terrasse am linken Wolga-Ufer (rechte Bildseite) noch zahlreiche Bäume. Dass die junge Sand-Anschwemmung nahe der Bildmitte praktisch vegetationsfrei ist, dürfte kaum jemanden verwundern. Dass aber der dahinter liegende ältere Teil dieser Insel und weitere Bereiche links davon nur Kraut-Vegetation tragen und keine Bäume, hat einen besonderen Grund: In den Bereichen, die im Frühjahr starkem Eisgang ausgesetzt sind, können Bäume und Sträucher nicht hochkommen. Obwohl Astrachan auf der geographischen Breite von Venedig liegt (46° N), hat hier die Wolga in normalen Jahren für fast vier Monate eine Eisdecke. Die treibenden Schollen beim Aufbrechen dieser Eisdecke bilden für die ufernahen Bäume eine ungeheure Belastung. Auf niedrigen Inseln und Uferzonen, die im Bereich starker Hochwasserströmungen liegen, finden wir deshalb ungeachtet der reichlichen Wasserversorgung eine Krautvegetation anstelle von Bäumen und Sträuchern.

16 Aufnahme am 5.10.2007, 16 Uhr 00, horizontaler Bildwinkel 82°

Im Wolga-Delta bei Karalat (Russland)

Bei Astrachan teilt sich die Wolga in eine Vielzahl von Armen auf, die sich innerhalb des Deltas noch weiter verzweigen, zum Teil auch wieder vereinigen und schließlich in einem Gürtel von Inseln auflösen. Dabei ist es wegen der sehr geringen Wassertiefe und der wechselnden Wasserstände oft kaum möglich, zu entscheiden, was Insel ist und was vorübergehend freifallende Untiefe. Diese Deltabildung ist Ausdruck der Tatsache, dass jetzt mit der Annäherung an das Kaspische Meer das Gefälle so gering wird, dass der Fluss beginnt, seine Schwebstoffe und Sande abzulagern, und sich deshalb unter natürlichen Bedingungen immer wieder neue Abflusswege suchen muss. Heute sind allerdings bestimmte Arme als Schifffahrtswege festgelegt. Auf Bild 16 befinden wir uns in einem schmalen Arm, der nur von Fischerbooten – und von Ausflugsbooten mit Touristen – befahren wird.

Das gesamte riesige Deltagebiet (12 000 km²) liegt etwa 24 m unter dem Meeresspiegel. In einem Flussdelta spielen auch geringfügige Höhenunterschiede eine äußerst wichtige Rolle. Für die etwas höher gelegenen Teile gibt es Eindeichungen für den Reisanbau. In den tiefer gelegenen Bereichen, die besonders vom Anstieg des Kaspischen Meeres in den letzten Jahrzehnten betroffen wurden, sind riesige Flächen mit 4–5 m hohem Schilf bedeckt; es finden sich in diesen amphibischen Bereichen aber auch große Bauminseln (Weiden, Pappeln). Unser Bild ist in solch einem amphibischen Bereich aufgenommen, an einer Stelle, die nur noch 3–4 km von der freien Wasserfläche des Kaspischen Meeres entfernt ist.

Ein großer Fisch schnellte bei der Bootsfahrt neben mir in die Höhe und spritzte mir Wasser auf die Kamera. Es war wohl kein Stör, aber seine Größe gab mir Hoffnung, dass die Fischbestände nicht ganz auf kleine, eingesetzte Jungfische reduziert sind. Beim berühmten Stör sind die Bestände durch Überfischung, illegale Kaviarjagd und Versperrung der Flussaufstiege durch die Staudämme so stark zurückgegangen und damit die Preise in so astronomische Höhen gestiegen, dass der Kellner auf dem Kreuzfahrtschiff sich Mühe geben muss, den Gast nicht auszulachen, als dieser fragt, wann es denn mal gebratenen Stör gebe. Vielleicht sind die kulinarischen Grenzen der russischen Wolga-Kreuzfahrtschiffe einer der Gründe, warum unsere anspruchsvolleren Flusskreuzfahrt-Gesellschaften sich auf der großen Wolga-Fahrt nicht blicken lassen. Eigentlich schade, denn der Mensch lebt ja bekanntlich nicht vom Brot allein.

17 Aufnahme am 6.10.2007, 14 Uhr 20, horizontaler Bildwinkel 37°

Auf dem Weg von Wolgograd nach Astrachan und zurück bekommt der Kreuzfahrtpassagier zweimal jeweils zwei Tage lang überwiegend Naturlandschaft zu sehen: immer wieder Sandbänke, Flussgabelungen mit ihren baumbestandenen Inseln, Abbruchkanten am Ufer, Vögel. Viele Russen lieben offensichtlich diese Landschaft, denn was man vom Schiff aus an menschlichen Aktivitäten in der Nähe sieht, ist überwiegend Naturtourismus: Zelte am Ufer, Angler. Schlauchboote und andere Motorboote werden aber glücklicherweise nicht zum Wasserskifahren gebraucht, sondern zum Angeln und vor allem, um überhaupt zu den wilden oder freien, in jedem Fall wildromantischen Zeltplätzen auf den Inseln zu gelangen. Abgesehen von den paar vorbeifahrenden Frachtern und Kreuzfahrtschiffen ist man hier wirklich ungestört. Das genießen wohl auch die beiden Angler in ihrem Boot. Nur fragt sich der vorbeifahrende Kreuzfahrtgast: Stört sie denn nicht die liederliche Forstwirtschaft, die liegen gelassenen Baumleichen?

Sorry, oder besser „iswiniete", das ist die unverfälschte Natur! Diese Bäume sind nicht von einer großen Knick-Schneidemaschine – wie sie in Schleswig-Holstein so hässliche Spuren hinterlässt – gekappt, gebrochen, abgerissen. Sie zeigen nur die Wirkung des winterlichen Eisgangs, wo treibende Eisschollen die Rinde der Bäume abschälen oder wegen des Nachdrängens anderer Schollen am Ufer übereinandergeschoben und hoch aufgetürmt werden.

Wir sind zwar in Astrachan auf der geographischen Breite von Bordeaux und Venedig (46° N), aber die Winter sprechen eine andere Sprache, Russisch, und deshalb hat die Wolga hier im Durchschnitt von Mitte Dezember bis Mitte März eine Eisdecke. Weiter im Norden dauert die Eisbedeckung natürlich noch wesentlich länger, schon bei Kazan von Anfang Dezember bis Mitte April. Die Eisdecke der Wolga spielte oft auch in Kriegen eine entscheidende strategische Rolle. Das haben nicht nur die deutschen Truppen im Winter 1942/43 erfahren, sondern vorher z.B. auch schon Iwan der Schreckliche (1550).

Die riesigen Stauseen der Wolga und Kama sind nicht groß genug, um die Wasserführung der Wolga vollständig zu regulieren. Im Frühjahr gibt es immer noch Hochwasser bei der Schneeschmelze und dem Eisaufbruch, wobei sich durch Eisstau dann noch große Schwankungen ergeben.

Eisgangspuren an der unteren Wolga (Russland)

Aufnahme am 8. 10. 2007, 16 Uhr 10, horizontaler Bildwinkel 61°

18

Bei Wolgograd nähern sich zwei große Flüsse Südrusslands, die Wolga und der Don, bis auf eine Entfernung von 55 km. Der Don strömt dabei wie ein Nebenfluss auf die Wolga zu; irgendwann muss der Don einmal Nebenfluss der Wolga gewesen sein. Die Höhe, welche die Wasserscheide zwischen Wolga und Don in dieser Gegend heute an ihrer niedrigsten Stelle hat (etwa 85 m ü. M., 60 m über dem Don, fast 100 m über der Wolga), zeigt, dass es schon wenigstens einige Hunderttausend bis Millionen Jahre her sein muss, seitdem der Don aufhörte, Nebenfluss der Wolga zu sein. Die heutige Wasserscheide muss sich nämlich seit der Lauf-Änderung des Don wenigstens um die 60 m gegenüber dem Don-Knie gehoben haben.

Eine durchgehende Schifffahrtsverbindung zwischen Ostsee und Schwarzem Meer plante bereits Zar Peter der Große, doch erst der ungeheure Einsatz von Arbeitskräften in der Stalinzeit und die Fortschritte in der Schleusentechnik ermöglichten die Verwirklichung. Die Fertigstellung des Wolga-Don-Kanals erfolgte im Jahr 1952. Er erhielt den Namen Lenin-Kanal. Eine 40 m hohe Lenin-Statue markiert die Stelle, an der südöstlich von Wolgograd der Kanal von der Wolga abzweigt. Von der Wolga steigt der Wasserweg auf einer Strecke von 22 km über neun Schleusen zur Wasserscheide an, wobei die horizontalen Abschnitte zwischen den Schleusen im unteren Teil von Kanalstrecken, im oberen von kleinen Seen gebildet werden.

Auf der Westseite erfolgt der Abstieg zum etwa 42 m hoch gelegenen Don-Stausee über vier Schleusen, wobei zwischen den Schleusen zwei Seen von 15 und 10 km Länge entstanden sind. Der dritte, größte See im Rahmen der ganzen Schleusenkette ist dann der 200 km lange Zimljansker-Stausee, zu dem der Don selbst aufgestaut ist. Die Schaumentwicklung in der Schleuse lässt ahnen, dass Fragen des Umweltschutzes, etwa der Abwasserklärung, beim Management der Flüsse Russlands auch in jüngster Vergangenheit nicht dieselbe Bedeutung beigemessen wurde wie Fragen der Energiegewinnung und der Schifffahrt.

Die beiden Reiter auf den Türmen am Westtor der Schleuse weisen uns darauf hin, dass wir auf unserer Fahrt nach Westen jetzt in das Land der Kosaken kommen. Sie sagen uns allerdings nicht, was eigentlich die Kosaken sind. Sicher nicht einfach ein Volk, ein Stamm, eher schon ein Berufstand, allerdings mit bedeutenden Traditionen, die vor allem am unteren Don gepflegt wurden.

(Russland) **Schleuse zum Land der Kosaken**

49

| 19 | Aufnahme am 8.10.2007, 17 Uhr 00, horizontaler Bildwinkel 130° |

Stenka Razin war eine Art Robin Hood an der Wolga. Er tauchte um 1667 als Führer einer Kosaken-Räuberbande am unteren Don auf und überfiel bei Zarizin (heute Wolgograd) mit seinen Kosaken Schiffe auf der Wolga, die auf dem Weg nach Astrachan waren. Er gewann große Popularität, weil er die Reichen plünderte und erschlug, aber die Armen schonte und entflohene leibeigene Bauern in seine Reihen aufnahm. Schließlich wurde aus der Bande eine Armee, die mit 200 Schiffen die Städte an der unteren Wolga attackieren konnte und Astrachan, Zarizin und Saratow eroberte. Stenka Razin konnte daran denken, den Zaren anzugreifen. Das Kriegsglück wendete sich nach wenigen Jahren, vielleicht, weil er sich nicht klar genug entscheiden konnte, ob er Räuberhauptmann sein wollte, Kämpfer für die Unterdrückten oder ein Fürst wie die, die er bekämpfte. Bei Simbirsk (heute Uljanowsk) erlitt er seine erste große Niederlage. Ein Jahr später wurde er zwischen Zarizin und Astrachan gefangen genommen und in Moskau hingerichtet.

Das steinerne Denkmal an der Einmündung des Schleusenkanals in den Don zeigt angeblich, wie der geschlagene Stenka Razin mit wenigen Getreuen in die Heimat zurückkehrt. Nun, der hagere, asketische Mann im Bug des Schiffs entspricht nicht ganz meinen Vorstellungen vom lebenslustigen Kosakenführer und seinen Trinkgelagen in Astrachan, wobei er einmal, wie es in einem bekannten

Denkmal für Stenka Razin im Don (Russland)

Volkslied besungen wird, seine Geliebte, eine persische Prinzessin, in die Wolga warf und ertrinken ließ. Vielleicht schien dem Künstler, der das Denkmal schuf, etwas Verklärung notwendig für einen frühen Vorkämpfer der großen sozialistischen Oktoberrevolution. Es lässt sich aber einfacher auch so argumentieren, dass eine fast abstrakte, stilisierte Darstellung notwendig war, um nicht bestimmte Elemente dieser zwiespältigen Persönlichkeit zu einseitig zu betonen.

Aufnahme am 7.6.2008, 16 Uhr 50, horizontaler Bildwinkel 135°

Die Newa in Sankt Petersburg (Russland)

Mit der Newa haben wir einen weiteren Sonderfall für den Anfang eines Flusses: Nicht an einer Quelle, nicht durch Zusammenfluss zweier Flüsse, sondern als Ausfluss eines Sees beginnt der Fluss, der Newa genannt wird. Es ist allerdings ein gewaltiger Fluss, der da den Ladogasee verlässt. Vom Ladogasee bis zur Mündung in die Ostsee bei Sankt Petersburg ist die Newa nur 75 km lang; auf dieser kurzen Strecke ist sie aber einer der bedeutendsten Ströme Europas. Schon die drei Flüsse, die in den Ladogasee münden, Volhov von Süden, Svir von Osten (vom Onegasee) und Burnaja von Nordwesten (von der Finnischen Seenplatte), haben europäisches Format, sind in der Größe etwa mit Loire, Elbe oder Ebro zu vergleichen. Nach der mittleren jährlichen Wasserführung steht die Newa unter den Flüssen Europas nach Wolga, Donau, Kama, Petschora und Nördlicher Dwina an der sechsten Stelle, noch vor dem Rhein.

Das Bild lässt erahnen, wie sich die Newa im Stadtgebiet von Sankt Petersburg in zahlreiche Arme aufspaltet. Etwa im linken Drittel des Bildes ist ein einem griechischen Tempel etwas ähnelndes, von zwei Säulen flankiertes Gebäude zu erkennen, die Börse. Vor der hierdurch markierten Landspitze, der Strelka, teilt sich die Newa. Der Arm links von der Strelka ist die Bolschaja Newa, die Große Newa. Sie passiert noch zwei Brücken, bevor sie in den Finnischen Meerbusen, in die Ostsee einmündet. Die Nähe der Ostsee lässt sich im Bild daran erkennen, dass hinter der von der vorderen Brücke weitgehend verdeckten letzten Brücke zwei große See-Passagierschiffe am Ufer liegen. Zwischen der Strelka und der Peter-und-Paul-Festung im rechten Drittel des Bildes sieht man, wie ein weiterer Arm der Newa eine Brücke aus fünf Bögen passiert. Dieser Arm ist die Malaja Newa, die Kleine Newa. Oberhalb der Dreifaltigkeitsbrücke (Troickij most), auf der wir stehen, ist schon ein weiterer Flussarm von der Newa abgezweigt, die Bolschaja Newka (das Große Newa-chen). Es ist unschwer zu erraten, dass von dem Großen Newa-chen später auch noch ein Kleines und ein Mittleres Newa-chen abzweigen. Bei dieser Aufteilung in viele Arme unmittelbar vor der Mündung in die Ostsee hat man den Eindruck, dass Sankt Petersburg auf einem Delta der Newa erbaut worden ist. Aus den im folgenden Absatz beschriebenen Gründen kann es sich hier aber nicht um ein Delta handeln.

Ein Flussdelta entsteht, wenn ein Fluss an seiner Mündung in das Meer oder in einen See durch Verringerung der Strömung gezwungen wird, seine Sedimentfracht abzulagern. Er verbaut sich dadurch selbst den Weg und teilt sich deshalb immer wieder vor seinen eigenen Ablagerungen. Ein Fluss, der aus einem See kommt, hat aber keine Sedimentfracht, und auf der kurzen Strecke zwischen Ladogasee und Ostsee kann die Newa kaum durch Erosion Sedimente in nennenswertem Umfang aufnehmen. Also kann die Aufspaltung der Newa im Stadtgebiet von Sankt Petersburg nicht durch Ablagerung von Flusssedimenten entstanden sein. Vielmehr ist die Delta-ähnliche Aufspaltung der Newa eine Folge des Meeresspiegelanstiegs nach dem Ende der letzten Eiszeit, in den vergangenen 10 000 Jahren. Dadurch wurde das aus eiszeitlichen Ablagerungen aufgebaute Mündungsgebiet der Newa zu einer Insellandschaft überflutet.

Dadurch, dass Zar Peter der Große, der Russland stärker nach Mittel- und Westeuropa öffnen wollte, seine neue Hauptstadt an die Mündung der Newa legte, schuf er die Voraussetzung, dass später dieser Seehafen über den Ladogasee auch ausgezeichnete Binnenschifffahrtsverbindungen mit vielen Teilen Russlands erhielt. Die Breite der Newa, die Pracht der von den Ufern und den vielen Brücken aus sichtbaren Gebäude – im Bild ist links von den Schiffen hinter der Newa-Brücke gerade noch das Ostende der Eremitage zu erkennen – machen für viele Russen Sankt Petersburg zur eigentlichen Hauptstadt Russlands. So gerne aber selbst einflussreichste russische Politiker Sankt Petersburg auch als Regierungshauptstadt Russlands sehen würden – aufgrund ihrer exponierten Lage am Rand des russischen Reiches besteht dazu keine Chance, solange militärische Sicherheitsüberlegungen überhaupt noch eine Rolle spielen.

Die Donau

Wenn man seinen Reisen gerne eine symbolträchtige Überschrift gibt, sie unter ein Thema stellen möchte, dann bietet sich für eine Donaureise dazu **der Gedanke an die Nibelungen** an. Nicht für die ganze Donau – da sollte man sich spätestens ab Budapest nach einem anderen Leitmotiv umschauen –, aber besonders bei der österreichischen Donau wird man ja schon in den Fremdenverkehrsprospekten an die Helden des Nibelungenliedes erinnert.

Allerdings sollte man etwas vorsichtig sein, bei einer Reise unter diesem Thema den Blick zu einseitig auf den Nibelungengau zu richten. Sehr anschaulich wird in dem Wachau-Führer von Maier und Sommer beschrieben, wie der Name Nibelungengau erst zu Anfang des 20. Jahrhunderts geprägt wurde, auf einer Woge deutschnationaler Erhebung, die einen Höhepunkt erreichte in Pöchlarn bei Melk, das den Rüdiger von Bechelaren des Nibelungenliedes als seinen großen Sohn erkannt hatte.

Ich hoffe, ich werde nicht gleich verdächtigt, ich wolle die deutschen Österreich-Urlauber möglichst schnell wieder „heim ins Reich" holen, wenn ich damit beginne, dass die Nibelungen ja ursprünglich eher zum Rhein gehören als zur Donau. Wo die Burg des Königs Nibelung, dem Siegfried den unermesslichen Schatz raubte, gelegen hat, ist wohl kaum zu ergründen. „Ein Tag und eine Nacht Segelreise vor starkem Wind", ausgehend von Brunhilds Burg Isenstein. Wenn die Meinung der Philologen zutrifft, dass diese Burg Isenstein auf Island lag, dann ist die Frage nach der Burg des Nibelung eine Nordatlantik-Angelegenheit, also etwas für maritime Spezialisten, nicht zu klären mit meinen Erfahrungen an Flüssen des europäischen Festlandes. Der Name Nibelungen ist später auf die neuen Besitzer des Schatzes übertragen worden, auf die Burgunden, die bei Worms am Rhein herrschten. Erst deren Zug entlang der Donau zur Burg des Hunnenkönigs Etzel in Gran, dem heutigen Esztergom nordwestlich von Budapest, rückt die Donau in den Mittelpunkt. So eindringlich allerdings, dass man heute, wenn man den Spuren der Nibelungen folgen will, zu Recht in erster Linie an die Donau denkt und weniger an den Rhein. Bei der Planung einer Nibelungenreise sollte man sich aber entscheiden, wessen Spuren man folgen will: den Spuren historischer Personen oder den Spuren der Helden einer Dichtung. Man kann leider nicht beides gleichzeitig tun. Man kann nicht an den Gedanken und Gesprächen von Helden im Rahmen der unerbittlichen Konsequenz einer Tragödie teilhaben wollen und gleichzeitig die Gewissheit suchen, dass alles sich genau so irgendwann vor mehr als tausend Jahren als historisches Ereignis abgespielt hat und dass man die Orte, wo das passiert ist, eventuell herausbekommen kann. Zwar treten im Nibelungenlied viele Personen auf, die auch dem Historiker bekannt sind, und auch viele genannte Orte lassen sich genau lokalisieren, aber entweder hatte der Dichter nicht unsere heutigen geschichtlichen Kenntnisse oder wichtiger als historische Treue war ihm die Gestaltung seiner dramaturgischen Idee. Es treffen im Nibelungenlied z.B. Personen aufeinander, die sich aufgrund ihrer Lebensdaten nie begegnet sein können. Die Nibelungen fahren zur Burg des Hunnenkönigs Etzel, der mit dem historischen Attila (Regierungszeit 434–453) identisch ist, und sind auf dieser Reise beim Bischof Pilgrim von Passau zu Gast, der kurz vor dem Jahr 1000 in Passau residierte. Wenn die insgesamt erst vom Dichter geschaffene Welt des Nibelungenliedes uns mehr Anregungen gibt zu Gedanken und Schicksalen von Menschen, als die in dieser Hinsicht mehr als kargen historisch gesicherten Tatsachen, warum sollten wir uns auf einer Reise nicht einer Dichtung anvertrauen, auch wenn diese historisch betrachtet einige Widersprüche enthält? Wenn wir uns an der heutigen Brücke von Großmehring (östlich Ingolstadt) vorstellen, wie hier Hagen den der Kunst des Schwimmens nicht mächtigen Pfaffen von der Fähre ins Wasser gestoßen haben könnte, um die unheilvolle Prophezeiung der „Meerweiber" zu testen, dann sollten wir nicht ganz vergessen, dass wir näher daran sind, uns eine Oper zu inszenieren, als dass wir mit nüchternem Blick nach einer historischen Wahrheit suchen. Aber gibt es eine schönere Gegend für eine Opern-Inszenierung als die Donau zwischen Ulm, Wien und Budapest? Was den Reiz des Nibelungenliedes als Begleiter auf einer Donaureise ausmacht, ist sein Reichtum an konkreten geographischen Bezügen – und das ergibt eine Brücke, das Nibelungenlied jetzt zu verlassen und sich der Naturgeographie der realen Donau zuzuwenden.

Im Schwarzwald und in der westlichen Schwäbischen Alb absolviert die Donau bzw. ihr Quellfluss Breg nur einen kurzen Prolog (Bild 21). Die erste, auch auf einer kleinen Karte erkennbare, große Landschaftseinheit, die dann die Donau durchquert, ist das **Nördliche Alpenvorland**. Die Donau fließt auf 800 km Länge am Nordrand dieses insgesamt als hügelig zu bezeichnenden Gebiets, das sich seit 40 Mio. Jahren unter der Last der sich von Süden aufschiebenden Alpen senkt. Lange Zeit war die Senke, Molassesenke genannt, Meeresgebiet, später wechselten sich Meeresablagerungen und Ablagerungen des Festlands (zum Beispiel von Flüssen) ab. Die Senkung ist in der Nähe des Alpenrandes am stärksten gewesen. Sie wurde aber in den letzten zehn Millionen Jahren an der Erdoberfläche weitgehend dadurch ausgeglichen, dass das Geröll des sich im Süden heraushebenden Gebirges von den Flüssen und zeitweise auch von Gletschern in das Senkungsgebiet geschüttet wurde. In einem Gebiet, in dem überwiegend abgelagert wird, sind Verlagerungen von Flussläufen die Regel. Auch die nicht überall gleichmäßige Senkung trug dazu bei, dass sich im Alpenvorland die Machtbereiche von Rhein und Donau mehrfach verschoben haben. Zunächst war die Donau ein verhältnismäßig kleiner Fluss, dessen oberster Abschnitt die Enns war und der schon in der Gegend, in der heute Wien liegt, in ein Meer mündete. Über mehrere Millionen Jahre erweiterte sie ihr Einzugsgebiet nach Westen, bis schließlich die Aare den obersten Abschnitt dieser Donau bildete. Vor etwa fünf Millionen Jahren hatte sie ihre größte Ausdehnung nach Westen erreicht, danach musste sie das Aare- und Alpenrheingebiet an den Rhein abgeben. Besonders das Eiszeitalter schuf ideale Bedingungen für die Verlagerung von Einzugsgebietsgrenzen, weil nach jeder Vergletscherung des Vorlandes sich ein Flussnetz erst wieder neu bilden musste. Unterhalb von Wien existiert die Donau in einer ihrer heutigen Situation vergleichbaren Ausdehnung erst seit etwa fünf Millionen Jahren, da der Bereich der heutigen Ungarischen Tiefebene bis zu dieser Zeit Meeresgebiet war.

Die Flüsse, die ihre Sedimente in das Alpenvorland schütteten, haben damit die Donau an den Nordrand des Senkungsgebiets gedrängt, dorthin, wo sich ältere Gesteine wie die **Kalke der Schwäbisch-Fränkischen Alb** oder die **Gneise und Granite des Böhmischen Massivs** erheben. Es wurden allerdings im Alpenvorland junge Lockergesteine nicht nur abgelagert, sondern zeitweilig auch wieder erodiert, zum Beispiel als Folge des Wechsels zwischen Eiszeiten und Warmzeiten. Dabei ergab es sich häufiger, dass die Donau beim Einschneiden in die vielleicht 100 000 Jahre früher abgelagerten Sedimente auf Gesteine des älteren Untergrunds traf und in sie ein Tal einschnitt. Deshalb fließt die Donau heute nicht streng am Nordrand der in den letzten 20 Mio. Jahren abgelagerten Molassegesteine und eiszeitlichen Ablagerungen, sondern sie macht hin und wieder einen kleinen Abstecher in die viel älteren Gesteine der nördlichen Umrahmung des Alpenvorlandes, zum Beispiel in die Kalke der Fränkischen Alb im Durchbruch von Weltenburg und an zahlreichen Stellen in das Kristallingestein Böhmens, wie im Sauwald östlich von Passau (Bild 25), im Strudengau westlich von Ybbs und in der Wachau zwischen Melk und Krems.

Das Nördliche Alpenvorland ist auch der Teil des Einzugsgebiets der Donau, der heute am intensivsten mit **Wasserkraftwerken** zur Energieerzeugung genutzt wird. Nicht nur die Donau zwischen Passau und Wien, sondern auch alle größeren Nebenflüsse der rechten Seite (also die von Süden kommenden wie Iller, Lech, Isar, Inn, Enns) sind fast lückenlos zu Ketten von Laufkraftwerken „ausgebaut". Diese Kraftwerke, die im Kapitel über die Kraftwerknutzung noch etwas näher erläutert werden, nutzen die Tatsache, dass Flüsse mit reicher Schuttbelastung ein hohes Gefälle haben. Im Nördlichen Alpenvorland haben wir keine Riesen-Staustufen, die mit denen der Wolga oder der des Eisernen Tores vergleichbar wären, aber dadurch werden umso schneller die Probleme sichtbar, die sich dadurch ergeben, dass jede Staustufe eine Sperre für die Schuttlast der Flüsse darstellt. Für die Schifffahrt (sofern es eine gibt) sind die Staustufen von Vorteil, denn sie beseitigen kritische Stellen mit engem Fahrwasser bei hoher Fließgeschwindigkeit, und der Vorteil, dass man bei der Bergfahrt nur noch gegen ein gemächlich dahinfließendes Wasser ankämpfen muss, wiegt schwerer als der Nachteil eines geringeren „Rückenwindes" bei der Talfahrt. Dass allerdings ein Fluss, der seine Energie abgegeben hat, dann kraftlos sein muss, nur noch ein lang gestreckter See mit etwas Strömung ist, lässt sich auch nicht wegdiskutieren.

Nördlich von Wien biegt die Donau aus der West-Ost-Richtung in eine südöstliche Richtung um. Für den, der nur das Relief und nicht den Untergrund betrachtet, ist offensichtlich, dass sie hier mit dem Wienerwald das Ostende der Alpen umrundet. **Die geologischen Strukturen der Alpen enden hier aber nicht**, sondern setzen sich in den Karpaten und Kleinen Karpaten fort. Man kann also genauso gut formulieren, dass sich der ältere Untergrund mit seinen alpinen Strukturen hier so tief abgesenkt hat, dass die Donau auf jungen Ablagerungen die Kette Alpen–Karpaten queren kann. Der Charakter einer Querung von Gebirgsstrukturen wird am deutlichsten in der Pforte von Hainburg, auch Ungarische Pforte genannt (Bild 26). Zwischen dem Donaubogen am Wienerwald und der Ungarischen Pforte liegt das Wiener Becken. Östlich von der Ungarischen oder Hainburger Pforte breitet sich die „Kleine Ungarische Tiefebene" aus, das Kis-Alföld, das von der Großen Ungarischen Tiefebene, dem Alföld, durch ein weiteres Donau-Durchbruchstal, das Donauknie-Tal (Bild 27), getrennt ist. Im oberen Drittel des Kis-Alföld wurde in den 1990er Jahren von der Slowakei das zwischen ihr und Ungarn heftig umstrittene Donau-Kraftwerk Gabcikovo errichtet.

Ich hoffe, dass sich die Serben nicht zu sehr daran stören, dass ich die **Ungarische Tiefebene** bis zur Mündung der Morava, bis südöstlich von Belgrad, reichen lasse, weil unter diesem Namen die riesige Ebene von Donau und Theiß in Deutschland am besten bekannt ist. Politisch korrekter ist es, sie in Analogie zum geologischen Begriff des Pannonischen Beckens als die **Pannonische Ebene** zu bezeichnen. Für die Donau endet ihr Lauf durch diese Ebene mit dem Erreichen des großen, ein nach Osten offenes U bildenden Gebirgsbogens Balkan–Südkarpaten. Diesen Gebirgsbogen quert die Donau in einem engen Durchbruchstal zwischen dem Banater Gebirge im Norden und dem Serbischen Erzgebirge im Süden. Damit man großräumig verwendbare Landschaftsnamen erhält, ist es sinnvoll, Banater Gebirge und Serbisches Erzgebirge nicht den Karpaten und dem Balkan gegenüberzustellen, sondern das Banater Gebirge als westlichsten Abschnitt der Südkarpaten anzusehen und das Serbische Erzgebirge als nordwestlichsten des Balkan.

Um auf die Frage nach dem Namen dieses großartigen Durchbruchstals der Donau durch den Gebirgsbogen Balkan–Südkarpaten zu antworten, sind einige Sätze erforderlich. Die vielfach benutzte Bezeichnung **„Eisernes Tor"** ist nicht ganz unproblematisch, weil das Eiserne Tor ursprünglich nur ein kleiner Teil dieses Durchbruches war, nämlich jenes seit der Römerzeit bekannte Schifffahrtshindernis, wo die Donau vor dem Austritt in die Tiefebene der Walachei mit sehr starker Strömung über eine Felsbarriere strömte. Beim klassischen Eisernen Tor wusste der Bootsführer auf 100 m genau, wo der gefährliche Abschnitt begann und wann er überstanden war. Dieser Abschnitt liegt heute am Grund des hier gut 30 m tiefen Stausees (Bild 35). Es war auch vor dem Aufstau des Sees nicht eine extrem enge Stelle, nicht zu vergleichen mit der Kazan-Enge (Bilder 32 und 33), aber es war eine sehr schwierige und gefährliche Stelle, eine Schlüsselstelle. Den Gesamtdurchbruch der Donau kann man sachlich Balkan-Karpaten-Durchbruch der Donau nennen, aber in der Allgemeinheit hätte diese Bezeichnung gegenüber einem so herrlichen Namen wie „Eisernes Tor" wohl einen schweren Stand. Weil es das ursprüngliche Eiserne Tor heute gar nicht mehr gibt, möchte ich mich denen anschließen, die auf den Charme dieses Wortes auch in der Gegenwart nicht verzichten wollen, und es jetzt auf den ganzen Balkan-Karpaten-Durchbruch der Donau anwenden. Dabei sollte man aber die ursprüngliche Bedeutung im Auge behalten und darauf achten, dass keine Missverständnisse entstehen. Wissenschaftler lösen so ein Problem oft in der Weise, dass sie vom Eisernen Tor i. e. S. (im engeren Sinne) sprechen und vom Eisernen Tor i. w. S. (im weiteren Sinne), was natürlich nicht eine jeden begeisternde Lösung ist.

Unterhalb des Eisernen Tores (i. e. S. oder i. w. S., das läuft hier auf dasselbe hinaus) beginnt die **riesige Ebene der Walachei**, die in vielem frappierende Ähnlichkeiten mit der Po-Ebene aufweist, allerdings auch einen gewaltigen Unterschied: Bei der Po-Ebene umschließt der U-förmige, nur nach Osten offene Gebirgskranz das gesamte Einzugsgebiet des großen Flusses, der die Hauptachse der Ebene bildet. Bei der Walachei tritt durch die Mitte des umrahmenden Bogens von außen die Donau ein, die danach dann eine genauso dominierende Hauptachse bildet. Zwischen beiden großen Ebenen gibt es im Detail wieder beträchtliche Unterschiede, besonders an Stellen, wo sie nicht tischeben sind. Sehr ähnlich sind dann wieder die großen Deltagebiete im Osten der beiden Ebenen.

21   Aufnahme am 1.5.2006, 10 Uhr 50, horizontaler Bildwinkel 248°

Die Donau bei Beuron (Deutschland)

Nach links geht unser Blick die Donau aufwärts, wo in 8 km Entfernung das Benedektiner-Kloster Beuron liegt. Das Kloster ist auf dem Bild nicht zu sehen, wohl aber die Burg Werenwag (auf den Felsen, dicht unter dem Horizont), von wo aus es noch 5 km bis zum Kloster sind. In der rechten Hälfte des Bildes liegt jenseits der Donau der zur Gemeinde Beuron gehörende Ortsteil Hausen.

Richtet man sich streng nach den Namen, so entsteht die Donau durch den Zusammenfluss von Breg und Brigach bei Donaueschingen. Geht man dagegen nach dem Prinzip, dass als Ursprung eines Flusses der Beginn seines stärksten Quellbaches anzusehen ist, dann entspringt die Donau, die wir in Donaueschingen antreffen, mit der Breg im südlichen Schwarzwald nordwestlich von Furtwangen.

Gehen wir von dieser Donauquelle im Schwarzwald nach Osten, so kommen wir zwischen Furtwangen und Sigmaringen in immer jüngere Gesteinsschichten. Die Gesteinsabfolge hat sich dadurch ergeben, dass sich der Schwarzwald am stärksten gehoben hat und dadurch die Abtragung hier das tiefste Stockwerk erreichte. In den Gneisen und Graniten des Südschwarzwaldes fließt die Breg zwischen steilen, bewaldeten Talhängen. Mit dem Eintritt in den Buntsandstein bleibt die vorherrschende Bewaldung erhalten, doch wird es in der Höhe, auf den Wasserscheiden zwischen den Nebentälern, wesentlich flacher, plateauartiger. Und dann hat man auf dem Weg nach Osten plötzlich das Gefühl, das Gebirge zu verlassen, weil es nicht nur hügelig, flach wird, sondern auch eine Ackerbaulandschaft den Wald ablöst. Das ist die Baar, wo der Untergrund aus verhältnismäßig weichen Gesteinen aufgebaut ist (Tone, Mergel und weiche Sandsteine aus den erdgeschichtlichen Epochen des Muschelkalk, Keuper und Unteren Jura). Aber ab Geisingen tritt man wieder in eine Landschaft ein, in der der Fluss zu beiden

Seiten von steilen, 200–300 m hohen Talhängen begleitet wird, die schließlich, wie auf unserem Bild, teilweise sogar felsig werden. Steigt man in die Höhe, dann erkennt man zwar, dass zum Gebirge die echten Bergspitzen fehlen, dass die Landschaft Plateau-Charakter hat, aber die Talflanken sind doch so steil, dass der Wanderer froh ist über einen Weg, der ihn durch die Klippen führt.

Diese Plateaulandschaft mit steilen Hängen der Täler ist die Schwäbische Alb. Sie entstand aufgrund der Tatsache, dass hier vor 150 Mio. Jahren in einem Meer des Oberen Jura (Malm) massive Kalke abgelagert wurden, die in den letzten zehn Millionen Jahren so stark gehoben wurden, dass sich Flusstäler ein paar Hundert Meter tief einschneiden konnten.

Die mächtigen Kalke im Untergrund haben zur Folge, dass sich durch Lösung von Kalkstein ein Höhlensystem und damit auch ein unterirdisches Flussnetz entwickelt hat, das durchaus nicht immer mit dem oberirdischen übereinstimmt. Unterirdisch gehört dieses Gebiet nämlich teilweise zum Einzugsgebiet des Rheins. Bei Fridingen, 8 km flussaufwärts von unserem Aufnahmestandort, vor allem aber bei Immendingen etwa 20 km flussaufwärts versickert ein beträchtlicher Teil des Donauwassers – bei Niedrigwasser manchmal die gesamte Donau. Dieses Wasser kommt dann 10–20 km weiter südlich wieder zutage, besonders spektakulär im Aachtopf, der mit einer mittleren Schüttung von 8 m³/s die größte Karstquelle Deutschlands ist. Von dort fließt es über die Radolfzeller Aach zum Bodensee und damit zum Rhein.

22   Aufnahme am 5.9.2003, 13 Uhr 20, horizontaler Bildwinkel 195°

Der Flussknotenpunkt Passau (Deutschland)

Wir blicken von der Batterie-Linde der Feste Oberhaus in Passau im linken Teil des Bildes flussabwärts nach Osten auf die Mündung der Ilz und des Inn in die Donau, in der Bildmitte und rechts auf die Stadt Passau.

Passau wird gerne als der bedeutendste Knotenpunkt von Flüssen in Deutschland bezeichnet. Wir haben hier in der Tat eine Flussvereinigung, zu der höchstens noch die Mündung der Mosel in den Rhein bei Koblenz (Bild 42, Deutsches Eck) ernsthaft in Konkurrenz treten kann. Objektiv lässt sich die Spitzenposition von Passau damit begründen, dass hier der größte Nebenfluss einmündet, den es in Deutschland gibt. Die mittlere Wasserführung des Inn bei Passau beträgt nämlich etwa 740 m³/s gegenüber den 350 m³/s der Mosel bei Koblenz. Ein Westdeutscher kann allerdings gegenüber Bayern ins Feld führen, dass der resultierende Fluss unterhalb von Koblenz mit 2000 m³/s wesentlich größer ist als die Donau unterhalb von Passau (1400 m³/s). Der Bayer sollte zurückhaltend sein mit weiteren Gegenargumenten, denn wenn sich der Streit in die Länge zieht, dann merkt womöglich noch jemand, dass eigentlich die Donau mit ihren im Mittel 650 m³/s der Nebenfluss ist, der in den Inn (mit 740 m³/s) einmündet.

Was vielleicht am Ende den Ausschlag für Passau als bedeutendsten Flussknotenpunkt geben könnte, ist die Tatsache, dass sich hier gleich drei bedeutende Flüsse vereinigen: vorne ganz links, unmittelbar rechts von der bogenförmigen Uferstraße, das dunkle, braunblaue Wasser der Ilz; dann, überquert von der großen Brücke in der Mitte des Bildes und am rechten Ufer geschmückt mit einer Girlande von großen Passagierschiffen, die Donau, und schließlich hinter dem Altstadtkern von Passau der Inn. Wegen der größeren Entfernung und des daraus resultierenden flacheren Betrachtungswinkels erscheint der Inn auf den ersten Blick vielleicht als deutlich kleiner, aber die Farbverteilung des Wassers unterhalb der Vereinigung zeigt doch, wer hier am Tag der Bildaufnahme beim Weiterfließen die Regie führt. Das aufgrund seines Schwebstoffreichtums gelbliche Wasser des Inn zeigt an, dass es in seinem Einzugsgebiet, also in den Alpen, in den vergangenen Tagen kräftige Regengüsse gegeben hat, die viel Schlamm in die Bäche und Flüsse gespült haben, so dass der Inn trotz des mittlerweile herrlichen Wetters überaus reich an Schwebstoffen ist. Demgegenüber zeigt die stahlblaue Farbe der Donau, dass in ihrem Einzugsgebiet das auf dem Bild wahrzunehmende Kaiserwetter wohl schon seit einigen Tagen besteht. Die Farbe des Wassers der Ilz, die sich fast immer von der von Donau und Inn unterscheidet, zeigt ebenfalls ruhige Abflussverhältnisse der vergangenen Tage an. Für die Ilz, die ein moorreiches Einzugsgebiet im Böhmerwald entwässert, das sehr viel kleiner ist als das der anderen beiden Flüsse, ist ein dunkler, „moorbrauner" Farbton sehr charakteristisch.

Die zahlreichen Passagierschiffe an der „Unteren Donaulände" weisen darauf hin, dass Passau der Ausgangspunkt für Flusskreuzfahrten auf der Donau ist: flussabwärts nach Wien, nach Budapest, zum Eisernen Tor und bis zur Mündung der Donau in das Schwarze Meer.

23 Aufnahme am 6.9.2003, 12 Uhr 20, horizontaler Bildwinkel 68°

In den Salzachöfen (Österreich)

Eigentlich müsste ich in diesem Buch den Nebenflüssen der großen Flüsse Europas viel mehr Beachtung schenken. Sie sind ja genauso wichtig wie der Hauptfluss an Stellen, wo er genauso viel Wasser führt. Mit einem Beispiel: Die Save vor Belgrad und die Theiß bei Szegedin sind als Flüsse doch wohl bedeutender als die Donau bei Ulm. Da viele Leser aber wenig Verständnis hätten, wenn Bilder und Beschreibung der Donau flussaufwärts bei Passau endeten, muss ich den Hauptfluss bevorzugen, wenn das Buch nicht zu dick werden soll. Ich mochte mich aber auch nicht stur auf die Hauptflüsse beschränken, sondern habe auch ein paar Nebenflüsse berücksichtigt, die mir besonders bekannt oder interessant erschienen.

Ein solcher Nebenfluss ist die Salzach. Sie fließt in den Alpen zunächst in einem sehr einheitlich breiten Tal, dem Oberpinzgau, wechselt dann zwischen Engstrecken und breiteren Becken und zwängt sich schließlich am Ende Ihrer Querung der Nördlichen Kalkalpen durch eine Schlucht von außergewöhnlicher Enge, die Salzachöfen. Auf Bild 23 wie auf Bild 24 stehen wir an einem der Glanzpunkte des Besichtigungssteiges der Salzachöfen. Wir blicken in den „Dom", wo die Salzach beim Einschneiden in den 200 Mio. Jahre alten Dachsteinkalk durch Strudel eine große Kuppel mit glatten Wänden geschaffen hat. Auf Bild 23, aufgenommen am 6.9.2003 zur Mittagszeit, hat das Wasser eine – durch verhältnismäßig geringen Gehalt an sehr feinen Schwebstoffen bedingte – milchig-blaue Farbe; klarer kann man es bei einem Hochgebirgsfluss mit sehr starker Strömung in den schuttreichen Kalkalpen auch in einer Schönwetterperiode kaum erwarten. Auf Bild 24, aufgenommen am 30.8.2007 gegen 10 Uhr vormittags, steht das Wasser, wie man durch Vergleich der Kalkbänke dicht über dem Wasser erkennen kann, 1–2 m höher als am 6.9.2003. Es ist kein extremes Hochwasser, aber es wurde doch so viel Sand, Lehm und auch durch organische Bestandteile gefärbter Schlamm in den Fluss gespült und weitergeschleppt, dass das Wasser eine gelbbraune Farbe hat. Auf beiden Aufnahmen sieht man in Nischen des Dom-Gewölbes zwei Knüppel hängen (einen geraden, gegabelten und einen krummen). Sie sind dort offensichtlich so trocken gelagert, dass sie nicht vermodern. Sie zeigen, dass bis zu dieser Höhe heute wohl kein Hochwasser mehr ansteigt und dass die Strudellöcher in dieser Höhe schon der geologischen Vergangenheit angehören, die sich hier aber nicht in Jahrmillionen, sondern nur in Jahrtausenden misst, wie wir gleich sehen werden.

24 Aufnahme am 30. 8. 2007, 10 Uhr 10, horizontaler Bildwinkel 183°

Das steilwandige, enge Tal der Salzach zwischen den Kalkplateaus des Hagengebirges und des Tennengebirges ist dadurch bedingt, dass sich die Gesteine der Nördlichen Kalkalpen noch in den letzten Millionen Jahren nach Norden vorschoben. Sie wurden dadurch angehoben und zwangen die Salzach, sich weiter in den Untergrund einzuschneiden: Das ist aber keine Erklärung für die einzigartige Enge der Salzachöfen. Die verweist uns in eine viel, viel jüngere Vergangenheit. Noch vor 20 000 Jahren floss ein großer Gletscher durch das Salzachtal nach Norden, weit über die Gegend hinaus, wo heute Salzburg liegt, bis ins Alpenvorland bei Burghausen. Als dann in den folgenden Jahrtausenden die Eiszeit endete und der Gletscher abschmolz, konnte die Salzach wieder aktiv werden. Sie bemühte sich nach Kräften, den Moränenschutt aufzuräumen, ihr altes Tal frei zu machen und wieder Platz für ein ordentliches Bett zu schaffen. Nur an der Stelle der heutigen Salzachöfen hat sie das alte Bett einfach nicht gefunden. Sie stieß beim Wegräumen des Moränenschuttes auf festen Fels, auf Dachsteinkalk, und sah keine andere Möglichkeit, als sich dort einzuschneiden. Dadurch entstand ein extrem junges Tal mit senkrechten Felswänden. Das Salzach-Quertal zwischen St. Johann und Salzburg ist einige Millionen Jahre alt, die Salzachöfen dagegen nur 10 000 – 12 000 Jahre, und die Salzach arbeitet noch immer daran, das untere Stockwerk zu vertiefen.

Die Beleuchtung ist bei den beiden Aufnahmen sehr unterschiedlich: Auf Bild 23 perlt das Sonnenlicht, wunderbar gelockert durch die Streuung am Blätterdach der über der Schlucht wachsenden Bäume, die Wände des Doms herunter, die Schatten werden aufgehellt durch Reflexe von nicht direkt sichtbaren, von der Sonne angestrahlten hellen Kalkwänden. Bei Bild 24 herrschte eintöniges Regenwetter, fast ohne Farben und mit lieblosen Schatten – das ist das Schicksal des nicht ortsansässigen Fotografen, der auf der Heimreise im Vorbeifahren eine frühere Aufnahme mit anderer Konzeption wiederholen möchte.

Die andere Konzeption ergab sich aus dem Wunsch, den Bildwinkel zu vergrößern, damit man besser versteht, wie hier ein großer Fluss durch eine wenige Meter breite Schlucht gurgelt, überdacht von einer Naturbrücke, die durch das Abrutschen eines Teils der Schluchtwand entstanden ist. Bild 23 wurde mit einer 6×6-cm-Weitwinkelkamera gemacht (Hasselblad SWC), die einen horizontalen Bildwinkel von 73° ergibt – das war damals die Grenze meiner technischen Möglichkeiten. Bei Bild 24 hatte ich mich inzwischen mit der Technik befreundet, mehrere Bilder so auf eine einheitliche Projektion umzurechnen, dass sie zusammengesetzt werden können. Der bessere Überblick ist auf Bild 24 erreicht worden, aber die Farben und Kontraste warten noch darauf, dass mich das Schicksal erneut bei strahlendem Wetter um die Mittagszeit am Pass Lueg vorbeiführt.

25 Aufnahme am 20.6.2006, 14 Uhr 20, horizontaler Bildwinkel 128°

Die Schlögener Schlinge der Donau (Österreich)

Nördlich der Alpen liegt ein Gebiet, das sich in den letzten 10–20 Mio. Jahren im Wesentlichen gesenkt hat: das Nördliche Alpenvorland. Im Norden wird dieses Senkungsgebiet abgelöst von zwei Gebieten, die sich in derselben Zeit gehoben haben. Dies sind die Schwäbisch-Fränkische Alb und das Böhmische Massiv, wozu bei dieser großräumigen Betrachtung auch der Bayerische Wald zählt. Die Donau fließt am Nordrand des Alpenvorlandes, weil sie durch die Ablagerungen ihrer an Geröllen extrem reichen rechten Nebenflüsse nach Norden gedrängt wird.

Die Regel, dass sich das Alpenvorland senkt und dass deshalb dort Sedimente abgelagert werden, gilt aber nur für eine sehr pauschale Betrachtung. Im Einzelnen hat es durchaus häufiger einen zeitlichen Wechsel gegeben zwischen Ablagerung von Sedimenten und anschließender Abtragung, z.B. im Wechsel zwischen Eiszeiten und Interglazialen, und auch räumliche Unterschiede sind zu beobachten, etwa, dass in bestimmten Teilen des Alpenvorlandes die Senkungstendenz geringer war und sogar zeitweise Hebung erfolgte. Der mehrmalige Wechsel zwischen Ablagerung und Abtragung hat für den Lauf der Donau am Nordrand des Alpenvorlandes einige Komplikationen hervorgerufen. In Zeiten der Ablagerung von Sedimenten wurden häufiger auch niedrige, randliche Teile des Böhmischen Massivs oder der Schwäbischen Alb mit Sedimenten zugedeckt. Wenn es dann später wieder zu einem Einschneiden der Donau kam, konnte es passieren, dass die Donau dabei auf vorher überschüttetes Kristallingestein traf und sich dort weiter einschnitt. Wenn später durch weitere Abtragung der jungen Lockergesteine die vorher verschütteten Teile des alten Massivs ganz freigelegt wurden, blieb die Donau trotzdem in ihrem nun einmal in die Kristallingesteine eingeschnittenen Tal; und dann erscheint es uns merkwürdig, dass der Fluss in hartes Gestein ein Tal eingeschnitten hat, wo er doch nach den heutigen Reliefverhältnissen bequem hätte südlich herum fließen können.

Es gibt zwischen Regensburg und Wien eine ganze Reihe von Stellen dieser Art, wo die Donau aus den Lockergesteinen des Alpenvorlandes in Gesteine des böhmischen Massivs hineinfließt und diese nach 10 oder 20 km wieder verlässt. Die wichtigsten sind der Sauwald zwischen Passau und Eferding, die kurze Donau-Talstrecke am Kürnberger Wald westlich Linz, der Strudengau und die Wachau. Täler, die auf diese Weise in einen harten Untergrund eingeschnitten sind, weil ihre Lage auf weichen überlagernden Gesteinen angelegt wurde und nach dem Einschneiden in den tieferen, harten Untergrund ein Ausweichen nicht mehr möglich war, nennt man „epigenetische" (d.h. „oben drauf angelegte") Täler.

Auch die Schlögener Schlinge, ein Teil des Sauwald-Durchbruchs der Donau, den wir hier vom „Schlögener Blick" aus betrachten, liegt in solch einem „epigenetischen" Tal im Kristallingestein des Böhmischen Massivs. Sie bildet dort mehrere mäanderartige Bögen, die aber keine ganz richtigen Mäander sind. Echte Mäander sind aneinandergereihte kreisförmige Bögen, deren Weite der Wassertiefe, Wassermenge und dem Gefälle des Flusses angepasst ist. Hier aber sieht man im Kartenbild, wie die Donau mehrere auffallend gerade Talabschnitte hat, die durch Bögen miteinander verbunden sind. Das ist so zu erklären: Auf den geraden Talabschnitten folgt die Donau Störungen, d.h. Linien, entlang derer Krustenbewegungen stattgefunden haben und wo deshalb das Gestein zertrümmert wurde. Das hat dem Fluss das Einschneiden des Tals erleichtert und er ist deshalb diesen Linien gefolgt, wobei er natürlich verschiedene Strecken mit leichter erodierbarem Gestein durch Bögen verbinden musste. Dieses Anpassen an Schwächezonen im Gestein ist der Grund, warum hier die Donau auf ihrem Weg nach Wien ein Stück nach Nordwesten, sozusagen „zurück" fließt. Der Ausdruck „Mäander" für die Übergangsbögen ist nicht völlig falsch, denn der kreisförmige Bogen lässt schon vermuten, dass sein Krümmungsradius den örtlichen Verhältnissen von Wassertiefe, Wassermenge und Gefälle entspricht. Nur sind es eben nicht Bögen, die der Fluss frei in die Landschaft gezirkelt hat, sondern Verbindungsbögen zwischen Störungslinien.

26 | Aufnahme am 11.6.2006, 8 Uhr 40, horizontaler Bildwinkel 231°

Donau und Donau-Auen bei Hainburg (Österreich)

Wir schauen vom Braunsberg (346 m) auf die 200 m tiefer gelegene Stadt Hainburg, unmittelbar rechts davon in Südwest-Richtung donauaufwärts auf die Brücke bei Deutsch-Altenburg, und nach Westen bis Nordwesten auf Auwälder der Donau. Hinter den Auwäldern liegt, etwas rechts der Brücke – verborgen im Dunst –, Wien.

Die Auwälder bilden den östlichsten Teil des 1996 von der Republik Österreich und den Ländern Wien und Niederösterreich errichteten Nationalparks Donau-Auen. Anlass für die Errichtung des Nationalparks waren massive Proteste gegen Pläne zum Bau einer Donau-Staustufe bei Hainburg, mit der die letzte größere Lücke im Kraftwerksausbau der österreichischen Donau geschlossen werden sollte. So aber konnten der Donau auf einer Länge von 30 km eine natürliche Strömung und naturnahe Auwälder erhalten bleiben.

Auch unter den Bedingungen eines Nationalparks ist es schwierig, die naturnahen Auwälder wieder zu wirklich natürlichen Auwäldern werden zu lassen. Wenn für die Schifffahrt bestimmte Fahrwassertiefen gewährleistet sein sollen – und dazu bestehen Verpflichtungen, weil es sich um eine Internationale Wasserstraße handelt –, dann müssen die Ufer befestigt werden. Das wiederum hat zur Folge, dass bei Hochwasser die Strömung innerhalb des Auwaldgebiets schwächer ist und sich dadurch eine stärkere Tendenz zur Schlickablagerung und Verlandung ergibt. Dieselben Folgen hat auch die Existenz von Fahrwegen im Auwaldgebiet, bei denen schon eine etwas erhöhte und befestigte Fuhrt zum Überqueren eines Wasserarmes auch eine Schwächung des Hochwasserabflusses im Auwald bewirkt. Unser Blick über die Auwaldgebiete Herrgottshaufen und Mitter Gscheid zeigt uns den Bereich des Nationalparks, der am wenigsten durch den Hochwasser-Schutzdamm (Marchfelddamm) und durch Straßen gestört ist, doch auch hier kann man erkennen, wie die Uferbefestigung der Donau die Abflussverhältnisse im Auwaldbereich verändert, z.B. durch Abschneiden des Spittelauer Armes (der breite Wasserarm in der Mitte des Auwaldgebiets).

27 Aufnahme am 25.5.2006, 12 Uhr 40, horizontaler Bildwinkel 225°

Flussabwärts von Wien durchfließt die Donau eine Reihe von Beckenlandschaften, deren Größe von Westen nach Osten zunimmt. Die Reihe wird gebildet vom Wiener Becken, dem Kleinen Alföld, der Ungarischen Tiefebene (dem Alföld) und der Walachischen Tiefebene oder Walachei. Die Pforten oder Tore, die diese Beckenlandschaften voneinander trennen, sind: die Wiener Pforte, die Hainburger Pforte, das Donauknie-Tal und das Eiserne Tor. Wir stehen hier in der Mitte des Donauknie-Tals auf einer Kuppe südlich der Donau, auf der Hochburg Visegrad, und schauen links flussaufwärts nach Südwesten und rechts flussabwärts nach Nordosten zum Oberende der bis Budapest reichenden Donauinsel Szentendre.

Das romantische Donautal nordwestlich von Budapest wird oft einfach als „Donauknie" bezeichnet, obwohl das eigentliche Umbiegen der Donau nach Süden erst außerhalb, östlich des Tals erfolgt. Während der Deutsche beim Namen Ungarn wohl vor allem von den Puszta-Ebenen träumt, gilt dieses Tal vielen Ungarn als die schönste Landschaft Ungarns, die oft mit der Wachau (Österreich) verglichen wird. Mit der Wachau wohl deshalb, weil diese verhältnismäßig nahe liegt – man könnte aber auch an das Mittelrheintal denken. Das Besondere an dieser Landschaft ist, dass die Donau vorher durch eine Ebene fließt (das Kleine Alföld), dann mit einem 100–300 m tiefen Tal ein niedriges Gebirge durchquert und anschließend wieder in eine Ebene austritt, nämlich in die Große Ungarische Tiefebene, das Alföld. Das niedrige Gebirge, das die Donau hier durchquert, hat südlich der Donau den Namen Visegrad-Gebirge, nördlich der Donau heißt es Börzsöny-Gebirge. Es ist aus vulkanischen Laven und Tuffen aufgebaut und damit der südlichste Ausläufer eines großen Gebiets vulkanischer Gesteine in der westlichen Slowakei. Wer allerdings versucht, hier Vulkankegel zu erkennen, hat wenig Aussicht auf Erfolg. Die Gesteine wurden als Schichtvulkane abgela-

Blick von der Hochburg Visegrad über die Donau   (Ungarn)

gert, d.h., es handelt sich um wechselnde Lagen von Lava und Aschendecken. Nach zehn Millionen Jahren Abtragung ist das Relief durch die großen und kleinen eingeschnittenen Täler geprägt, und nicht mehr durch irgendwelche Vulkanformen. Das Durchbruchstal ist auch für das scharfe Umbiegen der Donau von der West-Ost-Richtung in die Nord-Süd-Richtung verantwortlich. In einer Ebene hätte die Donau sich wohl längst bei irgendeinem Hochwasser eine Abkürzung gesucht. In dem Tal aber ist ihr Lauf fixiert und sie kann sich erst nach Verlassen dieses Tals entscheiden, wo sie eigentlich hin will.

Aber warum tritt die Donau in ein Gebiet mit vulkanischen Gesteinen ein, wenn die Lavadecken wenig weiter südlich sowieso ihr Ende finden? Zur Beantwortung dieser Frage muss man das Alter der Donau und das der vulkanischen Gesteine betrachten. Die Lava-Ergüsse, die sich mit Aschenregen abwechselten, haben vor etwa 12–15 Mio. Jahren stattgefunden. Zu diesem Zeitpunkt gab es hier noch keine Donau, sondern ein flaches Meer, das in den Jahrmillionen seine Küstenlinie mehrfach änderte. Seine Ausdehnung vor zehn Millionen Jahren, als es noch den größten Teil des heutigen Ungarn bedeckte, wird als das Pannonische Meer bezeichnet. Wenn man den Fluss, der den östlichsten Teil des Nördlichen Alpenvorlandes entwässerte, schon als Donau bezeichnen will, dann trat hier die Donau erst in Erscheinung, als sich der Untergrund heraushob und der Fluss nun seinen Lauf nach Osten verlängern musste. Bei der Heraushebung des flachen Meeresbodens wählte diese Donau ihren Lauf nach dem Relief. Entscheidend war, wo die tiefsten Rinnen waren und nicht, was für ein Gestein den Untergrund bildete. Nachdem die Donau in die sich heraushebenden Lavaplateaus ein Tal eingeschnitten hatte, war später eine Laufänderung nicht mehr möglich.

Übrigens, für die Leser, die am Anfang des Donaukapitels (S. 54) den Gedanken an die Fahrt der Nibelungen entlang der Donau gerne noch weiterverfolgt hätten: 18 km flussaufwärts, also westlich von der Burg Visegrad, am oberen Ende des Donauknie-Tals, liegt die Stadt Esztergom, mit dem alten deutschen Namen Gran. Hier soll die Burg Etzels gestanden haben, zu der die Nibelungen von Worms am Rhein gezogen sind, um nie mehr zurückzukehren.

Aufnahme am 25.5.2006, 10 Uhr 10, horizontaler Bildwinkel 55°

Budapest und die Donau vom Gellertberg (Ungarn)

Budapest liegt nicht etwa, wie vielleicht einige meinen, inmitten der Ungarischen Tiefebene, sondern an ihrem Westrand und auch nahe ihrem Nordende. Das bedeutet, dass sich nach Osten und Süden für 100–200 km die Ebene ausbreitet, nach Westen aber sehr bald ein Hügel- und Bergland beginnt. Einer der Hügel, die bis in das Stadtgebiet hineinreichen, ist der Gellertberg, dessen gesamter Ostabfall von der Besiedlung freigehalten und zu einem Park ausgestaltet wurde. Dadurch hat man in Budapest einen Erholungspark und Aussichtspunkt, der in 15 Minuten zu Fuß von der Innenstadt über die Elisabethbrücke oder die Kettenbrücke zu erreichen ist. Von der Zitadelle auf dem Gellertberg, oder auch schon von halber Höhe, hat man einen großartigen Blick nach Osten über die Donau und die Stadt.

Wir sehen folgende Brücken über die Donau (aufgezählt von der am nächsten gelegenen zur fernsten): Die Elisabethbrücke wurde um 1900 als Kettenbrücke errichtet. Um ihr als der zentralen Brücke von Budapest eine wesentlich größere Leistungsfähigkeit zu geben, wurde sie 1964 beim Wiederaufbau nach der Kriegssprengung nicht wieder in der alten Form errichtet, sondern als moderne Schrägseilbrücke. Von der alten Brücke wurden nur die beiden Pfeiler im Fluss wiederverwendet, auf denen die Stahl-Pylone stehen.

Die Kettenbrücke ist die älteste der Brücken von Budapest. Bei ihrer Erbauung in den Jahren 1839–49 war sie die erste Donaubrücke unterhalb von Regensburg. Von unserem Standort auf der Zitadelle sieht man die Pfeiler-Brückenportale leider genau im Profil und man kann deshalb nicht ihre klassizistische Triumphbogenform erkennen. Die Margaretenbrücke verläuft über die Südspitze der Margareteninsel. Die beiden Teilbrücken über die Donau-Arme zu beiden Seiten der Insel bilden einen Winkel von 150°. In der Ferne sieht man weiter rechts die 1950 (erstmals) errichtete Arpadbrücke, die auch das Nordende der Margareteninsel markiert, und dahinter die nördliche Eisenbahnbrücke. Alle Brücken in Budapest wurden 1945 von der Deutschen Wehrmacht bei ihrem Rückzug gesprengt.

Außer der Elisabethbrücke wurden alle in ihrer alten Form wiederhergestellt. Von den Bauwerken in der Teilstadt Pest am linken Donau-Ufer (vom Betrachter aus gesehen rechts der Donau) fallen im Bild besonders auf: vor der Südspitze der Margareteninsel (rechts vom sichtbaren Teil der Margaretenbrücke) das Parlamentsgebäude mit seiner roten Kuppel; rechts der Bildmitte, mitten in der Innenstadt, die Stephanskirche mit einer dunkel-kupfergrünen Kuppel und zwei Türmen links von ihr und, am jenseitigen Brückenkopf der Elisabethbrücke, die innerstädtische Pfarrkirche mit hellgrünen Kupferdächern der beiden Türme.

29 Aufnahme am 17. 5. 2006, 8 Uhr 50, horizontaler Bildwinkel 260°

Festung Kalemegdan, Save und Donau in Belgrad (Serbien)

Auf einem felsigen Sporn, der sich 50 m über die Hochwasserauen von Save und Donau erhebt und unmittelbar an die Stelle heranreicht, an der sich die beiden Flüsse vereinigen, liegt Belgrads Festung Kalemegdan. Es wäre geradezu unwahrscheinlich, wenn für solch einen Punkt nicht schon eine vorgeschichtliche Besiedlung nachweisbar wäre und in der ehemaligen römischen Provinz (Moesia) dort nicht eine Garnison stationiert worden wäre. Nach der Römerzeit wurde die Festung Kalemegdan immer wieder zerstört, von Goten, Hunnen, Awaren und Serben. 1521 wurde sie von den Türken erobert und blieb über drei Jahrhunderte Festung des Ottomanischen Reiches. Ihre Lage an schiffbaren Flüssen ist vielleicht nur noch mit Koblenz und Passau vergleichbar. Die Festung gab auch der Stadt ihren Namen: Belgrad, die weiße Festung. Ihre jetzige Form erhielt sie Anfang des 18. Jahrhunderts von den Habsburgern, die sie zur Vauban-Festung ausbauten, nachdem sie sie von den Türken erobert hatten.

Wir stehen an der Westseite der Festung auf einem Festungsvorsprung, der etwas niedriger ist als die Hauptmauer. Vor uns fließt die von links kommende Save, die sich unmittelbar rechts der Bildmitte mit einem Donau-Arm vereinigt. Weiter rechts, unmittelbar links von der Festungsmauer, sieht man dann die Vereinigung mit dem linken Donau-Arm, woraufhin die Donau dann hinter der Festung nach rechts weiterfließt.

Ein besonderes Merkmal der Save ist, welche gewaltigen mittleren Abflussmengen ihr verhältnismäßig kleines Einzugsgebiet zusammenbringt. Die 88 000 km² Einzugsgebiet der Save bringen im Mittel nicht viel weniger Wasser zusammen (1525 m³/s) als die 437 000 km² der Donau oberhalb von Belgrad (2294 m³/s). Würde die Theiß nicht kurz vor der Save, sondern erst nach ihr in die Donau münden, dann wäre die Save bei der Vereinigung sogar etwas wasserreicher als die Donau. Die wichtigsten Nebenflüsse der Save sind die ihrer rechten Seite: Kupa, Una, Vrbas, Bosna, Drina. Besonders die in der Nähe der Adria gelegenen Teile dieser Einzugsgebiete gehören zu den niederschlagsreichsten Gebieten

Europas und erhalten vor allem im Herbst gewaltige Niederschlagsmengen. Das erklärt, warum die Save der bedeutendste Nebenfluss der Donau ist. Die beiden nächstgrößten Nebenflüsse der Donau haben im Mittel nur halb so viel Wasser, nämlich die Theiß 823 m³/s und der Inn 734 m³/s. Die Theiß benötigt dazu ein Einzugsgebiet, das fast doppelt so groß ist wie das der Save, nämlich 138 000 km², der Inn ist dagegen noch „produktiver" als die Save – als echter Alpenfluss schafft er sein (allerdings nur halb so großes) Soll aus einer Fläche von nur 26 000 km².

Aufnahme am 22.5.2006, 17 Uhr 50, horizontaler Bildwinkel 254°

Der Eingang zum Durchbruchstal der Donau (Rumänien/Serbien)

Hundert Kilometer flussabwärts von Belgrad beginnt der Durchbruch der Donau durch den Gebirgszug, der vom westlichen Bogen der Südkarpaten und dem Westbalkan gebildet wird. Ein Flussdurchbruch durch einen Gebirgszug dieser Größe ist etwas Außergewöhnliches. Von einem Gebirge erwartet man, dass es eine Haupt-Wasserscheide hat, dass Flüsse und ihre Täler vom Gebirgskamm nach außen, zum Gebirgsrand hin gerichtet sind. Wenn ein Fluss, der aus einer großen Tiefebene kommt (der Ungarischen Tiefebene), in ein Gebirge hineinfließt und es in einem mehr als 500 m in die plateauartige Gebirgsoberfläche eingeschnittenen Tal durchquert, um wieder in eine große Ebene einzutreten (die Walachei), dann bedarf das einer Erklärung.

Gebirge wie die Alpen oder Karpaten entstehen, wenn sich Platten der Erdkruste wie Eisschollen übereinanderschieben. Dabei sind gewaltige Massen in Bewegung, und das bedeutet, dass diese Bewegungen sich über sehr lange Zeiträume erstrecken, so wie ein großes Schiff wesentlich mehr Zeit braucht, um „in Fahrt" zu kommen als ein Eisenbahnzug oder gar ein Auto. So sind Überschiebungen im Bereich Südkarpaten–Nordwestbalkan schon für die Zeit vor 70 Mio. Jahren erkennbar. Demgegenüber spielt sich die Entwicklung von Flussnetzen in wesentlich kürzeren Zeiträumen ab, selten lassen sich mehr als ein paar Millionen Jahre überschauen. Vor etwa fünf Millionen Jahren wurde das Gebiet der Ungarischen Tiefebene, das geologisch als das Pannonische Becken bezeichnet wird, von einem flachen Meer zum Festlandsgebiet. Ein Vorläufer der Donau, der vorher etwa bei Wien oder Bratislava im Pannonischen Meer endete, breitete gemeinsam mit seinen Nebenflüssen Schotter, Sande und Tone aus und baute so seinen Lauf weiter nach Osten aus. Er passierte dabei auch die Balkan-Südkarpaten-Überschiebungszone, wahrscheinlich an einer Stelle, wo sie vorher, zur Zeit der Meeresbecken, nur als Inselkette in Erscheinung getreten war. Die Überschiebungen dauerten dabei immer noch an, und damit hob sich der Gebirgsbogen immer mehr heraus. Die Donau hatte kaum eine andere Wahl, als sich in der Hebungszone immer tiefer in den Untergrund einzuschneiden, und zwar in dem Maße, wie sich das Gebirge heraushob.

Es ist üblich, dieses Durchbruchstal der Donau als die Grenze zwischen Südkarpaten und Balkan anzusehen. Das ist eine klare und deshalb sinnvolle Vereinbarung, obwohl hier an den Gesteinen und Reliefformen von einer Donauseite zur anderen kein wesentlicher Wechsel erfolgt. Wichtiger für das Landschaftsbild ist an unserem Aufnahmestandort der Ost-West-Gegensatz, der Gegensatz zwischen dem Durchbruchstal links und der Weitung als Beginn eines Tieflandes rechts. Früher hätte man im rechten Teil des Bildes mehrere Donau-Arme mit dazwischen liegenden Inseln gesehen. Heute reicht der Stauberich des am Unterende der Durchbruchsstrecke erbauten Dammes flussaufwärts (nach rechts) noch über diese Weitung hinaus. Wir sind allerdings dem Oberende des Stausees so nahe, dass der Schiffsverkehr genau darauf achten muss, wo unter der Wasseroberfläche eine ehemalige Insel und wo das tiefere Fahrwasser eines ehemaligen Donau-Armes ist.

Am gegenüberliegenden Ufer sieht man etwas links der Bildmitte im Abendlicht die Ruinen des Forts Golubac. Es ist kein Fort, das eine Stadt verteidigte oder Sitz eines Herrscherhauses war, sondern eine Festung zur Kontrolle einer Verkehrsroute, zur Kontrolle des Weges zum Eisernen Tor. Eine Festung, die schon vielen Herren gedient hat, vielleicht schon den Römern, sicher vor 700 Jahren den Ungarn, später den Serben, über vier Jahrhunderte den Osmanen und dann wieder den Serben.

31 Aufnahme am 11. 9. 2004, 16 Uhr 20, horizontaler Bildwinkel 263°

Nachmittagsplausch im Paradies.

Für einen Geographen, der sein Leben lang zwei bis drei Monate pro Jahr im Gelände verbracht hat, ist Serbien ein Paradies: Aussichtspunkte wie auf dem Tibidado in Spanien oder der Benediktenwand, und dennoch die Ungewissheit, ob dort dieses Jahr schon ein Tourist gewesen ist! Natürlich hat die erhabene Einsamkeit ihren Preis. Keine Wegweiser. Beim letzten Bauernhof unbarmherzig von einem großen Hund zurückgescheucht und zu einem weiten Bogen gezwungen, aber schließlich hat man die Stelle erreicht, die man sich aus der Ferne ausgesucht hatte.

Hier sterben! Na ja, zumindest noch nicht jetzt. Hier ein Haus bauen! Pfui, du verdienst es nicht, dieses Paradies betreten zu dürfen! Hinsetzen? Der erste vernünftige Gedanke! Ein Stück Schokolade? Auch sehr gut. Blick nach links, Blick nach rechts – wie kommt es zu der hellen Linie auf dem Wasser? –, noch ein Stück Schokolade, ein bisschen Orientierung in der Ferne (für die Nähe gibt es keine Karte), ein Schluck Wasser – wann können die Gedanken schon mal einfach so spazieren gehen?

Da war doch ein Geräusch? Oh, da steht ja jemand 5 m hinter mir! Alarm? Nein, sehr freundlich, sympathisch. Bauer oder Jäger. Also aufstehen und begrüßen.

So ein herrlicher Platz, und so ein seltener Besuch, da muss man sich doch etwas unterhalten! Aber wie? Probieren: Nemecki (Deutsch)? Engleski? Frankuski? Kopfschütteln. Also: Frage verstanden, aber leider nein. Die Rückfrage kommt: Srpski? Dieselbe Antwort von mir: Frage verstanden, aber leider nein. Und jetzt folgt nach langer Pause mal wieder eine Übungsstunde in einer Sprache, die man bevorzugt auf Berggipfeln in ganz fernen Ländern spricht, mit den Händen, den Augen, ab und zu auch mit den Armen. Das letzte Mal habe ich diese Sprache in Pakistan gesprochen, auch auf einem Berggipfel, auch mit Jägern, an einem Sonntag, als ich plötzlich auf dem Gipfel nicht mehr allein war.

Über dem Stausee des Eisernen Tores (Serbien/Rumänien)

Warum sprichst du nicht Srpski? Aber macht nichts! Warum bist du hier in diese Gegend gekommen? – Guck mal: Foto, so ganz rum, von Hladne Vode, Svinita bis Donji Milanovac, alles ein Foto. Aber sag mal, wozu hast du da so ein kleines Beil mit einem langen Stiel im Gürtel stecken? – Oh, wie soll ich das erklären? Das ist so ganz schnell und windet sich, im Gras, und dann zwick, zwick in die Knöchel! Noch nicht verstanden? Also nochmal, das ist so husch hier, husch da, packen kann man das nicht. Dann ziehe ich schnell mein kleines Beil und haue darauf. Nochmal, und nochmal. Das ist gut für uns alle. – Zwick, zwick, bekommt man danach einen dicken Fuß? Ja, du hast es verstanden, das ist es! – Und was machst du mit dem dicken Knüppel? Brauchst du den für das Foto? – Nein, der ist für Wau, Wau, Zwick, Zwick! – Sehr vernünftig! Ich brauche das nicht. Bei mir wedelt er mit dem Schwanz und ich streichele ihn. Da unten wohne ich. Willst du mich besuchen? – Herzlichen Dank, aber ich muss mein Foto machen, ganz rum. Aber nochmals herzlichen Dank und – dobrovece!

| 32 | Aufnahme am 21.5.2006, 7 Uhr 30, horizontaler Bildwinkel 203°

Wir bleiben im Paradies von Bild 31, aber das Kompliment „Paradies" soll nicht nur für Serbien gelten. Drüben in Rumänien ist es genauso urtümlich: Kaum mal ein Wegweiser, viele Wege enden im Busch, aber ab und zu endet einer an einem Jahrhundert-Aussichtspunkt.

Gestern Nachmittag dachte ich auf der Uferstraße auf der serbischen Seite: Da oben an den Felsen, das könnte ein hübscher Ausblick sein! Nach dem Höhenunterschied zu urteilen, vielleicht in anderthalb Stunden zu erreichen. Und dann war da sogar ein Weg – es gibt nicht viele Wege, die von der serbischen Donau-Uferstraße aufs Plateau führen – ein Weg, der vielleicht sogar mit etwas Courage befahrbar ist, und, was am stärksten die Hoffnung nährt, wenigstens zu Fuß dort aufs Plateau zu kommen: das internationale Schild „Gesperrt für Kraftfahrzeuge aller Art". Also, das muss man versuchen! Und nach zweieinhalb Stunden, nach einem vergeblichen Versuch, durch den Busch an den Plateaurand zu kommen, und einem weiteren, halbvergeblichen, der zwar die Donau zwischen den Bäumen sehen ließ, aber noch kein Panorama, dann dieser Punkt. Allerdings zu spät, die Sonne ist schon weg, es gibt zu wenig Kontraste. Also schnell wieder runter, damit du dir nicht noch im Dunkeln die Beine brichst. Morgen!

Und dann am nächsten Morgen, nach einer Stunde Warten im Nebel: Da brummt etwas unter dem Nebel! Ein Dampfer? Wäre schön, das brächte etwas Leben in das Panorama! Aber was nützt ein Dampfer, wenn der Nebel alles verdeckt! Oder, vielleicht doch noch eine Chance? Da sind doch schon einige dunkle Löcher in der Nebeldecke! Und das Brummen wird

Blick über die Kazan-Enge   (Serbien/Rumänien)

immer stärker, oh, das ist kein Brummen mehr, das ist ein Pochen! Aber leider in der hellgrauen Suppe, na, jetzt reißt sie wieder etwas auf! Oder doch nicht? Es hilft nichts, liefere dich einfach vertrauensvoll diesem Nebel-Zufall aus, Kamera ist auf dem Drehteller montiert und schussbereit, ärgern hilft auch nichts. Ist das noch Pochen oder wird das schon zum gnadenlosen Rammen – nein, das kann doch nicht wahr sein! Mitten in der Lücke, die immer größer wird, ein Schubverband von neun Leichtern, wahrscheinlich mit Kohle beladen! Los, bevor wieder alles dicht ist! Klick, klick, klick, klick – da wird es noch viel besser, nochmal klick, klick, klick, klick – was für ein Glück, dass ich auf digital umgestiegen bin! Und fünf Minuten später noch viel besser – und das Rammen noch hautnäher. Mein Gott, wenn uns der auf dem Floß in die Quere gekommen wäre! Das Floß, das ist nichts Reales, das stammt aus Tagträumen junger Jahre. Damals wollte ich mit zwei Freunden auf einem selbstgebauten Floß die Donau runterfahren, durch den Eisernen Vorhang! Wir haben diese Pläne nie aufgegeben, aber wir hatten das Talent, sie zu verschieben, wenn wir sonst hätten zugeben müssen, dass sie irreal waren – nicht nur wegen der Visa-Probleme, sondern auch wegen unserer begrenzten Möglichkeiten zum Floßbau und wegen der Kazan-Enge. Aber das Bild zeigt, dass nach 50 Jahren doch ein Fünkchen Wirklichkeit aus den Tagträumen herausgekommen ist. Der Schubverband hätte uns in der Kazan-Enge auch gar nicht begegnen können, denn damals, Mitte der 1950er Jahre, gab es noch keinen Djerdap-Stausee, da war das eine reißende Strecke mit Wirbeln, bei der so ein Verband keine Chance gehabt hätte, durchzukommen. Der kann übrigens auch heute einem kleinen Floß nicht ausweichen. Das Motorschubboot balanciert hier seine neun Leichter um die Kurve wie ein Maultier seine Säcke um die Felswand. Das ist zwar ein Stausee, aber in der Kazan-Enge, da strömt auch ein Stausee.

Karte 4 Das Eiserne Tor (mit Darstellung des Blickwinkels der Panoramen)

☆ Historische und prähistorische Stätten

Aufnahme am 20. 5. 2006, 9 Uhr 10, horizontaler Bildwinkel 55°   33

Wir blicken hinein in den untersten Abschnitt der Kazan-Enge, die durch den Aufstau der Donau weitgehend ihre Gefährlichkeit, aber auch einen Teil ihres wild-romantischen Reizes verloren hat. Das kleine Plateaustück, das in der Mitte des Bildes den tiefsten Abschnitt des Horizontes bildet, ist ein uralter Talboden der Donau aus einer Zeit vor mehreren Millionen Jahren, noch schöner zu erkennen auf Bild 32.

Das Kreuzfahrtschiff, das gerade die Kazan-Enge verlassen hat, wirft bei mir die Frage auf: Ist es ein Traumerlebnis, so auf dem Schiff durch das Eiserne Tor zu gleiten? – Ich weiß nicht, wirklich, ich weiß es nicht. Hier war ich nie auf einem Schiff. Ich bin auf beiden Seiten mehrmals mit dem Auto entlanggefahren, habe zu Fuß die Höhen auf beiden Seiten erkundet, aber auf dem Wasser vorbeigefahren bin ich nur in Jugendträumen auf dem Floß. Die Wolga habe ich per Schiff besucht, weil mir die Reise zu Land mit eigenem Auto etwas problematisch schien. Aber hier, geht das nicht viel zu schnell, und zum Teil noch in der Nacht? Kaum ist das Schiff hinter dem Signalturm auf der serbischen Seite (links) aufgetaucht, verschwindet es schon wieder nach 20 Minuten. Von dem Kirchlein Mraconia auf der rumänischen Seite, von den Donauschwaben Etterzhausenkirche genannt, wird den Kreuzfahrtgästen beim Vorbeifahren sicher etwas erzählt, aber ahnen sie etwas von der Ruhe hier am Straßenrand, um gar nicht erst zu reden von Jahrhundert-Aussichtspunkten über den Felsen? Mich beherrschen hier doch die Gefühle einer Landratte: Hier kann ich entscheiden, wann ich mich sattgesehen habe und zum nächsten Fotopunkt ziehe. Ich liebe die beiden Straßen am Ufer, noch (2006) kann man hier selbst das Autofahren genießen. Natürlich kommt ab und zu auch mal ein anderes Auto vorbei, aber das ist doch ganz anders als im Mittelrheintal oder an der unteren Rhone.

Noch etwas anderes dämpft hier ein wenig meine Begeisterung für die Donau-Passagierschifffahrt: Die Schiffe sind so niedrig. Ich denke, weil einige Brücken ihnen keine andere Wahl lassen. Es reicht hier kaum zu mehr als zwei Decks. Ja, bei einem Frachtmotorschiff oder auf einer Schubeinheit ist das etwas anderes. Da muss man ja als schrubbender Schiffsjunge den Eimer am Seil ins Wasser schwenken können. Aber auf so einem noblen Kreuzfahrtschiff, muss ich da die Ellbogen hochziehen, damit ich nicht das Gefühl habe, an den treibenden Plastikmüll zu stoßen? Beim Star der Donau-Kreuzfahrtflotte, dem Katamaran „Primadonna", da taucht doch die untere Fensterreihe fast ins Wasser!

(Serbien/Rumänien) **Blick donauaufwärts zur Kazan-Enge**

| 34 | Aufnahme am 21.5.2006, 11 Uhr 50, horizontaler Bildwinkel 132° |

Flussabwärts von Ungarn ist auf der Donau eine erhebliche Zunahme von Plastiktreibgut und Schaumbildung zu beobachten. Das nimmt teilweise solche Ausmaße an, dass der Genuss eines einsamen Camp-Platzes am Ufer der Donau (und wahrscheinlich auch der einer Flusskreuzfahrt) schon stark beeinträchtigt wird. Schuld daran sind vor allem fehlende Kläranlagen, aber auch die Benutzung der natürlichen Vorfluter zur Entsorgung von Feststoffabfällen. Besonders in Bosnien fielen mir die praktischen Halden an den Nebenflüssen der Save auf, wo das nächste Hochwasser immer dafür sorgen kann, dass eine Erweiterung oder Verlagerung der Deponie sich erübrigt. Die vor uns liegende Deponie gehört nicht diesem Typ an, da ihr Fuß zu hoch über dem Hochwasserniveau der Donau liegt, aber die Entwässerung zur Donau ist auf jeden Fall gesichert. Eine Aufnahme aller Staaten, die Anteil am Einzugsgebiet der Donau haben, in die EU wäre schon allein deshalb zu begrüßen, weil dann zwingende Rechtsgrundlagen zur Überwindung alter Gewohnheiten gegeben wären.

Also diese Deponie, 5 m neben der Straße, frei zugänglich, hat zwar nicht direkt etwas mit der Donau zu tun, aber sie ist ja doch eine erhebliche Gefahr für das Wasser der Donau. Hoffnung macht die Tatsache, dass vor wenigen Jahrzehnten in Griechenland ähnliche Bilder zu sehen waren und sich das doch schnell geändert hat. So wird wohl die optische Umweltverschmutzung oder Umweltbeleidigung hoffentlich auch hier bald der Vergangenheit angehören. Nur ist es mit etwas Erde darüberschieben, womit man rechts wohl begonnen hat, natürlich noch nicht getan. Die wirkliche Beseitigung solcher Altlasten wird noch sehr viel Zeit und auch sehr viel Geld erfordern, das in Bosnien, Serbien und Bulgarien für solche Zwecke wohl nicht leicht bereitzustellen ist.

Müllkippe an der Donau (Serbien)

Aufnahme am 13. 9. 2004, 10 Uhr 20, horizontaler Bildwinkel 110°

35

Nahe dem rechten Bildrand, unmittelbar rechts von dem überfluteten Nebental, war einmal das eigentliche Eiserne Tor: eine von der Donau überströmte Felsschwelle, an der das Fahrwasser so schwierig und die Strömung so reißend war, dass selbst nach dem Aufkommen von Motorschiffen es kaum möglich war, dieses Hindernis in der Bergfahrt (stromaufwärts) zu passieren, ohne dass die Schiffe vom Ufer aus gezogen wurden. Deshalb wurden hier im 19. Jahrhundert am rechten (jenseitigen) Ufer der Donau eine 2 km lange Ufer-Eisenbahn und ein durch einen Damm vom Fluss und seinen Felsriffen abgetrennter Kanal gebaut. Lokomotiven auf der Eisenbahnstrecke zogen die Schiffe durch den Kanal flussaufwärts.

Das alles ist heute unter dem Djerdap-Stausee verschwunden, wie so manche Reste der römischen Heerstraße, die Rom mit der Provinz Moesien verband und durch die Kazan-Enge und das Eiserne Tor führte. Heute beherrscht das Bild ein Stausee, der nach links (Osten) abgeschlossen wird durch eine Staumauer mit zwei Kraftwerkssektionen und zwei Schleusenanlagen, je eine auf der rumänischen und auf der serbischen Seite. Auf dem Bild wartet in der serbischen Schleuse schon ein Passagierschiff auf die Talwärts-Schleusung und ein zweites fährt gerade in die Schleuse ein.

Die Höhe des Seespiegels wird nur wenig verändert, weil sie wichtig für die Energiegewinnung ist. Wenn die Donau weniger Wasser führt als die Turbinen zu schlucken vermögen, kann man vorübergehend auch etwas vom Wasservorrat zehren, wodurch der Wasserspiegel um ein paar Meter sinkt. Dann hat man aber nicht mehr die volle Fallhöhe von 35 m und eine entsprechend geringere Energieproduktion. Der Stausee-Inhalt von gut 2 km^3 kann also nur zu einem kleinen Teil zur Regulierung der Energieproduktion genutzt werden. Deshalb wird das eigentliche Eiserne Tor wohl nie wieder sichtbar und es fällt weniger schwer, den Namen „Eisernes Tor" auf das ganze Durchbruchstal der Donau zwischen Karpaten und Balkan zu übertragen.

Der Blick vom Plateaurand auf der rumänischen Seite zeigt uns die Staumauer der 1971 von Rumänien und Serbien (das damals noch zur Republik Jugoslawien gehörte) gemeinsam errichteten Anlage am Eisernen Tor mit Kraftwerken, Schleusen und ihren Zufahrtsmolen auf beiden Seiten. Man sieht auf dem Bild, dass auch unterhalb der Staumauer keine natürlichen Abflussverhältnisse herrschen. Vielmehr zeigt die Breite des Wassers an, dass die Rückstauzone eines flussabwärts gelegenen Staudammes bis hierher reicht.

(Rumänien/Serbien) Über dem ursprünglichen Eisernen Tor

36 Aufnahme am 19. 9. 2004, 15 Uhr 40, horizontaler Bildwinkel 55°

Achtzig Kilometer vor der Mündung der Donau in das Schwarze Meer beginnt ihr Delta. Zunächst spaltet sie sich westlich der Stadt Tulcea in zwei Arme auf. Der nördliche, der Kilia-Arm, nimmt gut die Hälfte der Wassermassen der Donau auf. Er bildet die Grenze zwischen Rumänien und der Ukraine. Der andere Arm gabelt sich nach 12 km noch einmal in den Sulina-Arm und den südlichsten der drei Donau-Delta-Arme, den St.-Georgs-Arm.

Eine Kette von felsigen Hügeln südlich des St.-Georgs-Armes der Donau erlaubt einen Blick (hier meerwärts) über das Donau-Delta, wie man ihn sonst nur aus der Luft bekommen kann. In der Bildmitte im Mittelgrund das Städtchen Mahmudia, dessen Name auf den in den südlichen Landesteilen von Rumänien zeitweise bedeutenden osmanischen Einfluss hinweist. Der breite Wasserarm, der sich diagonal durch das Bild zieht, ist der St.-Georgs-Arm. Die links der Bildmitte und ganz links sichtbaren Flussarme gehören zu einem riesigen Mäanderbogen des St.-Georgs-Armes. In der geradlinigen Fortsetzung des diagonal verlaufenden Armes im vorderen Bildteil, der dann nach links zu den Mäanderbögen umbiegt, sieht man einen Kanal, der für die Schifffahrt den Mäanderbogen abschneidet. Weiter im Osten gibt es noch fünf weitere derartige Kanalstrecken, welche Mäanderbögen abschneiden, so dass heute die Entfernung von Tulcea bis zum Schwarzen Meer in Flusskilometern nicht mehr 110, sondern nur noch 70 km beträgt. Auch der mittlere (hier nicht sichtbare) Delta-Arm, der Sulina-Arm, hat eine ähnliche Begradigung erfahren.

Der Teil des Donau-Deltas, den wir hier überblicken, ist nicht mehr die amphibische Naturlandschaft, für die das Donau-Delta einst berühmt war und in seinen geschützten Teilen auch heute noch ist. Der größte Teil der hier überschaubaren Deltafläche ist mithilfe von Entwässerungsgräben landwirtschaftlich nutzbar gemacht worden. Dabei handelt es sich um relativ hoch gelegene Flächen. Auch durch die Ernte von Schilfrohr, die für industrielle Zwecke (Zellulosegewinnung, Papier-Erzeugung) in der sozialistischen Zeit systematisch ausgebaut wurde, in den letzten Dekaden aber wieder stark zurückgegangen ist, sind wesentliche Veränderungen der Naturlandschaft erfolgt.

Im Donau-Delta bei Mahmudia (Rumänien)

Aufnahme am 20. 9. 2004, 19 Uhr 00, horizontaler Bildwinkel 105°

Die Mündung des St.-Georgs-Armes der Donau in das Schwarze Meer
(Rumänien)

Weiter im Osten, wo die Höhenlage der Deltagebiete immer geringer wird, spielen dann Lagunen, Auwälder und Schilfbestände eine immer stärkere Rolle, und die Besiedlung wird sehr spärlich. Am äußeren Rand des Donau-Deltas gibt es dann aber wieder Bereiche, die etwas besser für Siedlungen geeignet sind, weil hier aus Serien von parallelen ehemaligen Strandwällen von Natur aus trockene und etwas höher gelegene Bereiche entstanden sind. Auf einem solchen Bereich liegt auf der linken Seite der Mündung des St.-Georgs-Armes die Siedlung Sfantu Gheorghe (St. Georg), die auf dem Bild bei der Ankunft des Fährschiffs in der Abendsonne leuchtet. Sfantu Gheorghe ist eine Fischersiedlung mit etwa tausend Einwohnern, in der der Tourismus anfängt, Fuß zu fassen. Die Kreuzfahrtschiffe, von denen einige von Passau, Wien und Budapest bis zum Donau-Delta fahren, erreichen nicht Sf. Gheorghe. Ihre Fahrt endet in der Provinzhauptstadt Tulcea, von der es einen Fährschiff-Linienverkehr nach Sf. Gheorghe wie auch nach Sulina gibt. Auf der rechten Seite des Bildes ist einer jener äußersten Auwald-Vorposten des Deltas zu sehen, welches auch heute noch wegen seines freilich stark dezimierten Vogelreichtums (mit Kolonien von Pelikanen und Löfflern) berühmt ist.

Auf diesem Bild, das zeigt, wie die Donau in einer extrem flachen Landschaft in das Schwarze Meer ausläuft, kann man natürlich nicht ahnen, dass am Grunde des Schwarzen Meeres, in einer Tiefe von 40–80 m, ein breites Tal in der Fortsetzung des St.-Georgs-Armes verläuft. Es ist klar, dass dieses untermeerische Tal in der letzten Eiszeit gebildet worden sein muss, als der Spiegel des Weltmeeres und damit auch der Spiegel des Schwarzen Meeres wesentlich tiefer lag als heute und der Bosporus keine Meerenge war, sondern von einem Fluss durchströmt wurde (siehe Bild 100). Solch eine untermeerische Fortsetzung fehlt bei den anderen beiden großen Donau-Armen im Delta, beim Kilia- und beim Sulina-Arm. Daraus kann man schließen, dass sich das Donau-Delta erst in jüngerer Zeit mit diesen beiden Armen so weit nach Norden ausgedehnt hat und der St.-Georgs-Arm als der älteste der drei Haupt-Delta-Arme bezeichnet werden kann.

Schifffahrt auf den Flüssen Europas und Wasserkraftwerke

Auf den Flüssen Europas hat die Schifffahrt eine sehr unterschiedliche Bedeutung, die nicht nur von Naturfaktoren wie Wasserreichtum oder Gefälle abhängt, sondern auch von vielen menschlichen Dingen, z.B. vom Verkehrsbedürfnis oder von historisch gewachsenen Verbindungen und Traditionen. Auf den großen Flüssen der **Iberischen Halbinsel** spielt die Schifffahrt nur eine sehr geringe Rolle. Das lässt sich hier gut mit den Naturbedingungen begründen: Die großen Flüsse der spanischen Hochfläche, der Meseta, haben alle eine Schluchten- und Schnellenstrecke, auf der sie den Höhenunterschied zur Küstenregion überwinden und die heute durch Wasserkraftwerke genutzt wird. Nur der Guadalquivir fließt über eine längere Strecke im Tieflandsniveau. Hier hat aber die ausgeprägte sommerliche Trockenzeit die Entwicklung einer bedeutenden kontinuierlichen Schifffahrt verhindert. **In Frankreich** dürften dagegen die wirtschaftlichen Bedingungen entscheidender sein. Es wird gerne betont, dass die Schifffahrt auf dem zweitgrößten Fluss, der Loire, völlig nebensächlich ist, weil die Loire so ungestüm ist und so stark zur Versandung neigt. Dem Hydrologen erscheint die Loire gar nicht als ein so einmaliges „enfant terrible". Könnte der Grund für ihre Vernachlässigung nicht eher darin liegen, dass in dieser Richtung kein großes Verkehrsbedürfnis bestand? Die ursprünglich auf Kohlebergbau basierenden Industriestädte an der oberen Loire und am Allier waren auf Paris ausgerichtet oder auf den Weg über das Rhonetal zum Mittelmeer. Wo war in den letzten zwei Jahrhunderten an der mittleren Loire ein wesentliches Verkehrsinteresse in Richtung des Flusses? Ihre größte Bedeutung hat die Binnenschifffahrt in Frankreich auf dem drittgrößten Fluss, der unteren Seine. Auf der Rhone hat sich der Ausbau zur Groß-Schifffahrtsstraße – die bis heute von einer angemessenen Nutzung ihrer Kapazität noch meilenweit entfernt ist – als Nebenprodukt beim Ausbau der Wasserkraftnutzung ergeben.

Die Haupt-Schifffahrtsstraße Europas ist der Rhein. Auf seinem untersten Abschnitt, zwischen Duisburg und Rotterdam, werden pro Jahr weit über 100 Mio. t bewegt, was den Rhein in der Binnenschifffahrt weltweit an die zweite Stelle hinter dem St.-Lorenz-Strom (Nordamerika) stellt. Auch oberhalb von Duisburg bleibt die Frachtleistung noch lange in derselben Größenordnung. Bis Mainz sinkt sie auf die Hälfte des Wertes von Köln ab, bis Straßburg auf ein Drittel. Die mitteleuropäischen Flüsse östlich des Rheins bleiben hinsichtlich ihrer Bedeutung für die Schifffahrt eine volle Größenordnung unter der, die der Rhein noch bei Straßburg hat, doch ist bei ihnen wichtig, dass sie durch ein leistungsfähiges Kanalsystem miteinander verbunden sind (Dortmund-Ems-Kanal, Mittellandkanal, Elbe-Seitenkanal, Elbe-Havel-Kanal, Oder-Havel-Kanal).

Auf der **Weichsel** hat der Schiffsverkehr nur eine geringe Bedeutung. Neben den wirtschaftlichen Schwierigkeiten, die der Sozialismus mit dem Aufbau moderner Infrastrukturen hatte, spielt sicher auch eine Rolle, dass bei den Flüssen östlich der Elbe die winterliche Vereisung es in zunehmendem Maße notwendig macht, zum Schiffstransport immer eine Landweg-Alternative zu pflegen.

Der Po ist durchaus ein Schifffahrtsweg, der jedoch in seiner Bedeutung nicht mit Rhein, Seine, Rhone und Donau zu vergleichen ist. Er wäre an sich wegen seines sehr geringen Gefälles, des über 300 km völligen Fehlens von Schnellenstrecken, der Festlegung seiner Linienführung durch die Deiche und wegen des sehr dicht besiedelten und stark industrialisierten Gebiets, durch das er führt, hervorragend für den Ausbau zu einer Groß-Schifffahrtsstraße geeignet, aber es fehlt hier jegliche Möglichkeit der Anbindung an andere Binnenschifffahrtswege. Er hat keine Chance, Teil eines internationalen Massengut-Transportnetzes zu werden. So beschränkt sich die Schifffahrt hier im Wesentlichen auf den Transport von Baumaterialien über mittlere Entfernungen und auf Transportleistungen, die so regelmäßig anfallen, dass auf bestimmten Routen speziell dafür geeignete Schiffe ausgelastet werden können.

Die Donau wäre an sich geeignet, neben dem Rhein die zweite große Binnenschifffahrtsachse Europas zu bilden – und vielleicht ist sie auch auf dem Wege dahin –, aber noch leidet sie unter der Tatsache, dass zur Zeit des Eisernen Vorhangs das Verkehrsbedürfnis für Massengüter über die Grenze zwischen Österreich und Ungarn extrem gering war und die Wirtschaftsentwicklung im Ostblock für die Binnenschifffahrt kleinere Maßstäbe setzte. So hatte die Öffentlichkeit in Zentral- und Westeuropa kaum zur Kenntnis genommen, dass es nach der Bombardierung der Donaubrücken in Serbien durch die Nato (1999) für längere Zeit überhaupt keinen durchgehenden Schiffsverkehr zwischen Ungarn und Rumänien/Bulgarien gab. Bis 2005 lief in Novi Sad der Straßenverkehr über eine Pontonbrücke, die ausgeschwenkt werden musste, um kurzzeitig die Passage für Schiffe freizugeben. Man stelle sich einmal vor, der Rhein wäre bei Mainz jahrelang für die Schifffahrt durch eine Pontonbrücke blockiert: Nicht nur die Deutschen, sondern auch die Niederländer, Franzosen, Schweizer und die gesamte westliche Staatengemeinschaft würden darauf dringen, dass innerhalb von Wochen Abhilfe geschaffen wird.

Die prinzipielle Berufung der Donau zum Groß-Schifffahrtsweg war auch der Anlass für die Schaffung des Main-Donau-Kanals, der seit 1992 Schiffen und Schubverbänden bis 3000 t die Fahrt von Rotterdam bis zum Schwarzen Meer erlaubt. Bis jetzt ist er keinesfalls so ausgelastet, wie es seiner Anlage hinsichtlich möglicher Tauchtiefen, Breite der Fahrrinne und Größe der Schleusen entspricht – ähnlich wie beim Ausbau der unteren Rhone, wo auch die augenblickliche Nutzung des Schifffahrtsweges nicht in einem angemessenen Verhältnis zur wirklichen Kapazität steht.

So wünschenswert eine Verlagerung von Gütertransporten von der Straße auf die Schifffahrtswege auch sein mag, man kann sie nicht mit kurzfristigen Subventions- oder Besteuerungsmaßnahmen erzwingen. Die Binnenschifffahrt ist eine nur sehr langsam und mit großer Verzögerung reagierende Gemeinschaft, die sich manchmal auch gar nicht entschließen mag, einen ihr angebotenen Weg zu beschreiten. Einen Autohof mit hundert Lkw-Parkplätzen kann man innerhalb von Monaten einrichten und auch wieder abreißen, wenn er nicht angenommen wird. Hafenanlagen, geeignete Schiffe und Einrichtungen für den Zubringerverkehr erfordern vorherige Bedarfsanalysen, Planungen und Konstruktionen, die zusammen leicht zehn Jahre überschreiten können. Das sind Planungszeiträume, die auf einem so komplexen Gebiet allein nach den Regeln der privat finanzierten Marktwirtschaft schwer zu verantworten sind. Zwar gibt es auch andere Wirtschaftsbereiche mit ähnlich langen Planungszeiträumen, etwa beim Kraftwerksbau, doch hängen wenige von so komplexen Bedingungen ab wie die Binnenschifffahrt auf einem viele Staaten erfassenden Wegenetz.

Keinen echten Binnenschifffahrts-Anschluss an das Wasserstraßennetz Mitteleuropas haben die beiden großen osteuropäischen Binnenwasserstraßen-Systeme, das **Wolga-Don-Newa-System** und der **Dnjepr**, die auch für kleinere Seeschiffe befahrbar sind. Es besteht zwar eine gewisse Schifffahrtsverbindung zwischen dem Dnjepr und der Donau, doch ist das in folgender Hinsicht keine echte Binnenschifffahrts-Verbindung: Man kann z.B. eine Kreuzfahrt buchen von Kiew (Dnjepr) über Odessa, Budapest, Wien nach Passau, aber man wechselt dabei in Tulcea (Rumänien, dicht oberhalb der Donau-Mündung) das Schiff. Die Kreuzfahrtschiffe, die den Dnjepr befahren, können bei nicht zu stürmischem Wetter auch von Odessa über das Schwarze Meer Tulcea im Donau-Delta erreichen. Sie können aber nicht die Donau weiter hochfahren, weil dieser Schifffahrtsweg sich durch besonders niedrige Brücken auszeichnet.

Schifffahrt und Wasserkraft-Ausbau stehen sich normalerweise nicht feindlich gegenüber – im Gegensatz zum Interessenkonflikt zwischen Wasserkraftnutzung und Bewässerung, wo man sich entscheiden muss, ob man das Wasser möglichst hoch halten und verteilen will, um es auf möglichst viele Felder führen zu können, oder unverzweigt zu einem besonders tiefen Punkt leitet, um dort möglichst viel Energie zu gewinnen. Somit bilden Schifffahrt und Wasserkraft-Ausbau also ein durchaus harmonisches Paar. Zwar haben die Betreiber der Wasserkraftwerke an sich kaum Interesse an der Schifffahrt selbst, und die notwendigen Schleusen verteuern die Anlage, aber die Schifffahrt kann wesentliche Argumente liefern, um eine Staustufe nützlich erscheinen zu lassen. Durch Überstauung verschwinden gefürchtete Felsenriffe und Schnellenstrecken sozusagen von selbst, die Fahrwassertiefe und -breite wird allgemein erhöht und bei großen Stauseen kann der Kraftwerksbetreiber auch etwas für den Ausgleich der Wasserführung tun (falls er will oder muss).

Wasserkraftwerke im Hochgebirge, etwa Glockner-Kaprun in Österreich oder Grande Dixence in der Schweiz, sind etwas völlig anderes als **Wasserkraftwerke auf großen Flüssen**. Die großen Wasserkraftwerke im Hochgebirge sind Speicherkraftwerke. Sie stehen bereit, um bei plötzlich gestiegenem Bedarf oder beim Ausfall eines anderen Kraftwerks innerhalb von ein bis zwei Minuten ans Netz gehen zu können, und lassen sich diese Bereitschaft auch teuer bezahlen, da sie Spitzenstrom liefern. Dieses Wort bedeutet an sich „Strom zur Deckung einer Bedarfsspitze", aber man kann es auch mal interpretieren im Sinne von „Spitzenqualität, Spitzenpreise". Im Vergleich zu den Flusskraftwerken geht es hier um verhältnismäßig geringe Wassermengen; die beachtliche Leistung dieser Kraftwerke ergibt sich aus der Fallhöhe, die 1000 bis über 2000 m betragen kann.

Das technische Grundproblem von Flusskraftwerken mit großen Wassermengen liegt darin, dass bei Flüssen, mal abgesehen von Sonderfällen wie dem Rheinfall bei Schaffhausen oder den Niagarafällen, nutzbare Höhenunterschiede von Natur aus nur über größere Entfernungen auftreten. Wenn man aber mithilfe einer Turbine Wasserkraft nutzen will, dann müssen Oberwasserniveau und Unterwasserniveau dicht zusammengeführt werden, nämlich zum Eingang und Ausgang der Turbine. Am einfachsten geht das bei einem großen Fluss mit einer quer über den Fluss reichenden Staustufe, in die man dann gleich die Turbinen und die an sie gekoppelten Generatoren einfügen kann. Die Alternative ist ein Kanal, in dem parallel zum Fluss mit seinem Gefälle das Flusswasser in fast gleichbleibender Höhe so weit flussabwärts fortgeführt wird, bis ein ausreichend großer Höhenunterschied zwischen Kanal und Flussbett aufgebaut ist.

Wenn eine Staustufe quer über einen Fluss errichtet wird, der auch für die Schifffahrt genutzt wird, dann wird sie mit einer Schleusenanlage verbunden, damit die Schiffe den Höhenunterschied überwinden können. Meistens ist die Schleusenanlage so in die Staustufe integriert, dass sie auf einer Seite des Flusses einen Abschnitt des Stauwehrs ersetzt. Außerdem gehört zu jeder Staustufe eine Hochwasser-Entlastungsanlage. Das ist meistens ein regulierbarer Teil der Wehranlage, der so weit geöffnet werden kann, dass jedes denkbare Hochwasser die Staustufe passieren kann, aber sich auch völlig schließen lässt, damit jeder Liter Wasser seine Energie an die Turbinen abgeben muss.

In dicht besiedelten Ländern, insbesondere wenn große Städte an den Flüssen liegen, sind dem Aufstau der Flüsse enge Grenzen gesetzt, die man auch nur begrenzt durch Neubau von Deichen erweitern kann. Häufig kann deshalb eine Staustufe nicht dort gebaut werden, wo sie mit den geringsten Kosten zu errichten wäre, sondern muss dort verwirklicht werden, wo der höchste Aufstau, der immer unmittelbar oberhalb der Staustufe erfolgt, nicht zu wertvolles Gelände betrifft, wie es etwa oberhalb von Städten der Fall ist. Aus diesen Gründen ist bei den größeren Flüssen von Mittel- und Westeuropa die Wassermenge, die im Stausee gespeichert ist, meistens recht gering im Vergleich zur Wassermenge, die der Fluss fortlaufend transportiert. Sie reicht meist nur für ein oder zwei Stunden, um das Kraftwerk als Speicherkraftwerk zu betreiben. Vom Standpunkt des Technikers aus ist es deshalb sehr sinnvoll, dass sich die Staustufen auf dem Fluss in dem Sinne lückenlos aneinanderreihen, dass dort, wo flussaufwärts die Stauwirkung einer Stufe endet, schon die nächste steht. Dann kann man bei zusätzlichem Energiebedarf das Wasser im Schwellbetrieb nutzen: Eine obere Stufe mit möglichst etwas größerem Stauraum nimmt zusätzlich ein oder mehrere Turbinen in Betrieb und die dadurch durchgelassene zusätzliche Wassermenge erlaubt dann auch den flussabwärts gelegenen Kraftwerken mit etwas zeitlicher Versetzung, zusätzliche Turbinen in Betrieb zu nehmen oder unter Teillast fahrende Turbinen voll zu öffnen.

Zu dieser Regel, dass Fluss-Wasserkraftwerke Laufkraftwerke sind, also Kraftwerke, die nur das laufende Wasserangebot nutzen können und Wasservorrat höchstens für Stunden haben, gibt es in Europa einige Ausnahmen. Der **Stausee des Eisernen Tors** hat ein Wasservolumen, mit dem das Djerdap-Kraftwerk ohne Wasserzufuhr von der Donau zwei bis drei Tage laufen könnte. Die **Stauseen der Wolga-Kaskade** und des **Dnjepr** sind noch größer im Verhältnis zur Wassermenge des Flusses. Sie können Abflussunterschiede sogar über mehrere Monate ausgleichen. Es ist verständlich, dass sie als Sieg des Menschen über die Natur angesehen wurden. Aber, wie es ein französischer Autor (Radvanyi 2000) so treffend formulierte: **„Zu welchem Preis!"**

Der Rhein

Der Rhein ändert auf seinem Weg von den Alpen zur Nordsee mehrmals in auffälliger Weise seine Fließrichtung und Talform, was zu einer allgemein anerkannten Gliederung in fünf Hauptabschnitte geführt hat: Alpenrhein – Hochrhein – Oberrhein – Mittelrhein – Niederrhein.

Der Alpenrhein endet mit der Mündung in den Bodensee. Dann fließt er als **Hochrhein** etwa 200 km gegen Westen, durch eine hügelige Landschaft, die sich bei genauerer Betrachtung als Grenzraum zwischen verschiedenen Großlandschaften erweist. Der Bodensee, den der Rhein zunächst durchfließt, gehört zum nördlichen Alpenvorland. Mit dem Rheinfall bei Schaffhausen tritt der Rhein in einen hier besonders schmalen und niedrigen Abschnitt der Kette Schweizer Jura–Schwäbische Alb ein und fließt dann ein Stück genau an der Grenze zwischen den Kalken des Schweizer Jura und den Gneisen des Schwarzwaldes entlang. Bei Basel wendet sich der Rhein nach Norden und tritt in die **Oberrhein-Ebene** ein, den Boden des Rheingrabens. Häufig spricht man hierbei auch vom Rheintalgraben, aber das ist nicht ganz richtig. Ein Tal ist eine durch Erosion von Flüssen geschaffene Hohlform. Die Oberrhein-Ebene ist aber dadurch entstanden, dass hier die Mitteleuropäische Platte auseinandergebrochen ist und die Ränder – Vogesen–Pfälzer Wald auf der westlichen Seite, Schwarzwald–Odenwald im Osten – auseinandergedriftet sind und der dadurch entstehende Graben zum Teil durch junge Sedimente aufgefüllt wurde. Bei Mainz verlässt der Rhein diese Grabenzone (die sich über die Wetterau und den Leinegraben weiter zieht bis zum Oslo-Graben) und tritt in das Rheinische Schiefergebirge ein. Dieser Durchbruch des Rheins durch das Rheinische Schiefergebirge wird als „antezedent" bezeichnet. Mit diesem Wort wird ausgedrückt, dass der Rhein dort schon geflossen ist, als vor etwa zehn Millionen Jahren das Rheinische Schiefergebirge begann, sich herauszuheben. In dem Maße, in welchem das Gebirge höher stieg, hat der Rhein ein immer tiefer werdendes Tal eingeschnitten, ein Tal, das auch als das **Mittelrheintal** bezeichnet wird. Mit dem Austritt (bei Bonn) in die Kölner Bucht und damit in das norddeutsch-niederländische Flachland beginnt dann der **Niederrhein**.

Die sehr klare Gliederung des Rheins in fünf Abschnitte, Alpenrhein–Hochrhein–Oberrhein–Mittelrhein–Niederrhein, ist ein großartiges Beispiel dafür, dass die immer wieder strapazierte **Dreigliederung der Flüsse in Oberlauf, Mittellauf und Unterlauf kein sinnvolles, für alle Flüsse anwendbares Schema** ist. Natürlich hat jeder große Fluss, der ins Meer mündet, einen unteren Abschnitt mit geringem Gefälle, der häufig auch unter dem Einfluss der Gezeiten steht und den man gut als Unterlauf bezeichnen könnte. Dieser Abschnitt, etwa flussaufwärts bis zur ersten deutlichen Gefällsstufe oder der ersten Talverengung gerechnet, ist noch einigermaßen gut definierbar, auch wenn er bei verschiedenen Flüssen einen sehr unterschiedlichen Anteil an der Gesamtlänge hat. Und natürlich hat jeder Fluss irgendwo einen obersten Abschnitt, wo er nur ein kleiner Bach ist. Aber soll man mit der ersten kleinen Beckenlandschaft den Mittellauf beginnen lassen? Was hat da ein großer Fluss noch alles an Ebenen bis zur Größe der Ungarischen Tiefebene und an Gebirgen zu durchqueren und wie oft wechselt er zwischen angeblichem Oberlauf-Charakter, Mittel- und Unterlauf-Charakter!

Ich denke, dass die Idee, jeden Fluss in drei Hauptabschnitte aufzuteilen, in der Praxis nur mit Krampf zu verwirklichen ist. Beim Rhein ist eine Aufteilung in fünf Abschnitte viel überzeugender. Bei der Donau braucht man ebenfalls mindestens fünf, aber ich will auf keinen Fall die Dreiteilung durch ein Fünfer-Dogma ersetzen. Bei Elbe und Weser erfolgt der markanteste Wechsel im Erscheinungsbild des Flusses beim Austritt in das Norddeutsche Flachland. Hier bietet sich also für die erste Unterteilung eine Zweigliederung an. Betrachten wir am besten die Begriffe Oberlauf, Mittellauf und Unterlauf als ein Stück Wissenschaftsgeschichte und lassen sie einfach ruhen. Natürlich könnte man nach Gefälle, Untergrund und Talform Oberlauf- und Mittellauf-Charakter definieren, aber man möchte doch sicher nicht, dass dann ein Fluss drei Oberläufe und drei Mittelläufe hat, die sich abwechseln, bis der Unterlauf erreicht ist.

Von den fünf Abschnitten des Rheins hat der Oberrhein die stärksten Veränderungen seines natürlichen Laufs erlebt. Es war ja in der Tat für die Schifffahrt eine Zumutung, dass man auf dem Oberrhein teilweise statt der Luftlinie die doppelte Entfernung in Mäanderbögen auszufahren hatte und dabei dauernd in Gefahr war, an Sandbänken hängen zu bleiben. Die umfangreichste Maßnahme zur Begradigung des Rheins war die im 19. Jahrhundert unter der Leitung des badischen Ingenieurs Johann Gottfried Tulla durchgeführte **Rheinkorrektion (Tulla-Korrektion)**. Die Nutzung der erneuerbaren Energie des Rheins erfolgte dann vor allem in den 30er und 50er Jahren des 20. Jahrhunderts durch den Bau des **Rhein-Seitenkanals** auf der französischen Seite **(Grand Canal d'Alsace)**, wobei uns freilich auch die beiden verlorenen Kriege daran hinderten, die Interessen des Naturschutzes (und unsere nationalen) besser zu vertreten. Rückblickend ist es natürlich etwas billig, sich zu fragen, ob man diese beiden schwerwiegendsten Maßnahmen und die vielen kleineren Korrekturmaßnahmen nicht in einem großen Gesamtplan für Jahrhunderte hätte koordinieren können. Sinnlos wäre aber so ein nachträgliches Suchen einer Optimallösung wohl nicht.

Es mag auf den ersten Blick erstaunen, dass das Gefälle des Rheins in der Oberrhein-Ebene, zwischen Lörrach und Bingen, mit 46‰ fast doppelt so groß ist wie im Durchbruch durch das Rheinische Schiefergebirge zwischen Bingen und Bonn (26‰). Die Erklärung lautet: Wenn ein Fluss seine Schottermassen über eine 10–15 km breite Auenlandschaft talwärts zu transportieren hat, dann braucht er dazu ein höheres Gefälle, als wenn die inzwischen kleiner gewordenen Gerölle mit schön konzentrierter Strömung durch einen 200–600 m breiten natürlichen Abflusskanal zu spülen sind, selbst wenn dabei an einigen Stellen (Binger Loch, Wildes Gefährt, Loreley) der Felsboden des Abflusskanals noch weiter auszukratzen ist.

Das **Gleichgewicht zwischen Gefälle, Wassermenge und Schotterlast** ist aber beim Oberrhein **durch die Seitenkanäle und Kraftwerksstufen völlig durcheinandergebracht worden**. Wo keine Gerölle mehr von oben kommen, weil sie an den Staustufen hängen bleiben, gräbt sich der Rhein unterhalb immer tiefer ein, was den Grundwasserspiegel zu einem für die Landwirtschaft bedrohlichen Absinken bringt. Zur Abhilfe gibt es zwei gängige Möglichkeiten: unterhalb die nächste Staustufe zu errichten (und dann unterhalb davon wieder die nächste usw.) oder unterhalb der Staustufe so viel Schotter in den Fluss zu schütten, wie dieser vor Errichtung der Staustufe transportierte. Man hat sich beim Oberrhein für die zweite Lösung entschieden, wobei man den Schotter aus Kiesgruben der Umgebung nehmen muss – weil es zu teuer würde, ihn daher zu nehmen, wo er wegen der Staustufen abgelagert wird. Eine interessante Frage ist, wie lange man das durchhält! Aber das ist nun einmal so bei der Bändigung und Korrektur der Flüsse: Wer A sagt, muss auch B sagen, und irgendwann kommt auch die Frage nach dem C. Nur, die Ablehnung jeglicher Eingriffe in die Natur ist auch keine Lösung: Wären wir glücklicher und zufriedener, wenn wir noch in den riesigen Urwäldern Germaniens lebten und dort 80 Mio. Landsleute mit Wisent-Jagd und Beerensammeln zu ernähren hätten?

Weser, Elbe, Oder und Weichsel

Diese vier europäischen Flüsse haben gemeinsam, dass sie im Wesentlichen von Südosten nach Nordwesten fließen, und zwar in ihrer unteren Hälfte in einem Flachland, das zeitweise von eiszeitlichen Gletschern bedeckt war. Die beiden westlichen, Weser und Elbe, zeichnen sich dadurch aus, dass sie in ihrer oberen Hälfte durch eine Mittelgebirgslandschaft fließen, die sie in beiden Fällen in einem markanten Durchbruch verlassen. Bei der Weser ist das die Porta Westfalica, wo die Weser zwischen den Schichtkammgebirgen des Wesergebirges im Osten und des Wiehengebirges im Westen, in denen noch einmal Höhen um 250 m erreicht werden, austritt in das Norddeutsche Flachland, in dem zwar auch noch Hügel auftreten, aber kaum Höhen über 100 m. Das Durchbruchstal, mit dem die Elbe die Mittelgebirgszone verlässt, ist das Elbsandsteingebirge (Bild 49).

Flussaufwärts vom Elbsandsteingebirge bildet das Einzugsgebiet der Elbe ein markantes trapezförmiges Viereck, das von den geradlinigen Gebirgskämmen des Böhmerwaldes, des Erzgebirges und der Sudeten eingeschlossen wird. Nur auf der Südostseite des Trapezes hat die Wasserscheide gegen das Einzugsgebiet der March und damit zur Donau mehr plateauartigen Charakter. Im Zentrum des trapezförmigen Einzugsgebiets, das auch mit dem historischen Landschaftsnamen Böhmen gut zu erfassen ist, treffen in der Gegend von Prag vier wichtige Flüsse zusammen: von Osten die Elbe, von Süden die Moldau, von Westen die Beraun und ebenfalls von Westen, aber weiter im Norden, die Eger. Bei Oder und Weichsel reichen nur kurze, oberste Flussabschnitte bis in die Mittelgebirgszone hinein; bei ihnen wird nur die südliche Begrenzung des Einzugsgebiets von einer Gebirgszone gebildet, die allerdings bei der Weichsel mit der Hohen Tatra Hochgebirgs-Charakter erreicht.

Für die Mündungen der vier Flüsse bedeutet es einen wesentlichen Unterschied, dass Oder und Weichsel in die Ostsee münden, während Weser und Elbe in einem Wattenmeer mit großen Gezeitenunterschieden enden. Weser und Elbe haben langgestreckte Trichtermündungen, die als Außenweser bzw. Außenelbe noch etwa 50 km über die Außenhäfen Bremerhaven bzw. Cuxhaven hinausreichen, bis in Bereiche, wo sich die Landratte bei einer Fahrt nach Helgoland schon längst auf hoher See glaubt. Oder und Weichsel haben Deltamündungen, bei denen küstenparallele Strömungen in der Ostsee durch Verdriftung von Flusssedimenten für die Bildung von Nehrungen sorgen, die dann ein Haff einschließen. Weichsel, Oder und Elbe folgen teilweise sogenannten Urstromtälern, das sind Niederungen, in denen während der letzten Eiszeit südlich der den ganzen Ostseeraum erfüllenden Eismassen die Schmelzwässer ihren Weg nach Westen, zum Meer suchten.

38   Aufnahme am 3.5.2006, 7 Uhr 10, horizontaler Bildwinkel 123°

Der Bodensee mit dem Delta des Rheins (Österreich/Schweiz)

Wir stehen am Morgen auf dem Gipfel des Pfänders, zu einer Tageszeit, zu der die Seilbahn noch ruht und man sich ungestört seinen Fotoplatz suchen kann. In der Bildmitte blicken wir nach Westen den Alpenrand entlang. Unten vor uns liegt die Stadt Bregenz; die schneebedeckten Berge über der Seilbahnstütze sind der Säntis mit dem vorgelagerten Alpstein-Plateau und links von ihm sieht man die Spitze des Altmanns. Vor den Schneegipfeln kommt von links, von Süden, das Rheintal aus den Alpen, das sich hier zu einem Taltrichter weitet. Der Rhein selbst ist nicht sichtbar; seine Lage kann man auf der gegenüberliegenden Seite der Flussebene nur ahnen. Eine deutlichere Markierung eines Flusslaufs durch dunkelgrüne Waldstreifen, auf kurze Strecken sogar einen sichtbaren Flusslauf, haben wir mehr im Vordergrund, unmittelbar hinter Bregenz. Das ist jedoch nicht der Rhein, sondern die 2 km westlich von ihm in den Bodensee mündende Bregenzer Ach. Dass sie aber nicht annähernd so stark am Aufbau der Ebene beteiligt ist wie der Rhein, lässt sich daran erkennen, dass an ihrer Mündung keine großen Landzungen in den See vorstoßen. Die vordere, am weitesten in den Bodensee vorreichende Landzunge markiert die aktuelle Mündung des Rheins. Auch die dahinter zu sehenden Landzungen wurden (in früheren Phasen) vom Rhein aufgebaut. So ist leicht zu verstehen, dass vor einigen Tausend Jahren der Bodensee noch wesentlich weiter nach links in das alpine Rheintal hineingereicht hat.

Gut vorstellen kann man sich beim Blick vom Pfänder auch, dass zur Eiszeit ein großer Gletscher von links aus den Alpen gekommen ist und eine große, flache Eiszunge in das Alpenvorland ausgebreitet hat. Nach dem Abschmelzen des Eises hat sich im tiefsten Teil des dadurch frei werdenden Zungenbeckens das Wasser als Bodensee gesammelt. Dass dieser tiefste, vom Bodensee erfüllte Teil des Zungenbeckens aber nicht in der Haupt-Stoßrichtung des Gletschers, also nach Norden gerichtet ist, muss so erklärt werden, dass der Hauptstrom des Gletschers einem schon vor der Eiszeit kräftig ausgebildeten Rheintal nach Westen folgte. Wie all die Seen, die im Alpenvorland – wie auch in Norddeutschland – erst am Ende der letzten Eiszeit, also vor 12 000 – 15 000 Jahren, entstanden sind und geologisch recht kurzlebige Gebilde darstellen, ist auch beim Bodensee sein Ende in (geologisch) naher Zukunft abzusehen. Günstig für sein Überleben ist die Tatsache, dass er recht groß und tief (250 m) ist, doch steht dem entgegen, dass ein großer Fluss seine Sedimente in ihm ablädt. Sowohl aus einem Vergleich der ursprünglichen und der heutigen Größe des Sees wie auch aus einer Abschätzung des Sedimenteintrags ergibt sich, dass der Bodensee nur noch ein paar Tausend Jahre zu leben hat. Das ist zwar noch als beruhigend zu bezeichnen im Vergleich zu anderen, flacheren Seen wie dem Aralsee, den der Mensch innerhalb von wenigen Jahrzehnten praktisch zum Verschwinden gebracht hat, zeigt aber doch, wie nahe und häufig bei Seen die geologische Dimension oft an die historische heranrückt.

Aufnahme am 2.5.2006, 11 Uhr 40, horizontaler Bildwinkel 232°

Der Rheinfall bei Schaffhausen (Schweiz)

Zunächst ein klärendes Wort zur Nationalität des Rheinfalls, weil ich selbst lange Zeit geglaubt habe, der Rheinfall habe eine deutsche und eine schweizerische Seite. Das kann man bei der Betrachtung einer Weltkarte so sehen, aber bei etwas mehr Sorgfalt gibt es keinen Zweifel, auch wenn die Grenzverhältnisse westlich des Bodensees wirklich etwas kompliziert sind: Der Rheinfall gehört der Schweiz, liegt voll und ganz im Kanton Schaffhausen.

Den Rheinfall von Schaffhausen kann man von sehr verschiedenen Seiten besuchen und betrachten: von Norden, von der Stadt Schaffhausen, oder von Süden, vom Schloss Laufen – das ist der Standort unserer Aufnahme –, oder man kann mit dem Boot von unten an die Felsen inmitten des Rheinfalls fahren, dort im Gischt aussteigen, um über eine Treppe auf die Spitze der Klippe zu steigen und sich fast eins zu fühlen mit den Kräften des nassen Elements. Der Besuch des Rheinfalls wirft die Frage auf: Ist das einmalig, zumindestens in Europa? Niagara, sicher, noch höher und noch mehr Wasser. Victoria-Fälle des Sambesi: noch viel höher. Aber in Europa? Nun, in Schweden gibt es durchaus Vergleichbares (siehe Bild 90), aber für Mitteleuropa ist der Rheinfall bei Schaffhausen schon etwas Einmaliges.

Warum hat nur der Rhein einen solchen Wasserfall und nur einmal, an dieser Stelle? Auf diese Frage möchte ich zunächst mit einer allgemeinen Regel anworten: Große Flüsse haben Wasserfälle praktisch nur, wenn entweder in der letzten Eiszeit ihr Lauf verlegt wurde oder wenn sie in den Tropen fließen. Bei den hohen Temperaturen der Tropen verwittern feucht gehaltene Steine sehr schnell, deshalb haben die großen Flüsse keine Gerölle, keine Erosionswaffen, und können deshalb eine Steilstrecke kaum durchnagen. Die Bedeutung der Eiszeit lässt sich am Beispiel des Rheinfalls selbst erläutern. Der Rhein quert hier Kalkbänke aus dem Erdmittelalter (Malmkalke, etwa 150 Mio. Jahre alt), wie sie auch im Schweizer Jura und der Schwäbischen Alb vorkommen. Vor der letzten Eiszeit floss er dabei in einem Tal zwischen steilen Wänden aus Kalk, so etwa wie heute die Donau im Durchbruch von Weltenburg. Mit der letzten Eiszeit kam der Rheingletscher und breitete sich noch weit über den Bodensee hinaus im Alpenvorland aus. In dem Gebiet, das er dabei überdeckte, hat er alle alten Täler mit Moränenmaterial zugefüllt und sein eigenes Relief, eben eine Moränenlandschaft, geschaffen. Nach dem Ende der Eiszeit, nach dem Abschmelzen des eiszeitlichen Rheingletschers, tauchte der Rhein wieder auf. Er floss natürlich nicht genau an denselben Stellen wie vorher, sondern musste seinen Lauf in der Moränenlandschaft neu arrangieren. Vom Gletscher tief ausgeschürfte Wannen, z.B. die Bodenseewanne, füllte er mit Wasser. Wo er mit hohem Gefälle über lockeres Moränenmaterial floss, konnte er sich einschneiden, und wo er auf harten Felsuntergrund traf, hatte er erst einmal seine Mühe. Und so ein Wechsel zwischen Moränenuntergrund und hartem Gestein ergab sich in der Gegend der späteren Stadt Schaffhausen. Der Rhein traf dort auf sein altes Tal, dessen Moränenmaterial er schnell ausräumen konnte, aber die steile Talflanke aus Malmkalk, über die er in sein altes Tal gelangte, die konnte er nicht so schnell durchschneiden.

Schon sind wir bei der nächsten Frage: Warum hat der Rhein die Kalkbank nicht längst durchschnitten? Kalk ist doch ein relativ weiches Gestein und obendrein in Wasser löslich! Da spielt der Bodensee eine entscheidende Rolle: Aus den Alpen kommt der Rhein befrachtet mit einer ungeheuren Menge an Sand und Kies, die er bei Bregenz als Delta in den Bodensee vorschüttet. Aber nach dem Passieren dieser riesigen Kläranlage verlässt er den Bodensee bei Stein am Rhein als reines Wasser, ohne einen einzigen Kiesel. Auf den 18 km bis Schaffhausen nimmt er natürlich schon von einigen frisch angeschnittenen Hängen ein paar Moränenbrocken mit, und auch ein paar kleine Nebenbäche bringen etwas Gesteinsmaterial, aber für einen Fluss dieser Größe macht das den Kohl nicht fett. Der Rhein ist bei Schaffhausen quasi immer noch ohne Erosionswaffen.

Die Frage, warum der Rhein nicht durch Lösung eine Rinne durch den Kalk geschnitten hat, ist etwas schwieriger zu beantworten. Sehr kohlensäurereich und damit aggressiv gegenüber Kalk ist das Rheinwasser nicht, aber es ist ja doch eine Menge Wasser, die da über die Kalkfelsen fließt. 10 000 Jahre waren offensichtlich keine ausreichende Zeit, um die Kalkschwelle durch Lösung wesentlich zu attackieren.

Bei seiner Fallhöhe von 23 m leistet hier der Rhein bei Niedrigwasser (um 200 m³/s) etwa 45 MW, bei mittlerer Wasserführung (450 m³/s) etwa 100 MW. Rein technisch gesehen wäre damit eine Nutzung der Energie des Rheinfalls durch ein Kraftwerk mit einer installierten Leistung zwischen 100 und 200 MW diskutabel. Bis jetzt gibt es aber nur ein sehr altes Rheinfall-Kraftwerk mit einer Leistung von 4 MW. Zwischen 1944 und 1954 schien sich mal ein wesentlich umfangreicherer Ausbau anzubahnen. Glücklicherweise wurde dann aber wohl den Eidgenossen bewusst, dass über den Tourismus die Erträge aus dem Rheinfall wesentlich größer ausfallen können, und auch Naturschutzinitiativen trugen wesentlich dazu bei, dass es bei der zur Zeit nur als symbolisch zu bezeichnenden Nutzung der Energie des Rheinfalls geblieben ist.

40   Aufnahme am 8. 9. 2006, 11 Uhr 05, horizontaler Bildwinkel 161°

Bevor der Rhein in das Rheinische Schiefergebirge eintritt und damit vom Oberrhein zum Mittelrhein wird, fließt er für etwa 30 km den Südhang des Taunus entlang nach Westen. Wir stehen an diesem Südrand des Taunus, wo uns das Niederwalddenkmal einen Blick über den gesamten Ost-West-gerichteten Abschnitt des Rheins ermöglicht. Dieses Denkmal (mit den thematischen Schwerpunkten Germania, Kaiser Wilhelm I., die Wacht am Rhein) wurde in den 70er und 80er Jahren des 19. Jahrhunderts errichtet, um die Einigung des Deutschen Reiches nach dem Sieg über Frankreich zu feiern.

Auf der uns gegenüberliegenden Seite des Rheins, also auf seiner linken Seite, sehen wir am rechten Bildrand die Stadt Bingen mit der Mündung der Nahe. Die Nahe tritt, von Süden kommend, zwei Kilometer vor ihrer Mündung in den Rhein noch einmal kurz in das Rheinische Schiefergebirge ein. Sie trennt dabei den Rochusberg, den links vom Zentrum Bingens gelegenen bewaldeten Rücken mit einem Turm an seiner höchsten Stelle, vom westlich (rechts) anschließenden Hauptteil des Hunsrücks ab. Hunsrück und Rochusberg sind wie der Taunus, auf dessen Südabfall wir stehen, aus Schiefern des Erdaltertums (Paläozoikum) aufgebaut. Durch ihre etwas steileren Hänge und die geschlossene Bewaldung heben sie sich deutlich von dem dahinterliegenden Bergland von Alzey ab, das aus wesentlich jüngeren, weicheren Gesteinen aufgebaut ist.

Der Blick nach links folgt dem Südrand des Taunus. Am Ufer des Rheins sehen wir die Stadt Rüdesheim, von der ein Sessellift zu unserem Fotostandort, dem Niederwalddenkmal, führt. Das entlang der Ost-West-gerichteten Rheinstrecke auf der rechten Rheinseite, also vor dem Taunus gelegene Gebiet trägt den Landschaftsnamen Rheingau, der heute in erster Linie zum Namen eines Weinbaugebiets geworden ist. Wo der Rhein am linken Horizont dem Blick entschwindet, ist etwa auch die Grenze der Lagenbezeichnung Rheingau.

Am rechten Bildrand beginnt mit dem Binger Loch das Mittelrheintal. Genau genommen war das Binger Loch die Stelle, an der Schiffe das Binger Riff passieren konnten. Hier quert der Rhein einen Quarzitrücken des Rheinischen Schiefergebirges und bildete dabei eine Stromschnelle mit Felsriffen, die besonders

Blick vom Niederwalddenkmal auf den Rhein   (Deutschland)

bei Niedrigwasser manchmal nur unter beträchtlicher Gefahr zu passieren war. Diese Gefahr ist im Verlauf von mehreren Jahrhunderten durch jeweils immer größere Sprengungen entschärft worden. An unserem Standort ist das Binger Loch durch die Weinberge im Vordergrund rechts verdeckt. Einen Blick über die klassische Stelle des Binger Lochs hinein in den obersten Abschnitt des Mittelrheintals hat man vom Turm auf dem Rochusberg oder, noch besser, von dem mit Weinbergen bedeckten Plateau auf der anderen Seite des Nahe-Durchbruchs.

Sollte ich einmal beim Besuch des Niederwalddenkmals von französischen Freunden begleitet sein, dann würde ich meinen Gästen sagen: Vergessen Sie nicht, sich umzudrehen und auch das Denkmal zu bewundern. Das ist das, was man sich in Frankreich unter „teutonisch" vorstellt, parfaitement.

41   Aufnahme am 8. 9. 2006, 9 Uhr 50, horizontaler Bildwinkel 192°

Der Rhein, St. Goarshausen und St. Goar (Deutschland)

Einen Fluss, der das Wasser aus großen Gebieten auf der Nordwestseite der Alpen sammelt und in nordwestlicher Richtung zum Meer führt und den man deshalb als Rhein bezeichnen kann, gab es schon vor etwa 10–15 Mio. Jahren. Ein tief eingeschnittenes Rheintal, ein Mittelrheintal, gab es zu dieser Zeit allerdings noch nicht, sondern der große Fluss durchfloss hier eine Flachlandschaft, in der, nur wenig über dem Niveau des Meeres, Sande und Kiese abgelagert wurden. Dann begann der Untergrund, sich herauszuheben. Der Rhein war kräftig genug, sich nicht einfach abdrängen zu lassen, sondern schnitt sich in dem Maße in den Untergrund ein, wie dieser sich heraushob. Was eher die Ausnahme ist – hier ist der Fluss also älter als das Gebirge. In der Geographie wird ein Durchbruchstal dieser Art als „antezedent" bezeichnet. Dieses lateinische Wort bedeutet so viel wie „vorausgehend" und soll ausdrücken, dass die Anlage des Flusslaufs der Hebung des Gebirges vorausging. Erst durch das Einschneiden des Rheins und seiner Nebenflüsse entstand eine Landschaft mit kräftigem Relief, das Rheinische Schiefergebirge.

Auf dem Bild sehen wir den Rhein, wie er in einer Höhe von etwa 75 m ü. M. fließt, in einem Tal mit steilen, felsigen Hängen, dessen Boden er fast voll ausfüllt. Auf der gegenüberliegenden Talseite sieht man, wie in einer bestimmten Höhe (200–250 m ü. M.) die dicht bewaldeten, steilen Talhänge abrupt enden und von auffallend ebenen, ackerbaulich genutzten Flächen abgelöst werden. Oberhalb dieser durch die Obergrenze der Wälder auf den Steilhängen markierten Höhe steigt das Gelände noch einmal mit vielen Stufen und dazwischenliegenden flacheren Gebieten um weitere 200–300 m bis zur Hochfläche des Hunsrücks an.

Die recht ebene, vom linken bis zum rechten Bildrand zu verfolgende

Fläche in etwas über 200 m Höhe wird als die Hauptterrasse bezeichnet. Aus dieser Hauptterrasse lässt sich ein interessantes Detail der Entstehungsgeschichte des Rheintals ableiten, dass nämlich zunächst etwa zehn Millionen Jahre lang der Rhein in einer Landschaft von Hügeln und niedrigen Plateaus geflossen ist. Er hat dabei, entsprechend der allmählichen Heraushebung des Rheinischen Schiefergebirges, zwar nach und nach sein Bett immer tiefer gelegt, wobei Reste früherer Talböden sich dann als höhere Terrassen erhielten, aber das Ganze blieb lange Zeit eine Hügel- und Terrassenlandschaft – ohne ein tief eingeschnittenes Rheintal. Erst in der ersten Hälfte des Eiszeitalters, vor etwa einer Million Jahren, setzte infolge verstärkter Hebung des Untergrunds die Bildung des eigentlichen Tals ein, des Tals, das heute z. B. als „The Rhine Valley" weltweite Berühmtheit erlangt hat.

Da diese Berühmtheit sich wohl weniger auf seine Erdgeschichte gründet als auf die vielen Burgen und Schlösser, den Wein, die Sagen, die um die Burgen kreisen, und die Geschichte der Städte am Rhein, nun auch ein paar Worte zu dem, was der Mensch hier in diesem Abschnitt des Rheintals geschaffen hat: Zu unseren Füßen liegt St. Goarshausen, und auf der anderen Rheinseite, von wo gerade die Fähre herüberkommt, St. Goar. Am linken Bildrand sieht man die Burg Katz – dieser Blick auf sie ist vielleicht manchem bekannt aus der abendlichen Fernsehreklame für eine deutsche Cognac-Marke – rechts von ihr verschwindet der Rhein hinter dem Steilhang des Loreley-Felsens. Unmittelbar rechts von St. Goar, über der Mündung des aus dem Hunsrück kommenden Gründelbachtals, liegt die Burg Rheinfels.

42   Aufnahme am 7. 9. 2006, 11 Uhr 20, horizontaler Bildwinkel 238°

Unser Blick von der Festung Ehrenbreitstein geht links rheinaufwärts nach Süden, dann auf die Stadt Koblenz und die Mündung der Mosel in den Rhein sowie rheinabwärts nach Nordwesten (rechts). Die Landzunge zwischen Rhein und Mosel, mit dem Reiterstandbild des Kaisers Wilhelm I., bildet das Deutsche Eck.

Dem Namen „Deutsches Eck" möchte ich mit dem gleichen Respekt vor historisch Gewachsenem, aber auch der gleichen Nachdenklichkeit begegnen wie der Inschrift um das Reiterstandbild: „Nimmer wird das Reich vergehen, wenn ihr einig seid und treu"! Glücklicherweise brauchen wir keine „Wacht am Rhein" mehr, um das Deutsche Eck deutsch zu erhalten, auf Parteienstreit im Deutschen Bundestag wollen wir als Ausdruck der Demokratie doch sicher nicht völlig verzichten, und das Wort Nibelungentreue weckt heute ja wohl weniger Begeisterung als Nachdenklichkeit.

Aber von der deutschen Geschichte jetzt zur Schifffahrt auf dem Rhein. Eine Minute nach dieser Aufnahme ergab sich unten auf dem Rhein eine etwas brenzlige Situation. Man sieht, dass der Rhein hier als mindestens vierspurige Wasserstraße befahren wird, allerdings mit anderen Verkehrsregeln als auf einer Autobahn: Nicht die rechten beiden Spuren in der einen Richtung und die linken beiden in der entgegengesetzten, sondern hier verteilen sich die Richtungen im Augenblick auf innen und außen: Die inneren beiden Spuren, also die mit der stärksten Strömung, werden für die Talfahrt benutzt (nach rechts), die äußeren Spuren, also die näher am Ufer gelegenen, für die Bergfahrt. Das spart Diesel-

Koblenz und das Deutsche Eck – Rhein und Mosel   (Deutschland)

öl und Zeit in beiden Richtungen. Das Passagierschiff vor dem Deutschen Eck ist noch auf Rhein-Talfahrt, will in die Mosel einbiegen und hat sich deshalb weit links eingeordnet. Dass es dabei auf einer für Bergfahrer günstigen Spur fährt, ist kein Problem, da es dort zur Zeit ja keinen Gegenverkehr gibt. Die Gefahr kommt von den beiden in der Strommitte hinter ihm talwärts fahrenden Schiffen. Um in die Mosel einzubiegen, muss das Passgierschiff mit dem Heck Richtung Strommitte ausschwenken, in die Bahn des linken Talfahrers, und dabei Fahrt wegnehmen. Dieser Talfahrer kann aber nicht höflich nach rechts ausweichen, weil der Kamerad zu seiner Rechten auch talwärts fährt und diesem wiederum zu seiner Rechten noch der rote Bergfahrer entgegenkommt. Was den seitlichen Sicherheitsabstand betrifft, darf man an die Schifffahrt nicht mit Autofahrer-Vorstellungen herangehen, wo man einen knappen Meter schon mal in Kauf nimmt. Zwei in derselben Richtung fahrende lange Schiffe würden bei einem Meter Seitenabstand aus strömungsphysikalischen Gründen unweigerlich aneinandergesaugt werden. Weil Bremsen auf Fluss-Talfahrt ähnlich schwierig ist wie auf der Autobahn bei Glatteis, müssen alle Beteiligten versuchen, ungünstige Konstellationen schon mehrere Minuten vorher zu erkennen. Dass das nicht immer gelingt, ist natürlich, aber dann gilt wie im Straßenverkehr: Spur halten, notfalls erst einmal geradeaus weiterfahren und wenden, wenn die Luft rein ist. Oder vorher rechtzeitig am Straßenrand halten. Zu beidem mochte sich der Offizier auf der Brücke des Passagierschiffs nicht entschließen. Wie knapp es dann wirklich wurde, war von oben, von der Festung Ehrenbreitstein, nicht ganz genau zu erkennen, aber man bekam zu spüren, dass es auch auf einem Fluss „mutige Busfahrer" gibt.

43 Aufnahme am 2.10.2005, 16 Uhr 45, horizontaler Bildwinkel 156°

Das Rhein-Delta beginnt dicht unterhalb der deutsch-niederländischen Grenze mit der Aufspaltung des Rheins in die Waal und den Pannerdenschen Kanal, der nach 6 km seinen Namen in Niederrhein (Neder Rijn) ändert und nach der Kreuzung mit dem Amsterdam-Rhein-Kanal dann Lek heißt. Der Waal behält seinen Namen auch nicht bis zur Nordsee: Ab Gorinchem, wo er sich mit der Maas vereinigt, heißt er Merwede. Der Rhein schafft es also nur unter fremden Namen, die er auch noch wechselt, die Nordsee zu erreichen.

Von der Waalbrücke in Nimwegen blicken wir flussaufwärts auf den Flachlandsfluss, der eine Marschenlandschaft durchzieht, in der er durch Buhnen festgelegt wird, die auch eine ausreichende Fahrwassertiefe sicherstellen. Bei der Marschenlandschaft handelt es sich um Flussmarschen, denn die Gezeitenwelle dringt nicht bis nach Nimwegen herauf. Die Waal hat unter der Brücke von Nimwegen ihr Mittelwasserniveau bei etwa 9 m ü. M., bis zur Nordsee sind es noch etwa 150 km.

Am Anfang des Rhein-Deltas:
Blick waalaufwärts von der Brücke Nimwegen (Niederlande)

Die Waal bildet den Hauptarm im Rhein-Delta. Je nach Wasserstand fließen ⅔ bis ¾ des Rheinwassers durch die Waal. Auch die Rheinschifffahrt benutzt in erster Linie die Waal. Da ihr Hauptziel der Hafen von Rotterdam ist, führt ihr Weg allerdings zum Schluss durch die Noord zum Lek, der nach der Vereinigung mit der Noord dann aber Nieuwe Maas heißt. Das ist, zumindest was die Namen betrifft, recht kompliziert, aber andererseits für das Verständnis des Wesens von Flussnamen auch wieder recht interessant: Die aus der historischen Namensgebung für Flüsse in Gebieten mit Bergen, Tälern und Wasserscheiden erkennbare Grundauffassung, dass ein Fluss irgendwo seine Quelle hat und dann – von einigen Ausnahmen abgesehen – seinen Namen beibehält, bis er an einem größeren Fluss endet oder im Meer, dieses Prinzip ist offensichtlich für Bewohner eines Flachlanddeltas nicht überzeugend. Für sie sind die Flüsse nicht hierarchisch gegliederte Zweige und Äste eines Baumes, sondern Wasserwege, die nicht unbedingt eine klare Aufwärts- und Abwärtsrichtung haben, Wasserwege, die man selbstverständlich in beiden Richtungen befahren kann und denen man Namen geben kann wie den Straßen in einer Stadt.

44 Aufnahme am 6. 9. 2006, 12 Uhr 30, horizontaler Bildwinkel 162°

Mittellandkanal und Weser in Minden (Deutschland)

Für jemanden, der mit der Schifffahrtssituation von Minden nicht vertraut ist, dürfte das Bild schon etwas verwirrend sein. Das liegt an meiner Absicht, in einem einzigen Bild zu zeigen, wie sich Mittellandkanal und Weser kreuzen. In der linken Bildhälfte sieht man den Mittellandkanal, der von seinem Beginn nördlich Münster bis Anderten (bei Hannover) eine Wasserspiegelhöhe von 50,3 m ü. M. hat. Rechts geht der Blick hinab zur Weser, deren Wasserspiegel bei mittlerem Wasserstand in einer Höhe von 37 m liegt.

Zwei Schleusen stellen hier die Verbindung zwischen den beiden Wasserstraßen her: eine kürzeste Verbindung auf der Westseite der Weser und eine weitere über den Industriehafen im Osten. In Minden liegt auch das Hauptpumpwerk für die Wasserversorgung des Kanals. Da ein Kanal dieser Größe erhebliche Wasserverluste durch Verdunstung, Versickerung und den Schleusenbetrieb erleidet, ist die Wasserentnahme aus der Weser beträchtlich. Damit dies in Zeiten niedriger Wasserführung der Weser dort nicht zu Problemen für die Schifffahrt führt, wurden beim Bau des Mittellandkanals am Anfang des 20. Jahrhunderts im Einzugsgebiet der Weser große Talsperren errichtet (Edertalsperre, Diemeltalsperre). Die Kanalbrücke, auf der wir hier stehen, wurde 1998 fertiggestellt. Die ältere, 1914 erbaute Kanalbrücke verläuft parallel unmittelbar südlich (im Bild links) der neuen Brücke.

Der Mittellandkanal ist mit seinen Verlängerungen durch Teile von Rhein-Herne-Kanal, Dortmund-Ems-Kanal und Elbe-Havel-Kanal eine Binnenschifffahrtsstraße, welche die Flussgebiete von Rhein, Ems, Weser, Elbe und Oder verbindet. Vom Rhein sind zunächst im Rhein-Herne-Kanal auf einer Strecke von nur 45 km fünf Schleusen zu passieren. Die unterste Schleuse dient dabei nicht nur der Überwindung eines Höhenunterschieds, sondern auch der Angleichung des wechselnden Wasserstands im Rhein an den konstanten Wasserspiegel im Kanal. Nach Erreichen des Dortmund-Ems-Kanals ist bis Hannover (Schleuse Anderten) nur einmal (Schleuse Münster) ein Abstieg von 56,5 m im Dortmund-Ems-Kanal auf 50,3 m im Mittellandkanal notwendig. Der am höchsten gelegene Abschnitt des Mittellandkanals (65 m ü. M.) ist der von der Schleuse Anderten bis zur Schleuse Sülfeld (bei Wolfsburg), wo ein Abstieg auf 56 m ü. M. erfolgt.

Bis vor Kurzem war dann auf dem Binnenschifffahrtsweg nach Berlin bei Magdeburg mühsam die Elbe zu passieren: Abstieg über das Schiffshebewerk Rothensee, 10 km Fahrt auf der Elbe und wieder Anstieg zum Elbe-Havel-Kanal über die Schleuse Niegripp. 2003 wurde die Kanalbrücke Magdeburg fertiggestellt, die mit einer Länge von 918 m noch länger ist als die Kanalbrücke in Minden und bei der nach Überquerung der Elbe nur noch ein Abstieg zum Elbe-Havel-Kanal notwendig ist (Schleuse Hohenwarthe).

45   Aufnahme am 28. 7. 2003, 17 Uhr 30, horizontaler Bildwinkel 132°

Der Ursprung der Elbe (Tschechien)

Im linken Drittel des Bildes sieht man eine ausgedehnte Hochfläche, die teils mit Gebüschen von Bergkiefern, teils mit grasbewachsenen kleinen Mooren bedeckt ist und auf der in den etwas tieferen Lagen auch viele einzeln stehende Fichten zu sehen sind. Auch die Flachgebiete im Vordergrund und der von links bis zur Bildmitte sich hinziehende Rücken am Horizont sind Teil dieser Hochfläche. Diese Flachlandschaften in der Höhe, mit einem Untergrund aus hartem Gestein (hier Granit), sind das Resultat einer über Millionen von Jahren andauernden Verwitterung unter tropischem Klima, zu einer Zeit, als sich das Gebirge noch nicht herausgehoben hatte und sich deshalb auch noch keine tiefen Täler eingeschnitten hatten. Nur unter einem warmen und feuchten Klima und über lange Zeiträume können Gesteine wie Granit so von der Verwitterung zermürbt werden, dass die Flüsse mit ihrer Erosion auch auf hartem Felsuntergrund solche Flachlandschaften ausbilden, die man Rumpfflächen nennt. Die heute in die Rumpffläche eingeschnittenen Täler mit ihren steilen Hängen sind wesentlich jünger, sie bildeten sich erst, als in dem ursprünglich viel größeren, einheitlichen Rumpfflächengebiet einzelne Teile durch Bewegungen der Erdkruste gehoben wurden. Die Heraushebung des Gebirgszuges der Sudeten, welche die Rumpffläche erst in ihre heutige Höhe brachte, erfolgte in den vergangenen 5–10 Mio. Jahren.

Auf dem Plateau, nahe der Wasserscheide am linken Bildrand, beginnt die Elbe. Zunächst in Rinnsalen am Unterende der vielen kleinen moorigen Mulden auf dem Plateau, und je nach Witterung mit sehr unterschiedlichen Wassermengen: Nach einer längeren sommerlichen Schönwetterperiode ist es nur ein etwas sumpfiger Teil einer Wiese mit kaum wahrnehmbarer Wasserbewegung, nach einem Gewitterguss aber auch ein Bach, der schon mal ein Stück Wanderweg wegreißen kann. An einer dieser Quellmulden hat man mit grob behauenen Steinen aus Riesengebirgsgranit etwas Repräsentatives erbaut: eine Elbquelle, wo in der Mitte einer marktplatzähnlichen, gepflasterten Fläche, bewacht von einem Wall mit 26 farbigen Städtewappen, je nach Witterung und Jahreszeit unterschiedlich viel Wasser austritt. Die Wappen-Ahnengalerie reicht von kleinen Riesengebirgsorten über Litomerice, Usti nad Labem und Dresden bis Cuxhaven.

Damit die Tschechen es nicht als germanischen Chauvinismus interpretieren, dass dieses Quellmonument nicht meinen vollen Beifall findet, möchte ich ihnen bestätigen, dass sie nicht nur über die monumentalste Quelle aller Flüsse Europas verfügen, sondern dass ihnen auch das vielleicht schönste Denkmal gehört, das je ein Mensch einem Fluss gesetzt hat: die „Moldau" von Smetana.

Die Moldau ist ja eigentlich der Hauptquellfluss der Elbe. An der Stelle, wo die beiden Flüsse sich vereinigen, hat die Moldau ein doppelt so großes Einzugsgebiet wie die Elbe (28 050 km² gegenüber den 13 800 km² der Elbe) und ihre Wasserführung ist im Durchschnitt anderthalb Mal so groß (151 m³/s gegenüber 100 m³/s). Der einzige Grund, den ich für die Bevorzugung der Elbe sehen kann, ist der, dass die Elbe oberhalb des Zusammenflusses mit dem vereinigten Fluss eine gerade Linie bildet, während die Moldau von der Seite auf diese Linie trifft.

Im rechten Viertel des Bildes ragt in der Ferne eine dreieckige Spitze über eine davor gelegene Plateaufläche auf. Das ist die Schneekoppe, der Snezka, mit 1602 m die höchste Erhebung des Riesengebirges (Krkonose) und der gesamten Sudeten. Zu ihr führt von unserem Standort ein langer Wanderweg mit permanent herrlicher Aussicht, auf dem man im Verhältnis zur Höhe des Gebirges nur geringe Höhenunterschiede zu überwinden hat.

46 | Aufnahme am 29. 7. 2003, 13 Uhr 40, horizontaler Bildwinkel 75°

Die Hochfläche, auf der in vielen kleinen moorigen Mulden die Elbe ihren Ursprung hat, fällt nach Osten steil zum obersten Elbtal ab. Bis zum Ostrand des Plateaus ist schon so viel Wasser zusammengekommen, dass die junge Elbe sich als stattlicher Bach in ihren ersten Wasserfall stürzen kann. Seine Ursache hat dieser Wasserfall in der Tatsache, dass während des Höhepunkts der letzten Eiszeit, vor etwa 20 000 Jahren, die Rumpffläche des Riesengebirges von einem Plateaugletscher bedeckt war, der eine Gletscherzunge durch das Tal der Elbe nach Osten schickte. Diesem Gletscher verdankt das oberste Elbtal seine auf dem Bild klar zu erkennende Trogtalform und die Steilstufe am Oberende des Tals, über die hier die Elbe hinabstürzt.

Bei der Frage, warum hier am Rand des Riesengebirgsplateaus das Trogtal so plötzlich einsetzt, drängt sich ein Vergleich mit den Oberenden der Fjordtäler in Norwegen auf (siehe Bild 89). Auch dort ist der Übergang von den Hochtälern auf den Plateaus zu den tief eingeschnittenen Trogtälern, die dann wenig weiter unterhalb zu Fjorden werden, sehr abrupt, häufig von Wasserfällen begleitet. In beiden Fällen ist entscheidend, dass bei wenig bewegtem, eventuell gar auf dem Untergrund festgefrorenem Plateau-Gletschereis irgendwo Eismächtigkeit und Schubkräfte einen Wert erreichen, so dass sich das Eis vom Untergrund löst und als Gletscherzunge in stärkere Bewegung gerät. Man sollte aber auch die Grenzen der Vergleichsmöglichkeit sehen. Die eiszeitliche Plateau-Vergletscherung des Riesengebirges umfasste einige Quadratkilometer, und der von ihr ausgehende Elbe-Gletscher endete nach 6 oder 8 km.

Der oberste Wasserfall der Elbe (Tschechien)

Aufnahme am 29.7.2003, 8 Uhr 30, horizontaler Bildwinkel 70°   47

Es ist schon eine ganz besondere Mittelgebirgslandschaft, durch die die Elbe auf ihren ersten 10 km fließt, nachdem sie über Wasserfälle vom Plateau zu Tal gestürzt ist: Wie ausgegossen erscheint der breite, glatte Granitboden, über den die Elbe als kräftiger Bach mit vielen kleinen Schnellenstufen fließt. Der Granitboden setzt sich unter dem Fichtenwald fort, nur ist er dort unter Pflanzen- und Feinmaterialbedeckung natürlich nicht mehr so schön zu studieren wie am Bach. Es fällt auf, dass in dem klaren Wasser kaum Gerölle zu sehen sind; die Blöcke in der linken Bildhälfte werden, wie man an ihren Kanten erkennen kann, kaum gerollt, sondern höchstens bei Hochwasser mal etwas verschoben.

Dieses Aussehen verdankt das Elbtal zwischen dem obersten Elbe-Wasserfall und dem Fremdenverkehrsort Spindlerov Mlyn der Tatsache, dass es in der letzten Eiszeit, noch vor etwa 20 000 Jahren, von einem Gletscher erfüllt war. Dieser Gletscher wurde ernährt von der Plateau-Vergletscherung in der Umgebung der heutigen Elbquelle. Die talwärtige Ausdehnung der Gletscherzunge ist noch heute zu erkennen an den Moränenwällen, die nahe der Stelle anzutreffen sind, wo oberhalb von Spindlerov Mlyn die Elbe aus der Südost-Richtung nach Süden umbiegt.

Granit-Felsbett der Elbe im Fichtenwald des Riesengebirges
(Tschechien)

48   Aufnahme am 5.4.2006, 15 Uhr 40, horizontaler Bildwinkel 60°

Bevor die Elbe nach ihrer Vereinigung mit der Moldau in das Elbsandsteingebirge eintritt, durchfließt sie zwischen Litomerice und Usti nad Labem in einem verhältnismäßig engen Tal eine Landschaft, die als das Böhmische Mittelgebirge bezeichnet wird und deren Relief vor allem durch zahlreiche Bergkegel aus vulkanischem Gestein wie Basalt und Trachyt bestimmt wird. Diese Landschaft ist auch bekannt durch Bilder romantischer Maler, z.B. durch Ludwig Richters „Überfahrt am Schreckenstein".

In der Mitte unseres Bildes kommt die Elbe dem Betrachter von Osten entgegen und wendet sich nach rechts, nach Südwesten, bevor sie dann (außerhalb des Bildausschnittes) nach Norden umbiegt, um in das Mittelgebirge einzutreten. Der Steilhang links gehört zu einer der Basaltkuppen im Umkreis des Böhmischen Mittelgebirges, zum Radobyl, dessen Gipfel mit 399 m Höhe hoch über die Elbe aufragt, die hier in 140 m Höhe ü. M. und in nur 900 m Horizontalabstand vorbeifließt. Das macht den Radobyl zu einem einzigartigen Aussichtspunkt über die Elbe. Hinter dem Steilhang liegt links, weitgehend außerhalb der Hochwassergefahr, der Stadtkern von Litomerice und rechts der Brücke, nur noch in Form von Inseln aus der weit ausgeuferten Elbe herausschauend, die

Elbe-Hochwasser bei Litomerice   (Tschechien)

moderne Industrieansiedlung Mlekojedy. Die lange Reihe hoher Bäume im nahen Mittelgrund, die sich nach rechts in eine Buschreihe fortsetzt, markiert das (in Fließrichtung) linke (jenseitige) Ufer der Elbe, die Reihe einzelner Bäume dahinter eine Straße.

Ein Naturgeograph ist versucht, beim Anblick der Überschwemmungen zu sagen: „Etwas ganz Natürliches, dass ein Fluss in dem vor einem Durchbruchstal gelegenen Becken bei Hochwasser Überschwemmungen auslöst, weil er dort schon seit Jahrtausenden Sedimente ablagert. Der Fehler liegt beim Menschen, wenn er das nicht ausreichend in Betracht zieht." Also, natürlich ist die Überschwemmung an dieser Stelle schon, da braucht man zur Erklärung nicht Abholzungen oder Klimaänderungen heranzuziehen. Alltäglich war aber das Hochwasser Anfang April 2006 nicht. Es war schon ein Jahrhundert-Hochwasser, d.h. ein Hochwasser, wie man es im Durchschnitt nur etwa alle hundert Jahre zu erwarten hat. Wichtig ist bei dieser Erklärung das Wort „im Durchschnitt". Es kann auch mal mehrere Jahrhunderte ohne Jahrhundert-Hochwasser geben oder ein Jahrhundert mit mehreren. Bei Industrieanlagen erfordert die Gefahr von Überschwemmungen besondere Aufmerksamkeit, da sie zu Verunreinigungen führen können, die weit gefährlicher sind als die klassischen Hochwasser-Hinterlassenschaften wie Schlamm und Treibholz. Die durch Industrieprodukte bedingten Gefahren sind in Flusstälern noch besonders schwerwiegend, weil die Trinkwasserversorgung häufig auf Grundwasserströme in den Talauen zurückgreift.

49 Aufnahme am 1.8.2003, 7 Uhr 10, horizontaler Bildwinkel 200°

Die Elbe in der Sächsischen Schweiz (Deutschland)

Auf diesem Bild der Elbe südlich von Dresden gibt es mehrere markante Reliefscheinungen, deren Entstehung auf ganz unterschiedliche Vorgänge zurückgeht. Man könnte hier geradezu von einem Ausstellungspark der Erdgeschichte und Reliefentwicklung sprechen.

Im Vordergrund, im Schatten, liegen Sandsteine aus der jüngeren Kreidezeit (vor ca. 80 Mio. Jahren) vor uns. Aus denselben Sandsteinen sind auch die teilweise von der Sonne beschienenen Felsklippen am rechten Bildrand aufgebaut und auch dahinter, noch 10 km weiter entfernt (nicht im Bild sichtbar), die berühmten Felsen der Bastei. Nach diesen Felsen, die hier von links nach rechts von der Elbe durchquert werden, hat das Gebiet den Namen Elbsandsteingebirge erhalten. Das Elbsandsteingebirge zeichnet sich nicht durch Gebirgskämme und besondere Erhebungen aus, sondern seine Reliefformen sind in erster Linie charakterisiert durch malerisch steile, felsige Hänge des von der Elbe geschaffenen Tals und seiner Nebentäler. Die also nicht ganz zutreffende Kennzeichnung als Gebirge lässt sich mit dem Namen Sächsische Schweiz vermeiden, der demselben Gebiet gilt. Der landschaftliche Reiz der Schweiz ist ja auch nicht allein durch die Viertausender und ihre Gebirge bestimmt. Die einzigartigen Reliefformen des Elbsandsteingebirges verdanken ihre Entstehung folgenden Umständen: Bei der Heraushebung des Erzgebirges schaffte es die Elbe, die den östlichsten Teil dieses Hebungsgebiets querte, bei ihrem Einschneiden mit der Hebung Schritt zu halten und dadurch ein tiefes, enges Tal einzuschneiden. Dabei spielte eine wichtige Rolle, dass die Sandsteine, in die sich die Elbe einzutiefen hatte, von einem Fluss verhältnismäßig leicht zu durchschneiden sind, dann aber, wenn sie mit senkrechten Wänden über den Flüssen und Bächen stehen, nur noch wenig abgetragen werden. Das hängt mit ihrer Wasserdurchlässigkeit zusammen: Wenn das Wasser auf den Felsplateaus versickert, können sich keine Bäche ausbilden, die die Felsen zernagen.

Eine zweite markante Relieferscheinung ist die große, auffallend ebene, landwirtschaftlich genutzte Fläche auf der gegenüberliegenden Talseite. Diese Fläche liegt deutlich tiefer als das Plateau, das die Sandsteinfelsen krönt, aber hoch über der Elbe. Wenn unterhalb eines Plateaus mit deutlich unruhigerer Oberfläche eine so ebene Fläche liegt, dann ist es sehr wahrscheinlich, dass sie vom Fluss gebildet wurde, als dieser noch auf einem wesentlich höheren Niveau floss. Aufgrund der Höhenlage der Fläche, um 270 m ü. M., etwa 150 m über dem der heutigen Elbe, dürfte das aber schon um einen Zeitraum in der Größenordnung von einer Million Jahren zurückliegen, unter Umständen bis in Zeiten vor dem Eiszeitalter zurückreichen.

Schließlich wird die große, ebene Fläche von einzelnen Kuppen überragt, die offensichtlich aus sehr hartem Gestein bestehen, das die Elbe bei der Einebnung der Fläche stehen gelassen hat. Es handelt sich bei diesen Kuppen um vulkanisches Gestein, Basalt. Man sieht im linken Viertel des Bildes, nur 1 km rechts von der Elbe, hintereinander zwei Basaltkegel: die 351 m hohe Kaiserkrone und dahinter den 385 m hohen Zirkelstein. Weiter rechts, schon fast in der Bildmitte, liegt der 560 m hohe Plateauberg des Zschirnstein und im rechten Bildviertel als markanteste Spitze am Horizont der Lilienstein. Links von ihm, etwas niedriger und von einem hellen Steilabfall umgeben, steht die Festung Königstein.

50   Aufnahme am 10.4.2006, 16 Uhr 15, horizontaler Bildwinkel 53°

Elbe-Hochwasser in Hitzacker (Deutschland)

Bei dieser Aufnahme der Altstadt von Hitzacker wurde ziemlich genau der Augenblick des höchsten Hochwasserstands im April 2006 getroffen. Man hat den Eindruck, als sei das Personenverkehrs-Schiff von den Fluten vor die Häuser gespült worden. Das Schiff liegt aber an seinem gewohnten Anlegeplatz, an dem es normalerweise zu seiner Linken allerdings eine Straße hat und nicht Wasser. Der Hauptarm der Jeetzel zieht nämlich von der Fußgängerbrücke am rechten Bildrand nach links vor dem Heck des Schiffs zur Mündung in die Elbe. Auch hinter der Stadt ist links von der Kirche ein Kanal oder Flussarm daran zu erkennen, dass dort ein paar Boote hinter den Häusern hervorlugen. Aber hinter diesen Booten kommt normalerweise erst einmal eine grüne Aue, die an der langen Reihe hoher Büsche endet, und erst dahinter kommt dann das Bett der Elbe. Jetzt aber sind Arme der Jeetzel, Straßen der Altstadt und Wiesen hinter der Stadt einheitlich von den Fluten bedeckt.

Die über einen Damm geführte Straße hinter der Kirche ist mit ihrer Höhe von 13 m ü. M. offensichtlich sehr gut auf Hochwasser von diesem Ausmaß eingestellt, sie zeugt von einer präzisen Einschätzung des Wasserstands eines Jahrhundert-Hochwassers. Die Überflutung der Straßen von Hitzacker im April 2006 bekam dadurch eine besondere politische Note, als bereits vier Jahre vorher, nach dem Hochwasser von 2002, geplant worden war, die Altstadt von Hitzacker durch eine Mauer zu schützen. Dagegen klagte jedoch die Stadt, weil dadurch der Blick auf die Altstadt beeinträchtigt würde.

Es gibt bis jetzt noch wenig Anlass zu glauben, dass die Hochwassergefahren an Flüssen durch Klimaänderung größer geworden sind. Dass der Mensch in den letzten hundert Jahren eine allgemeine Erwärmung verursacht hat, ist kaum mehr zu bezweifeln, und auch, dass dadurch der Meeresspiegel um etwa einen Meter gestiegen ist, was natürlich die Hochwassergefahr in Küstengebieten des Flachlandes erhöht. Dass aber in Mitteleuropa die Niederschläge prinzipiell zugenommen und sich dadurch die Abflusswerte erhöht hätten, das ist bis jetzt nicht zu erkennen. Ganz außer Zweifel ist jedoch, dass Eindeichungen und Begradigungen der Flussläufe die Hochwassergefahr in den flussabwärts gelegenen Gebieten erhöhen, weil das Niederschlagswasser schneller abfließt und weniger Stauraum für eine vorübergehende Zwischenspeicherung zur Verfügung steht. So war es beim Hochwasser 2002 für das Elbtal in Niedersachsen, Hamburg und Schleswig-Holstein ein „Glück", dass so viele Deiche in Sachsen gebrochen waren, vereinzelt sogar gesprengt wurden, weil dadurch der Abfluss verzögert wurde. Es war klar, dass durch Erhöhung und Verstärkung der Deiche in Sachsen und Sachsen-Anhalt die Gefahr flussabwärts zunehmen musste.

Auf einem ganz anderen Blatt steht die Frage, ob die Hochwasserschäden in den letzten hundert Jahren zugenommen haben. Das haben sie ganz sicher, aber in erster Linie durch neue Bebauung ungeeigneter Gebiete (was nicht für den Fall Hitzacker gilt) und durch eine ganz andere Ausstattung der hochwassergefährdeten Räume. Wo es früher genügte, nach dem Hochwasser Kellerboden und Wände vom Schlamm zu reinigen, ist heute oft eine Heizungsanlage oder die Elektroinstallation zu erneuern. Wenn es früher tragbar war, dass alle 30–50 Jahre das Untergeschoss überflutet wurde, kann das heute ganz anders aussehen. Aber wer möchte deswegen ein ererbtes oder mühsam zum Baulandstatus gebrachtes Grundstück aufgeben?

51   Aufnahme am 29.1.2006, 14 Uhr 30, horizontaler Bildwinkel 201°

Eisgang auf der Elbe zwischen Hitzacker und Darchau   (Deutschland)

Ende Januar 2006 konnte man oberhalb der Staustufe Geesthacht das Schauspiel einer weitgehend von Treibeisschollen beoachten Elbe beoachten. Dies hielt aber nur wenige Tage an und es kam nicht zu einem Stillstand des Eises. Bei längerem Andauern der Kältperiode wäre die Staustufe wahrscheinlich das Hindernis gewesen, an dem sich die treibenden Eisschollen zusammengedrängt hätten und schließlich Eisstillstand eingetreten wäre. Da die Temperaturen aber bald wieder milder wurden, war die Wirkung der Staustufe eine entgegengesetzte: Beim Passieren der Stufe wurden die Schollen zerkleinert, so dass flussabwärts keine Gefahr eines Eisstillstands mehr bestand.

Wir sehen zwei völlig verschiedene Formen von Eis auf dem Fluss: Die Buchten in Ufernähe sind von Eis bedeckt, das ähnlich aussieht wie die Eisdecke auf einem See, die vom Ufer in den See hineinwächst. Viele stellen sich die Entstehung der treibenden Eisschollen so vor, dass sich von der Eisdecke am Ufer einzelne Platten lösen und in den Fluss treiben. So etwas kommt auch gelegentlich vor, aber solche Schollen sehen ganz anders aus: Sie sind meist wesentlich größer und haben einen unregelmäßigen, kantigen Umriss. Die überwiegend runden Schollen, die wir im Bild sehen, sind auf eine ganz andere Weise entstanden:

In Kälteperioden mit Lufttemperaturen unter −5 °C kühlt sich das Flusswasser wie bei einem See an der Wasseroberfläche ab, schließlich auf 0 °C und etwas darunter. Während aber bei einem See das sich an der Wasseroberfläche abkühlende Wasser auch dort zu einer Eisdecke erstarrt, wird dies im Fluss durch die ungleichmäßig wirbelnden Strömungen verhindert. Wirbel sorgen dafür, dass das Wasser immer wieder durchmischt wird und dadurch der ganze Wasserkörper eine einheitliche Temperatur annimmt. Auch das ist anders als bei einem See, wo das Wasser bei der Bildung der Eisdecke in 1–2 m Tiefe deutlich wärmer ist als 0 °C. Beim Fluss kühlt sich das gesamte Wasser von der Wasseroberfläche bis zum Grund schließlich auf etwas unter 0 °C ab, und dann setzt die Bildung von Grundeis ein. Das Wasser erstarrt nämlich dort, wo die Bewegung am geringsten ist. Das Grundeis ist eine matschige Masse von Eisnadeln, die, weil Eis leichter ist als Wasser, zur Wasseroberfläche aufsteigt und sich mit anderen Grundeisklumpen zusammenschließt. Innerhalb dieses treibenden „Heuhaufens von Eisnadeln" ist die

Strömung etwas beruhigt, so dass dort weiteres Wasser gefrieren kann und sich dadurch die junge Scholle festigt. Immer wieder stößt sie an Nachbarschollen an und wird dadurch in Drehung versetzt. Dabei werden hervorstehende Ecken abgeschliffen, die Scholle wird rund. Die weißen Ränder der Eisschollen sind durchweg nicht Reste von Schnee, der auf die Scholle gefallen ist, sondern Grundeismatsch, der bei der Begegnung mit anderen Schollen auf diese Scholle aufgeschoben wurde und dort abtropfen konnte. Die große Scholle links der Bildmitte lässt deutlich erkennen, wie da etliche runde Schollen aneinander hängen geblieben sind und dann durch zwischen ihnen gefrierendes Wasser fest verkittet wurden.

In Europa haben wir eine Zunahme der Häufigkeit von Treibeis und Eisstillstand von Westen nach Osten. Bei Loire, Seine und Themse ist Treibeis selten und eine stehende Eisbedeckung auf dem Fluss kommt nur in ganz extremen Jahren vor. Beim Rhein gibt es beides schon häufiger, wobei ein Eisstillstand meist nur von zwei Stellen ausgeht (und sich dann flussaufwärts verlängert): im Tidebereich, also in den Niederlanden, wo der Wechsel der Gezeitenströmungen schon von Natur aus einen zeitweiligen Stillstand bewirkt, und an besonders engen Stellen im Mittelrheintal, z.B. oberhalb der Loreley. Auf der Elbe kann man, abgesehen von besonders milden Wintern, schon regelmäßig mit Treibeis rechnen und auf der Oder schon regelmäßig mit Eisstand. Die Weichsel schließlich ist fast jedes Jahr für etliche Wochen zugefroren und die Wolga für mehrere Monate. Aber auch da gibt es Ausnahmen, darunter solche mit berühmten historischen Folgen, etwa im Jahr 1550, als Iwan der Schreckliche einen Winterfeldzug abbrechen musste, weil Mitte Januar plötzlich in mildem Wetter die als Heerstraße vorgesehene Eisdecke der Wolga aufbrach.

Ob es auf einem der westdeutschen Flüsse wie Rhein, Weser, Elbe in einem bestimmten Winter treibende Eisschollen oder gar Eisstand gibt, ist ähnlich ungewiss wie die Antwort auf die Frage, ob wir dieses Jahr weiße Weihnachten bekommen, auch wenn natürlich die Voraussetzungen für das eine oder das andere nicht genau dieselben sind.

52 Aufnahme am 12.10.2005, 15 Uhr 00, horizontaler Bildwinkel 92°

Wir befinden uns auf dem Deich am linken Ufer der Elbe, dicht neben der Festung Grauerort, 40 km flussabwärts von Hamburg. Der Abschnitt der Elbe von der Staustufe Geesthacht über Hamburg bis Cuxhaven wird auch als Tide-Elbe bezeichnet, d.h. als der Abschnitt, auf dem die Wasserstände und die Strömung wesentlich von den Gezeiten beeinflusst werden.

Mit dem Bau der Festung, die sich links vom Betrachter außerhalb des Bildes befindet, wurde 1869 begonnen, um Hamburg gegen eventuelle Angriffe von See her zu schützen. Eine militärische Bewährungsprobe hatte die Festung aber nie zu bestehen. Der Seeweg nach Hamburg kann von Schiffen bis 13 m Tiefgang dauernd befahren werden, und unter Ausnutzung der Gezeiten auch noch von Schiffen mit größerem Tiefgang.

Der mittlere Tidehub, d.h. der Unterschied zwischen dem mittleren Tidehochwasser und dem mittleren Tideniedrigwasser, beträgt hier, wie auch weiter flussabwärts, etwa 3 m. Natürlich ist auch hier wie bei jedem Fluss ein gewisses Gefälle notwendig, damit nicht nur durch die Gezeitenströme Wasser hin- und herbewegt wird, sondern im Endergebnis das Elbwasser weiter zur Nordsee fließt. Der Höhenunterschied des mittleren Elbwasserspiegels gegenüber dem bei Cuxhaven ist aber mit ein bis zwei Dezimetern doch sehr gering im Vergleich zu den täglichen Wasserstandsänderungen aufgrund der Gezeiten. Bei Sturmfluten kann der Wasserspiegel hier noch 4 m höher steigen als beim mittleren Hochwasser. Der mittlere Tidehub entlang der Tide-Elbe erreicht sein Maximum mit etwa 3,50 m in Hamburg. Danach sinkt er bis Geesthacht auf 2 m ab. Durch den Bau der Staustufe Geesthacht ist dort im Normalfall das Oberende der Tide-Elbe klar festgelegt. Bei Sturmfluten reichen die Hochwasserwellen auch noch weiter flussaufwärts, weil dann zur Entlastung von Hamburg das Wehr in Geesthacht abgesenkt wird. Der mittlere Tidehub hat an der Festung Grauerort in den letzten 50 Jahren um etwa 20 cm zugenommen. In Hamburg ist diese Zunahme noch wesentlich stärker (etwa 1 m). Sie ist vor allem durch die Vertiefung der Fahrrinne bedingt, weil dadurch nicht nur den Frachtschiffen, sondern auch den Gezeitenströmungen die Passage erleichtert wird.

Die Elbe an der Festung Grauerort nördlich Stade (Deutschland)

Aufnahme am 25. 7. 2004, 10 Uhr 00, horizontaler Bildwinkel 87°   53

Als Hauptthema dieses Bildes drängte sich auch noch im Jahr 2004 der letzte Krieg auf: eine zerstörte Brücke, gesprengt beim Rückzug der deutschen Truppen im Jahr 1945, und auch nach 60 Jahren als Ersatz immer noch eine Fähre – bei der von Benutzerandrang nicht die Rede sein kann. Bei dem Anblick der Oder auf dem Bild möchte man meinen, dass eine neue Brücke nicht viel mehr Aufwand erfordert hätte als Bau und Unterhaltung einer Fähre, aber die alten Brückenreste zeigen, wie hoch hier eine Brücke geführt werden muss, damit keine Gefahr besteht, dass sie innerhalb weniger Jahre von einem Hochwasser fortgespült wird.

Weil das Bild ja doch den Eindruck einer gewissen Hoffnungslosigkeit vermittelt, sei zum einen darauf hingewiesen, dass ganz so verlassen, wie die Fähre zwischen Lubovice und Ciechowice hier wirkt, sie nun doch nicht ist, und zum anderen, dass Einsamkeit und romantische Verträumtheit vielleicht gar nicht so weit auseinanderliegen. Zwei Kilometer westlich von hier stehen in einem kleinen Park die Ruinen des elterlichen Schlosses von Joseph Freiherr von Eichendorff, Schloss Lubowitz. Ich war mit dem Wunsch hierhergekommen, das Bild dieser Ruinen mit dem Blick über die Oder zu verbinden, mal zu sehen, ob nicht vielleicht noch eine Gunst des Wetters hinzukommt, um ein durch und durch romantisches Bild zu ermöglichen. Aber die Bäume um den Park waren, wie es sich für einen romantischen Park aus längst vergangenen Zeiten geziemt, so hoch gewachsen, dass es keinen eindrucksvollen Blick auf die Oder gab. Die Oder war aber für mich bei dieser Reise wichtiger als das Leben eines Taugenichts, und so musste die Idee, an die Jugend Eichendorffs zu erinnern, auf den Text beschränkt werden. Beim Bild bleibt von der Romantik nur ein wehmütiger Blick auf vergangene Herrlichkeit des 20. Jahrhunderts (die gesprengte Brücke).

(Polen) Fährübergang über die Oder bei Raciborz (Ratibor)

54 Aufnahme am 31. 7. 2004, 8 Uhr 20, horizontaler Bildwinkel 110°

Die Weichsel bei Pulawy (Polen)

Es sollten in diesem Buch nicht nur schöne Bilder der Flüsse Europas gezeigt werden. Deshalb sind auch Staustufen zu sehen, die Flüsse in Seenketten umwandeln, leere Flussbetten, denen das Wasser zum Zweck der Energiegewinnung entzogen wurde, und „Verbauungen", die Flüsse in die vom Menschen gewünschten Grenzen weisen. Dass bei der Suche nach dem „besten" Bild zum Thema Gewässerverschmutzung die Wahl auf die Weichsel fiel, schien zunächst Zufall zu sein. Bei der Erkundung der Ursachen dieser den Fluss in seiner ganzen Breite überdeckenden Schwaden wurde dann aber klar: Es ist kein Zufall.

Die Weichsel ist wohl, auch wenn es dafür kein einfaches, einheitliches Maß gibt, als der am stärksten verschmutzte der großen Flüsse Europas anzusehen. Es kommt hier einfach fast alles zusammen, was zu einer bedeutenden Verschmutzung führen kann: ein dicht besiedeltes Einzugsgebiet, in dem vor 20 Jahren selbst für die Abwässer von Großstädten Kläranlagen weitgehend unbekannt waren und wo sie es auf dem Land überwiegend noch heute sind, eines der großen Bergbau- und Industriegebiete Europas am oberen Abschnitt des Flusses und zahlreiche industrielle Großanlagen über das ganze Einzugsgebiet verteilt. Und bei all diesen Industrieanlagen ist man erst im Begriff, sich von den Maßstäben sozialistischer Umweltpolitik zu lösen.

Schaumblasen auf einem Fluss sind das für einen Laien am leichtesten zu erkennende Warnsignal, eine Aufforderung, auch an die Möglichkeit häuslicher

Abwässer zu denken, wenn die Lust zu baden groß ist. Wenn man sich aber die Schwaden auf dem Bild genauer anschaut, dann wird schnell klar, dass das kein Schaum im engeren Sinne ist. Es sind schwimmende Partikel unterschiedlicher Größe, aber sehr einheitlich gelber Farbe. Diese so deutlich sichtbare Verschmutzung – von weniger deutlich sichtbaren möglichen anderen Verschmutzungen soll hier gar nicht gesprochen werden – ist viel zu einheitlich für ungeklärte kommunale (häusliche) Abwässer, wo „alles Mögliche" im Wasser schwimmt. Hier handelt es sich offensichtlich um Abfallprodukte eines ganz bestimmten industriellen Prozesses, vermutlich aus der Stickstoffdüngerfabrik südlich von Pulawy.

Was hier noch besonders aufschreckt, ist ein psychologischer Effekt. Die im Wasser treibenden gelben Brocken wären, weil sie auf dem Wasser schwimmen, verhältnismäßig leicht abzutrennen. Damit wäre die Qualität des Wassers zwar wahrscheinlich gar nicht wesentlich verbessert, aber man hätte Entscheidendes für die Optik getan. Das aber hielt man hier offensichtlich noch im Jahr 2004 für überflüssig. Vielleicht lebt ein Teil der Verantwortlichen noch in der Vorstellung, dass dies, wie rauchende Schlote, Wahrzeichen einer leistungsfähigen Industrie sei.

55 Aufnahme am 3.8.2004, 12 Uhr 10, horizontaler Bildwinkel 224°

Vierzig Kilometer vor Erreichen der Ostsee teilt sich die Weichsel in zwei Arme, von denen der östliche, der an der Marienburg (Malbork) vorbei zum Frischen Haff fließt, Nogat genannt wird.

Der Blick vom Glocken- und Wachtturm der Marienburg zeigt nicht nur, mit welch großartiger Leistung beim Wiederaufbau der 1945 zerschossenen und ausgebrannten Marienburg Polen zum Ausdruck gebracht hat, dass es die Tätigkeit des Deutschen Ritterordens durchaus als Teil seiner Geschichte sieht, sondern macht auch verständlich, wie wichtig Flüsse wie Weichsel und Nogat zur Zeit des Ritterordens für größere Gütertransporte waren.

Unser Blick geht über die Dächer des Hochschlosses (links und Mitte) und das Mittelschloss (rechts) auf die Nogat, den östlichsten Arm im Delta der Weichsel, im Bild mit der Fließrichtung von links nach rechts. Der Doppelturm in der Bildmitte, hinter der Firstlinie des Hochschlosses, markiert die Stelle einer alten Brücke, der Brücke einer Zeit, in der es entscheidend war, den Übergang über die Nogat von der Burg aus zu kontrollieren, und als die Nogat eine bedeutende Rolle als Transportweg für den Aufbau und die Versorgung der Burg spielte. Heute hat die Schifffahrt auf der Nogat nur eine geringe Bedeutung; selbst der Massengüterverkehr ist in erster Linie eine Sache der Eisenbahnlinie, deren lange Züge auf der Brücke rechts im Bild zum Blick von der Marienburg gehören.

Bei diesem Bild muss auf zwei technische Probleme der Panorama-Fotografie hingewiesen werden. Einmal wird sich der aufmerksame Betrachter des Panoramas fragen, ob der Hochmeister des Deutschen Ritterordens die Firstlinien des Hochschlosses wirklich in geschwungener Form gestalten ließ. Er tat es nicht, sondern die gebogenen Linien ergeben sich zwangsläufig bei einer Bildprojektion, die es erlaubt, einen Bildwinkel von mehr als 180° in einem Bild ohne Knicke zu erfassen. Einen Bildwinkel von 235° auf einer ebenen Fläche zu

Die Nogat im Weichsel-Delta und die Marienburg   (Polen)

betrachten, ist aber prinzipiell etwas Unnatürliches. Die Krümmung der an sich geraden Linien verschwindet, wenn man natürlichere Verhältnisse herstellt, z.B. wenn man das Panorama auf der Innenseite eines Zylinders anbringt und aus der Mitte dieses Zylinders betrachtet – wobei man dann den Kopf drehen muss, wenn der Blick vom linken zum rechten Bildrand schwenken will.

Ein weiteres Problem liegt in der Tatsache, dass ich dieses Panorama vollständig nicht aus einer einzigen Scharte in der Krone des Hauptturmes fotografieren konnte, sondern dass es genau genommen aus zwei Teilpanoramen zusammengesetzt ist, die aus zwei verschiedenen Turmscharten aufgenommen wurden. Obwohl die Entfernung der beiden Aufnahmepunkte nur wenige Meter beträgt, hat das Unterschiede in der Perspektive zur Folge, die bewirken, dass die beiden Teilpanoramen im Vordergrund nicht ganz genau zusammenpassten. Wer die Dächer nicht minutiös analysiert und die Ziegel zählt, wird kaum bemerken, dass da gelegentlich mal ein kleiner Sprung in den Dachziegelreihen besteht. Nur sollte man wissen, dass für eine architekturwissenschaftliche Auswertung die Einzelaufnahmen des Panoramas zuverlässigere Informationen ergeben als das zusammengesetzte Panorama.

Schließlich sei an dieser Stelle noch auf etwas Historisches aufmerksam gemacht. Kunstgeschichtliche Restaurationen sind zwar nicht der Gegenstand dieses Buches, aber weil die Flussnamen Oder und Neiße bei vielen Deutschen schmerzhafte Erinnerungen wecken können, möchte ich auch folgenden Gedanken nicht auslassen: 1945 war die Marienburg eine zerschossene und ausgebrannte Ruine, und es gab durchaus Polen, die nicht einsahen, warum man sehr viel Geld ausgeben sollte für den Wiederaufbau eines Symbols deutscher Ostkolonisation – mit manchen berechtigt negativen Assoziationen an das Wort „Kolonisation". Die Polen haben die Einmaligkeit dieses Backsteinbaus und die Erinnerung an die Christianisierung ihres Landes über nationale Ressentiments gestellt und mit einem überwältigenden Wiederaufbau der Ruine uns wieder die Möglichkeit gegeben, ähnlich über die Nogat zu schauen wie die Kreuzritter vor 800 Jahren.

Die Entstehung der Flussysteme Europas

Während die Ausbildung der Großstrukturen der Alpen sich insgesamt über einen Zeitraum von 100–200 Mio. Jahren erstreckte, wobei die Heraushebung und Abtragung von Gesteinsmassen Vertikalbeträge von insgesamt 20–30 km erreicht, sind für die Betrachtung der Geschichte von Flüssen zehn Millionen Jahre schon ein extrem langer Zeitraum; und für die Erforschung des Anfangs eines für Flüsse so langen Zeitraumes sind nur noch ausnahmsweise ein paar Indizien zu finden. Ein Niveau 1000–2000 m über dem der heutigen Flüsse, das ist schon der äußerste Vertikalabstand, für den wir uns ein früheres Flussnetz noch vorstellen können, ohne reine Fantasieprodukte zu erstellen. Und auch das ist nur möglich in einem Gebiet wie den Alpen, wo es eben 2000 m tiefe Täler gibt. In anderen Gebieten, etwa im Norddeutschen Tiefland, beschränkt sich die Geschichte der Flüsse auf die letzten 10 000–15 000 Jahre, nämlich auf die Zeit seit dem Ende der letzten Eiszeit.

Betrachten wir auf einer Atlaskarte das **Talnetz der Alpen**, so fallen vor allem **durch die geologischen Strukturen bedingte Längstalfurchen** auf. Die auffälligste von ihnen ist die **Rhein-Rhone-Furche**, die von drei großen Flüssen benutzt wird, nämlich der oberen Rhone (vom Furkapass bis Martigny), der oberen Reuss (vom Furkapass bis Andermatt) und vom Vorderrhein (vom Oberalppass bis Chur). Diese Kette von drei Längstälern ist vor allem dadurch bestimmt, dass zwischen den Graniten und Gneisen des Aar-Massivs im Norden und denen des Gotthard-Massivs im Süden eine Zone weicherer Gesteine eingeklemmt ist (Ablagerungen aus dem Mesozoikum, dem Mittelalter der Erde), die von den Flüssen verhältnismäßig leicht ausgeräumt werden konnten. Die drei Talabschnitte, nämlich das obere Rhonetal (Goms), das Reusstal oberhalb von Andermatt und das Rheintal oberhalb von Chur, sind Musterbeispiele für alpine Längstäler, d.h. Täler, die parallel zur Längsrichtung der Alpen verlaufen. Diese Flüsse verlassen die Alpen aber in **Quertälern**, z.B. dem Rheintal zwischen Chur und dem Bodensee sowie dem Rhonetal zwischen Martigny und dem Genfer See.

Weder in Längstalrichtung noch in Quertalrichtung, sondern **diagonal** verläuft die nur von einem einzigen Fluss, dem Inn, benutzte **Oberinntal-Furche**. Diese bis auf einen Bogen an der Grenze zwischen Oberengadin und Unterengadin (bei Susch) ebenfalls recht geradlinig verlaufende Talflucht hat der Inn dann bei Landeck mit einem gewaltigen Schlenker an das leicht S-förmig verlaufende Inn-Längstal zwischen Landeck und Kufstein angeschlossen. Auch der Inn verlässt die Alpen mit einem Quertal, das allerdings nur sehr kurz ist (unterhalb von Kufstein).

Es gibt noch eine Reihe weiterer Längstal-Strukturen mit angeschlossenen Quertälern, die beim Blick auf eine Alpenkarte sofort ins Auge fallen, z.B. die **Salzach-Enns-Furche**, die **Mur-Mürz-Furche** und die **Pustertal-Gailtal-Linie**. Bei all diesen Längstal-Zonen haben die Flüsse zwar das Gestein ausgeräumt, d.h., die Einschnitte dieser Täler sind alle durch Erosion und nicht etwa durch Einbrüche gebildet worden. Aber welche Richtung die Taleinschnitte im Grundriss, auf der Karte haben, das konnten sich die Flüsse nicht frei auswählen. Sie folgten bei ihrer Erosionstätigkeit Linien des geringsten Widerstands, die als Zonen weicherer oder zertrümmerter Gesteine vorgegeben waren, oder auch Zonen geringerer Hebung, die sich an Plattengrenzen ergaben.

Am Grundriss dieses Talnetzes der Alpen hat sich in den letzten 1–2 Mio. Jahren, also in der Zeit, in der immer wieder Gletscher der verschiedenen Eiszeiten die Alpentäler erfüllten, nicht so sehr viel geändert. Auf die Verlegung der Wasserscheide am Malojapass wurde im Erläuterungstext zu Bild 4 hingewiesen. In den Nördlichen Kalkalpen und den Dolomiten, wo hohe Kalkklötze von tief eingeschnittenen Tälern mit niedrigen Talwasserscheiden umgeben sind, haben sich durch eiszeitliche Gletscher häufiger Flussverlagerungen ergeben, die aber durchweg ohne großräumige Auswirkungen blieben. In den Zentralalpen sind dagegen die Talschlüsse der tief eingeschnittenen Täler fast immer durch so hohe Bergkämme begrenzt, dass hier für wesentliche Veränderungen der Fluss-Einzugsgebiete kaum eine Chance bestand.

Ganz anders ist da die Situation im nördlichen Drittel Europas, das noch vor 20 000 Jahren von einem zusammenhängenden **Eisschild** bedeckt war. Dieser Eisschild reichte in der letzten Eiszeit etwa bis zu der Linie Südirland–Mittelengland–Norddänemark–Hamburg–Berlin–Warschau–Moskau, in früheren Eiszeiten zum Teil noch etwas weiter nach Süden. Nach jeder eiszeitlichen Vergletscherung musste sich hier das Flussnetz neu ausbilden, was bedeutet, dass hier kein Fluss älter ist als 20 000 Jahre. Gelegentlich sind Talreste aus früherer Zeit erkennbar, die der heutige Fluss wieder in Betrieb genommen hat, aber insgesamt ist das Talnetz in Nordeuropa, Nordengland, Norddeutschland, Nordpolen und dem nordwestlichen Russland geologisch gesehen äußerst jung.

Von den **Flusssystemen Südeuropas** sind die der **Iberischen Halbinsel** am markantesten ausgeprägt. Die große Hochfläche von Zentralspanien, die Meseta („der Tisch"), gab genügend Raum zur Entwicklung großer Flusssysteme, und das relativ trockene Klima dieser Zentralregion hielt die Flüsse genügend schwach, dass sie die Meseta, abgesehen von ihren Randbereichen, nicht zu einem Gebirgs- oder Hügelland zerschneiden konnten. Die Pyrenäen und einige andere höhere Gebirge der Iberischen Halbinsel hatten zwar eine eiszeitliche Vergletscherung, doch erreichte diese nie eine Ausdehnung, die es Gletschern ermöglicht hätte, auf die Entwicklung des Flussnetzes wesentlichen Einfluss zu nehmen.

Auf schmalen Halbinseln wie **Italien und Griechenland** konnten sich keine größeren Flusssysteme entwickeln, und außerdem ist hier der Verlauf der Flüsse stark von jungen, kräftigen Bewegungen der Erdkruste bestimmt. Lange Flusstäler, die vom Fluss in den Untergrund gegraben und anschließend seitlich ausgeweitet wurden, sind hier selten anzutreffen. Die markantesten Flusstäler sind Schluchten, die Flüsse in sich heraushebende Kalkgebirge eingeschnitten haben, z.B. im zentralen Apennin. Solche Kalkgebirgsschluchten spielen eine noch größere Rolle in Bosnien und in Serbien. Auch die großen Karst-Poljen in Bosnien, Kroatien und Slowenien sind das Ergebnis der Tätigkeit von Flüssen. Dass wir sie nicht als echte Flusstäler empfinden, liegt daran, dass zeit- und streckenweise der unterirdische Abfluss eine so erhebliche Rolle spielt, dass kein der Größe des Polje entsprechender, durchgehender Fluss anzutreffen ist.

In Frankreich und in Südengland präsentieren sich die Flüsse (Garonne, Loire, Seine, Themse) als Achsen großer Beckenlandschaften. In zweierlei Hinsicht unterscheiden sich diese aber wesentlich von den Beckenlandschaften Zentralspaniens: In Westeuropa sind die Grenzen zwischen den Beckenlandschaften durch ganz flache Aufwölbungen gegeben, nicht durch herausgehobene Horstgebirge, und die erdgeschichtliche Entwicklung spielte sich in geringer Höhe ab, nahe dem Meeresspiegelniveau. In **Mitteleuropa** ist der Lauf von Rhone, Rhein, oberer Elbe und Donau dadurch geprägt, dass hier Flüsse über etliche Millionen Jahre hinweg auf Bewegungen der Erdkruste zu reagieren hatten und sich dadurch recht komplizierte, zum Teil ausgesprochen eckige Formen ihrer Einzugsgebiete ergaben. Im Gegensatz zu den trockenen Beckenlandschaften Zentralspaniens, wo die Flüsse die Einzugsgebiete annehmen mussten, die ihnen durch Heraushebung von Gebirgen zugewiesen wurden, konnten diese Flüsse Mitteleuropas aber mehrmals ihren Kopf durchsetzen und sich etwa gegen die Heraushebung des Rheinischen Schiefergebirges oder des Balkan-Karpaten-Bogens in Durchbruchstälern behaupten.

Der Po und andere Flüsse der Po-Ebene, Arno und Tiber

Die Po-Ebene ist ein junges Senkungsgebiet, in das von drei Seiten (von Süden, Westen und Norden) Flüsse zu einer Hauptachse, dem Po, zusammenströmen und dabei den Schutt der umgebenden Gebirge – nämlich Schotter, Sande und toniges Feinmaterial – in der Ebene ablagern. Ursache für die Ausbildung dieser fast ringsum von Gebirgen umschlossenen Ebene ist, dass zwischen den sich aufeinander zu bewegenden **Großplatten von Europa und Afrika** eine lang gestreckte **„Zwischenplatte"** liegt, die **Adriatische Platte**, die das Gebiet der Po-Ebene und des Adriatischen Meeres umfasst. Auf diese Zwischenplatte schieben die beiden Großplatten von Norden und von Südwesten die zusammengeschobenen Randwülste Alpen und Apennin. Das drückt die verhältnismäßig kleine Adriatische Platte immer weiter nach unten, doch wird die durch die Absenkung gebildete Senke immer wieder durch die Ablagerungen der Flüsse aufgefüllt, so dass man bei der Betrachtung über Zeiträume von mehreren Millionen Jahren hinweg weitgehend von einem Gleichgewicht zwischen Senkung und Aufschüttung sprechen kann. In kürzeren Zeiträumen, in der Größenordnung von Zigtausenden Jahren, gab es aber immer wieder Verschiebungen dieses Gleichgewichts: In den Eiszeiten, als der Wasserspiegel des Weltmeeres und damit auch der des Mittelmeeres zeitweise 100 m tiefer lag als heute, reichte die Po-Ebene im Gebiet des heutigen Adriatischen Meeres mehrere Hundert Kilometer weiter bis südlich von Ancona, umgekehrt nahm in den Interglazialen, d.h. den warmen Perioden zwischen den Eiszeiten, das Adriatische Meer zeitweise auch noch die gesamte Osthälfte der heutigen Po-Ebene ein.

Die Senkung der Po-Ebene ist nicht gleichmäßig wie die einer starren Platte, sondern die Überschiebungen und Faltungen in den auf die Adriatische Platte aufgeschobenen Gebirgswülsten Alpen und Apennin setzen sich fort in die unter ihnen liegende Platte. Nur sieht man von den im Untergrund der Po-Ebene stattfindenden Verformungen an der Erdoberfläche praktisch nichts. Wo sich der Untergrund gegenüber der Umgebung nur um wenige Meter abgesenkt hat, dahin verlagern unter natürlichen Bedingungen die Flüsse bald ihren Lauf und füllen die Senke mit ihren Ablagerungen wieder auf. Dadurch bleibt trotz Faltung und Überschiebung im Untergrund die Erdoberfläche eine Ebene. Bohrungen bis in 1000 oder 2000 m Tiefe zeigen aber, dass die Gesteinsschichten im Durchschnitt umso stärker verformt sind, je tiefer sie liegen, d.h. je älter sie sind.

Bei einer flüchtigen Durchreise, besonders wenn man vorher Gebirgslandschaften der Alpen oder des Apennins durchquert hat, mag die Po-Ebene als ein einheitlich flaches Gebiet erscheinen. Bei etwas genauerer Betrachtung gibt es aber doch sehr wesentliche Unterschiede zwischen Naturlandschaften auch innerhalb der Po-Ebene. Besonders wichtig ist da der Gegensatz zwischen der **„Alta Pianura", der „Hohen Ebene"**, und der **„Bassa Pianura", der „Tiefebene"**.

Die Flüsse, die aus dem Gebirge in die Ebene eintreten, insbesondere die Flüsse aus den Alpen, führen große Mengen an Geröllen mit sich, die zur Bildung von bei Niedrigwasser gleißend hellen Schotterbetten führen. Weil die aus dem Gebirge austretenden Flüsse ihre Schotter in der Ebene ablagern und sich dabei in der Vergangenheit immer wieder verlagert haben, ist in der Nähe des Gebirgsrandes der Untergrund der Ebene aus groben, wasserdurchlässigen Schottern aufgebaut. Das ist die Alta Pianura. Bei Niedrigwasser versickert ein großer Teil des Wassers der aus dem Gebirge kommenden Flüsse und fließt unterirdisch weiter. Bevor mithilfe von Bewässerungssystemen auch in diesen Gebieten eine intensive Landwirtschaft aufgebaut wurde, waren es zum Teil Heidegebiete mit einer an starke Trockenheit angepassten Vegetation, die „Magredi" (magere Flächen) genannt wurden.

Die Flächen der Alta Pianura haben ein beträchtliches Gefälle vom Gebirgsrand zum Po, weil nur mit deutlichem Gefälle die Schotter transportiert werden können, welche die Flüsse aus dem Gebirge mitbringen. Auf der vom Po durchflossenen Hauptachse der Po-Ebene und auf breiteren Flächen der östlichen Po-Ebene ist das Gefälle wesentlich geringer. Hier transportieren die Flüsse nur Sande und Schwebstoffe, und ihre Ablagerungen bestehen deshalb überwiegend aus wasserundurchlässigem, lehmigem Material. Das sind die Gebiete, die Bassa Pianura genannt werden. In der Bassa Pianura gibt es keinen wesentlichen unterirdischen Abfluss wie in den Schottern der Alta Pianura. Deshalb muss an der Grenze zwischen diesen beiden Landschaftseinheiten das weiter oben im Schotter versickerte Wasser wieder zu Tage treten. Die dadurch bedingte Quellenzone wird **„Fontanili-Zone"** oder „Zona delle Risorgive" genannt. Sie markiert die Grenze zwischen Bassa und Alta Pianura.

Bis zu einer **großen Flut im Jahr 1801** gab es einen **systematischen Schutz durch Deiche** ausschließlich in der untersten Po-Ebene, weiter oberhalb nur auf einzelnen Abschnitten. Danach wurde eine systematische Eindeichung des gesamten Po-Laufs von der Ticino-Mündung bis zum Delta in Angriff genommen, in der Hoffnung, dass große Überflutungen verhindert werden können, wenn überall die Deiche auf eine Höhe gebracht werden, die mindestens 80 cm über dem höchsten bekannten Hochwasserniveau liegt. Trotz eines erheblichen Aufwands über lange Zeit ist es immer wieder, im Abstand von Jahrzehnten, infolge von Dammbrüchen zur Überschwemmung großer Gebiete gekommen, auch noch in den letzten 100 Jahren. Der Hauptgrund, warum es so schwer ist, die Überschwemmung von großen Ackerbaugebieten, Dörfern und Städten infolge von Dammbrüchen sicher zu vermeiden, liegt darin, dass jede Verbesserung des Schutzes an einer Stelle die Gefahr für die anderen Bereiche erhöht. Wenn bei einem katastrophalen Hochwasser, wie es nur alle 20–30 Jahre eintritt, an einer Stelle der Damm bricht und große Gebiete überflutet werden, bedeutet das eine Entlastung für die flussabwärts gelegenen Deiche. Wenn dann diese Schwachstelle durch Erhöhung und Modernisierung beseitigt ist, dann werden später bei einer gleich hohen Flutwelle an den flussabwärts gelegenen Deichen Wasserstände erreicht, die es vorher nicht gegeben hat. **Insgesamt sind die maximalen Hochwasserstände am unteren Po, zu Beginn des Deltas, in den letzten 200 Jahren systematisch um etwa**

2 m gestiegen. Außerdem sind noch folgende Tatsachen zu berücksichtigen: 1. Es gibt niemals zwei Hochwasser, die genau in gleicher Weise ablaufen – dazu sind Flusssysteme mit Hochwasserwellen aus verschiedenen großen Nebenflüssen zu komplex. 2. Dammbrüche ergeben sich nicht nur dadurch, dass der Fluss die Dammkrone erreicht und überfließt. Diese Ereignisse sind sogar leichter unter Kontrolle zu bringen als Dammbrüche infolge Unterschneidung durch die Flussströmung oder aufgrund von starker Infiltration an einer Stelle. Solche Dammbrüche können auch noch stattfinden, wenn man aufgrund der Entwicklung der Wasserstände meint, dass das Schlimmste überstanden sei. Ebenso finden unter diesen Bedingungen Dammbrüche oft unerwartet und schneller statt als beim Überströmen der Dammkrone, das man unter Umständen noch in letzter Minute durch Sandsäcke unterbinden kann.

Überschwemmungen großer Gebiete, einschließlich der Überschwemmung großer Teile von Städten, hat es im Gesamtgebiet der Po-Ebene auch abseits vom Po an Nebenflüssen gegeben, die stärksten am Tanaro, z.B. 1994. Der Tanaro ist die Haupt-Entwässerungsader der obersten Po-Ebene, südöstlich von Turin. Er mündet, von Südwesten kommend, südwestlich von Mailand in den Po.

Überschwemmungen und Flussverlagerungen sind in einem Senkungsgebiet wie der Po-Ebene an sich etwas völlig Natürliches. Unter natürlichen Bedingungen wird die Senkung dadurch ausgeglichen, dass der Po und seine Nebenflüsse Sedimente ablagern. Dabei müssen sie sich immer wieder verlagern, um die ganze Ebene aufzufüllen. Bei den für die Po-Ebene charakteristischen Senkungsintensitäten um 1–3 mm pro Jahr müsste man unter natürlichen Bedingungen damit rechnen, dass jede Stelle der Ebene etwa alle 1000–3000 Jahre von einem Fluss überströmt wird. Der Mensch bemüht sich aber, die Flüsse durch Deiche räumlich festzulegen. Dabei war er in der Po-Ebene insgesamt bisher durchaus erfolgreich, nur wachsen die Gefahren von Jahrhundert zu Jahrhundert. In der Umgebung des Po-Deltas liegen heute größere Gebiete schon in einer Höhe von 1–3 m unter dem Meeresniveau. Das bedeutet bei einem sorgfältig betreuten System von Deichen und Pumpwerken noch lange nicht, dass der Fluss sich seinen Laufwechsel erzwingt, aber es bedeutet doch eine stetig wachsende Gefahr schwerer Überschwemmungen. Es ist deshalb charakteristisch, dass der Po durchweg von größeren Städten gemieden wird. Turin ist die einzige große Stadt, die wirklich vom Po durchflossen wird. Hier steigen am rechten Ufer Hügel sehr bald weit über das Hochwasserniveau an, und auch der Hauptteil der Stadt auf dem linken Ufer liegt auf einer Terrasse etwa 15 m über dem Fluss. Piacenza und Cremona sind zwei Städte in der Mitte der Po-Ebene, die wenigstens in Außenbezirken noch den Po berühren. Aber weiter östlich gibt es keine Großstadt mehr direkt am Po. Ferrara kommt ihm noch am nächsten, aber da ist immer noch ein respektvoller Abstand von 5 km. In der Po-Ebene ist der bevorzugte Standort der Städte am Rand der umgebenden Gebirge Alpen und Apennin.

Im Bereich der heutigen Po-Ebene dauert die Senkung schon etwa 30 Mio. Jahre, und in dieser Zeit haben die Ablagerungen eine Mächtigkeit von stellenweise bis über 10 km erreicht. Das bedeutet rein rechnerisch eine mittlere Senkungsgeschwindigkeit von 0,3 mm pro Jahr. Da man bei der Senkung von Ort zu Ort und zu verschiedenen Zeiten mit erheblichen Unterschieden zu rechnen hat, passt der aus diesen geologischen Überlegungen sich ergebende Mittelwert durchaus zu den Senkungsbeträgen, die man in den letzten hundert Jahren durch Vermessungen ermittelt hat. In der westlichen Po-Ebene, etwa ab Piacenza nach Westen, lässt sich für die Gegenwart eine mäßige Hebung beobachten, etwa 0,5 bis 1,5 mm pro Jahr. Östlich von Piacenza nimmt dagegen die Intensität der Senkung kontinuierlich zu. Zunächst ist die Zunahme über 150 km noch ziemlich gleichmäßig, bis bei Ferrara der jährliche Senkungsbetrag etwa 3 mm pro Jahr erreicht. Dann aber erfolgt eine erhebliche Steigerung, **so dass es bis zum Po-Delta nach 50 km dann schon 7 mm pro Jahr sind.**

Die östlichste Po-Ebene gehört nicht mehr zum Einzugsgebiet des Po. Hier fließen mehrere Flüsse unabhängig vom Po zum Adriatischen Meer. Der westlichste und zugleich größte von ihnen, die Etsch, kommt zwischen Verona und Ferrara bis auf 12 km an den Po heran, aber dann scheint es eine Barriere zu geben, die eine weitere Annäherung verhindert. Beide Flüsse fließen parallel nach Osten und münden unabhängig in die Adria. Die erwähnte Barriere wird von den feinen Schwebstoffen aufgebaut, die beide Flüsse mit sich führen. Bei Hochwasser werden diese Schwebstoffe weniger im eigentlichen Flussbett abgelagert, wo die Fließgeschwindigkeit für eine Ablagerung zu hoch ist, sondern vor allem in den Überschwemmungsgebieten. Dadurch wurden die Flüsse auch vor dem Deichbau von natürlichen Dämmen umgeben, die ein paralleles Fließen ohne Vereinigung unterstützen. Auch der nächste, östlich der Etsch folgende größere Fluss, der Brenta, kommt vor der Mündung in die Adria dicht an die Etsch und damit auch dicht an den Po heran, vereinigt sich aber nicht mit ihnen.

In Italien nimmt insgesamt die sommerliche Trockenheit von Norden nach Süden zu. Am Nordrand der Po-Ebene fallen im Sommer noch kräftige Niederschläge, zum Teil, etwa im Tessin oder im östlichen Venetien, sogar gewaltige. Am Südrand der Po-Ebene machen sich mit deutlich niederschlagsärmeren Monaten Juli und August schon Anklänge an ein Mediterranklima bemerkbar. Bis Rom ist dann die mediterrane sommerliche Trockenheit so deutlich geworden, dass dort ein Tourist im Juli (bei einer mittleren monatlichen Niederschlagssumme von 10 mm) kaum mehr mit Regen zu rechnen hat. Beim Arno und beim Tiber führt die starke Abnahme der Abflussmengen im Sommer wegen der Umweltbelastungen zu erheblichen Problemen.

Ein kleines sprachliches Problem beschert dem deutsch Sprechenden in Italien die Tatsache, dass im Italienischen – in Fortsetzung lateinischer Sprachregeln – die **Flüsse grundsätzlich männliches Geschlecht** haben, also il Po, il Tevere, aber auch il Brenta und il Nera (der wichtigste Nebenfluss des Tibers). Allerdings gibt es bei Flüssen aus den italienischen Westalpen auch Ausnahmen von dieser Regel: la Stura di Lanzo, la Dora Baltea, la Sesia. Welches Geschlecht man bei einem Flussnamen benutzt, ist etwas mehr als nur reine Formsache, denn für die Gefühle, die Anwohner wie Reisende und andere Besucher einem Fluss entgegenbringen, ist das Geschlecht nicht völlig unwesentlich. Vater Rhein ist eben eine andere Flusspersönlichkeit als Mutter Wolga, das ließe sich nicht einfach umkehren. Man sollte deshalb nach Möglichkeit einem Fluss das Geschlecht lassen, das ihm in seiner Heimat zugeordnet wurde. Da gibt es aber das Problem, dass der Deutsche die Endung „a" grundsätzlich als weiblich empfindet. Das hat zu der Gewohnheit geführt, dass man Flüssen, die auf „a" enden, im Deutschen meistens ein weibliches Geschlecht gibt. Man spricht z.B. oft von „der Brenta", obwohl es im italienischen „il Brenta" heißt.

Merkwürdigerweise gilt das für das Italienische, aber nicht für das Spanische, wo man im Deutschen von „dem" Guadiana und „dem" Segura spricht. Dafür gibt es eine einfache Erklärung: Für die Geographie von Spanien und Portugal, und besonders für die Naturgeographie, ist noch heute eines der angesehensten Handbücher die „Iberische Halbinsel" von

Hermann Lautensach. Und dieser deutsche Geograph hat sich konsequent bemüht, das Geschlecht der Flüsse unverändert in seinen deutschen Text zu übernehmen. Ich möchte diesen geographischen Respekt vor den Traditionen des Gastlandes auch bei den italienischen Flüssen beibehalten und spreche deshalb von dem Brenta, dem Nera und dem Marta. Die Etsch soll dagegen weiblich bleiben, denn sie hat ja ihren Namen und ihr Geschlecht im deutschen Sprachgebiet erhalten. Trotzdem kann sie dann, wenn man bei Trento und Verona italienische Namen benutzen will, der Adige sein.

Rhone, Seine und andere Flüsse Frankreichs

Die Rhone ist der bedeutendste von den vier großen Flüssen Frankreichs. Sie hat den weitaus stärksten mittleren Abfluss, aber nicht aufgrund der Größe ihres Einzugsgebiets, sondern aufgrund der Tatsache, dass sie und die wichtigsten ihrer Nebenflüsse aus den Alpen kommen.

Ihr jährlicher Abfluss, auf das ganze Einzugsgebiet verteilt, ergäbe eine Wasserschicht von mehr als einem halben Meter Höhe (559 mm), oder, was dasselbe bedeutet, jeder Quadratmeter liefert pro Jahr einen halben Kubikmeter (559 l) für den Abfluss. Was diese Abflussintensität betrifft, kommt der Rhone am nächsten die Garonne mit 383 l/m² (Litern pro Quadratmeter). Auch hier ist das Gebirge die Ursache, in diesem Fall die Pyrenäen, auf deren Nordseite erhebliche Niederschläge fallen, aber auch das Massif Central trägt wesentlich dazu bei, dass in einem kleinen Einzugsgebiet ein beachtlicher Abfluss zusammenkommt. Die Höhe der mittleren jährlichen Abflussschicht der Seine von 16 cm ist für Westeuropa ein erstaunlich niedriger Wert, ein Wert, der bei Flüssen dieser Größe sonst erst im östlichen Mitteleuropa auftritt, z.B. bei der Oder (15 cm) oder der Weichsel (18 cm). Daran ist zu erkennen, dass das Pariser Becken mit Jahresniederschlägen um 600–700 mm eine der trockensten Großlandschaften Westeuropas darstellt (übrigens, was manchen erstaunen mag, gemeinsam mit Südostengland).

Bis auf die Rhone, deren Lauf stärker durch Störungen, durch Sprünge der Erdkruste geprägt ist, **bietet das Astwerk der Flüsse Frankreichs Musterbeispiele für Flüsse in weiten Beckenlandschaften**, zwischen denen niedrige, flache Wasserscheiden einen leichten Durchgang ermöglichen. Diese Durchgangsmöglichkeiten werden weitgehend von einem Kanalsystem genutzt, um die Flüsse für die Schifffahrt miteinander zu verbinden; einem **Kanalsystem**, das in früheren Jahrhunderten Vorbild für andere Länder war, heute aber größtenteils nicht mehr den Anforderungen der Binnenschifffahrt genügt. Zu diesen alten Kanälen gehören der Canal du Midi, der die Garonne über den Küstenkanal der Provence an die Rhone anschließt, der Canal du Centre, der die Loire mit der Rhone-Saône verbindet, Canal de Briare und Canal du Nivernais zwischen Loire und Seine, und der Marne-Rhein-Kanal, der es erlaubt, von der Seine in Paris über Nancy (obere Mosel) nach Strasbourg am Rhein zu gelangen. Eine Bedeutung für die moderne Schifffahrt mit Motorschiffen von 1350 t und mehr haben von den Flüssen Frankreichs nur die Seine (Paris–Le Havre und oberhalb von Paris bis Nogent), die Rhone/Saône (Marseille–Lyon, Lyon–Chalon), die Oise (Paris–Compiègne) und die Mosel (Toul/Nancy–Metz–Koblenz).

Flüsse der Iberischen Halbinsel

Die Iberische Halbinsel gilt als der trockenste Teil von Europa. Zwar erhalten der Nordwesten und Norden, etwa die Provinz Galicien, das ganze Jahr hindurch reiche Niederschläge, aber im Landesinneren, z.B. **in den Provinzen Altkastilien, Andalusien, Murcia und in Teilen des Ebro-Beckens, gibt es größere Gebiete, die im Jahr weniger als 400 mm Niederschlag erhalten**, was diese Gebiete zu natürlichen Steppengebieten macht. Auch liegt der trockenste Punkt von ganz Europa in Südostspanien: Am Cabo de Gata fallen im Mittel nur 200 mm Niederschlag pro Jahr, deshalb hat dort die Pflanzenwelt schon fast Halbwüsten-Charakter. Für den Wasserhaushalt der Flüsse ergeben sich zusätzliche Probleme dadurch, dass die jahreszeitliche Verteilung der Niederschläge sehr ungleich ist, die Sommermonate sehr trocken sind, und schließlich, dass wegen der hohen Temperaturen und der geringen Niederschlagsmengen im Sommer der Bedarf der Landwirtschaft an Bewässerungswasser sehr hoch ist. Das alles hat zur Folge, dass der natürliche Charakter der großen Flüsse auf der Iberischen Halbinsel erheblich beeinträchtigt ist und große Abschnitte in **Stauseen mit Kraftwerken** umgewandelt worden sind.

Die fünf bedeutendsten Flüsse heben sich in der Größe recht deutlich von den übrigen ab. Das sind die vier zum Atlantik fließenden Flüsse Duero (portugiesisch Douro), Tajo (portugiesisch Tejo), Guadiana und Guadalquivir sowie der zum Mittelmeer entwässernde Ebro. Die ersten drei, der Duero, der Tajo und der Guadiana, haben gemeinsam, dass sie zunächst etwa 300 km auf einer **Hochfläche mit geringem Relief** fließen. Hier ist ihr Tal kaum in die Umgebung eingetieft und ihr Längsgefälle ist gering. Dann beginnen sie, sich unter starker Zunahme des Gefälles in die Umgebung einzutiefen und so ein **tiefes Tal** auszubilden, das mit Annäherung an die Küste wieder flacher und breiter wird. Der **Schluchtteil mit starkem Gefälle** wird mittlerweile bei allen drei Flüssen zur **Energiegewinnung** genutzt. Beim Ebro und beim Guadalquivir ist dieser Gegensatz von Hochflächenabschnitt, Schluchtteil und Tieflandsabschnitt weniger stark ausgebildet. Sie durchfließen Senkungszonen vor einem sich heraushebenden Gebirge (der Ebro südlich der Pyrenäen, der Guadalquivir nördlich und nordwestlich der Betischen Kordillere) und haben deshalb einen längeren unteren Teil, wo sie als Tieflandsflüsse anzusehen sind.

56 — Aufnahme am 12.4.2007, 10 Uhr 15, horizontaler Bildwinkel 191°

Der Valpola-Bergsturz im Adda-Tal (Italien)

Stellen, an denen mal ein Bergsturz stattgefunden hat, gibt es in den Alpen wie Sand am Meer. Die Vorstellung mancher durchreisender Touristen, dass die furchterregenden Blöcke am Hang dem Einheimischen nichts ausmachen, weil er das ja kennt, stimmt leider nicht. Die aus vielen Einzelberichten bestehende, über viele Jahrhunderte reichende Chronik der Bergsturz-Ereignisse zeigt, dass häufig nicht nur Einzelpersonen, sondern auch die Einwohnerschaft ganzer Dörfer von herabstürzenden Gesteinsmassen erschlagen wurden.

Besonders gefährlich wird die Situation dann, wenn ein großer Bergsturz auf den Talboden eines großen Flusses niedergeht und der Fluss dann aufgestaut wird. Die Staumauer besteht aus Lockermaterial, aus Blöcken gemischt mit feinerem Material, und wenn der Spiegel des vom aufgestauten Fluss gebildeten Sees dann so weit angestiegen ist, dass der See überläuft, dann wird fast immer die aufstauende Barriere aus Lockermaterial durchschnitten. Je nachdem, wie schnell das geschieht, kommt es dabei auf den flussabwärts gelegenen Talstrecken zu verheerenden Fluten.

Das Bild vom Valpola-Bergsturz im Adda-Tal, 8 km südlich von Bormio, soll zeigen, wie man heute einen großen, den Fluss für Wochen blockierenden Bergsturz zwar nicht verhindern, aber die von ihm verursachten Gefahren doch erheblich mildern kann. Am Abend des 25. Juli 1987 beobachtete man, wie ein älterer Bergsturz-Abriss hoch über dem Talboden wieder aktiv wurde und einzelne Blöcke herunterstürzten. Am nächsten Tag konnte man schon vermuten, dass ein größerer

Bergsturz bevorstand, und evakuierte vier Dörfer am Talboden und am gegenüberliegenden Hang. Es dauerte noch zwei Tage, bis dann eine Gesteinsmasse von etwa 1/30 Kubikkilometer (!) abbrach, aus einer Höhe von etwa 2200 m hinab auf den Talboden in 1100 m Höhe stürzte und noch ein paar Hundert Meter am Gegenhang hochbrandete. Die evakuierten Dörfer wurden zerstört und verschüttet, Augenzeugen berichteten, dass die Luftdruckwelle vor den Bergsturzmassen den Kirchturm von S. Antonio „durch die Luft schleuderte". Der blitzschnellen Evakuierung in zwei Tagen war zu verdanken, dass nur 27 Personen umkamen.

Die aufgestaute Adda bildete einen von Tag zu Tag bedrohlicher werdenden See, so dass es schließlich notwendig wurde, 30 000 Bewohner im Adda-Tal zu evakuieren. Da ein kontrollierter Abfluss über die Bergsturzmassen nicht möglich war, wurde der See zunächst mit gewaltigem Aufwand leergepumpt und der Abfluss später durch zwei Tunnel sichergestellt.

Auf dem Bild blicken wir jetzt über die voll aufgeräumte Unfallstelle. Der Stausee ist verschwunden – sonst wäre rechts am Talboden noch ein Stück sichtbar. Die Breite der Hochwasserüberlauf-Kaskade mag mittlerweile, nach 20 Jahren ohne größere Probleme, etwas übertrieben erscheinen, aber ich möchte nicht die ersparbaren Tonnen Beton und die naturnäher zu gestaltenden Quadratmeter nachrechnen, wenn ein so gefährliches Ereignis unter Zeitdruck sicher bewältigt wurde.

57   Aufnahme am 24.8.2007, 8 Uhr 30, horizontaler Bildwinkel 228°

Der 1129 m hohe Gipfel des M. Pastel östlich des Gardasees ist mit seinen vielen Fernseh-, Rundfunk- und Telefonsendern nicht gerade ein ideales Ausflugsziel, aber wenn man auf seinem nach Südwesten ziehenden Kamm noch bis zu einer Höhe von etwa 900 m hintersteigt, dann kommt man für ein kurzes Stück aus dem Buschwald heraus und hat einen eindrucksvollen Blick auf den Gardasee und das Etschtal. Und man kann hier, 19 km nordwestlich von Verona und 1 km neben der Brennerstraße, durchaus etwas Einsamkeit in der Natur genießen.

Auch bei diesem Bild sollte man sich bewusst machen, dass es vom linken bis zum rechten Bildrand einen Winkel von fast 230° umfasst. Über den linken Rand des im linken Bilddrittel sichtbaren Gardasees blickt man nach Südsüdwesten, der Blick zur Bildmitte ist ein Blick nach Westen und zum rechten Bildrand ist es ein Blick nach Nordosten.

Das aus den Alpen kommende Quertal ist das Etschtal, eine der ganz großen strukturellen Leitlinien der Alpen. In diesem Abschnitt des Alpen-Südrandes ist es auffällig, dass mehrere Alpen-Quertäler parallel in NNE-SSW-Richtung auf den Alpenrand zugehen. Besonders auffällig ist, dass nur 12 km westlich vom Etschtal ein ähnlich bedeutendes Quertal verläuft, die Gardasee-Furche. Das lässt sich nur dadurch erklären, dass diese Quertäler geologischen Strukturen folgen und dass die Etsch sich im Eiszeitalter, also in den vergangenen zwei bis drei Millionen Jahren, mal durch das heutige Etschtal und mal durch die Gardasee-Furche zum Alpenrand bewegte. Solch ein Wechsel des Tals ist besonders leicht

Der Gardasee und das Etschtal vom Monte Pastel   (Italien)

möglich bei mehrfachem Wechsel zwischen Eiszeiten und dazwischenliegenden warmen Perioden. Die Gletscher halten sich nicht sorgfältig an die vorher von den Flüssen ausgehandelten Wasserscheiden. Sie bevorzugen breite Täler. Ob es dabei mal am Untergrund etwas bergauf geht, ist weniger wichtig. Wenn dann die Gletscher wieder abschmelzen, müssen die sich neu bildenden Flüsse erst einmal sehen, wie sie mit dem von den Gletschern hinterlassenen, im Gegensatz zu den strengen Gewohnheiten der Flüsse etwas chaotischen Untergrundrelief klarkommen, und häufig entscheiden sie sich dabei nicht wieder genau für ihr altes Tal vor der Eiszeit.

Die Gardasee-Furche ist breiter als das unterste Etschtal zwischen Trento und Verona. Deshalb flossen die eiszeitlichen Eismassen des Etschgletschers, der sich bei Bozen durch Vereinigung von Gletschern aus dem Vintschgau (Meran) und dem Pustertal-Eisacktal (Brixen) gebildet hatte, bevorzugt durch die Gardasee-Furche zum Alpenrand und bildeten dort einen riesigen Eislobus, der sich noch 25 km in die Po-Ebene vorschob. Der Ast des Etschgletschers, der sich für die Richtung nach Verona, also durch das heutige Etschtal, entschieden hatte, blieb in dem engeren Tal stecken und erreichte nicht den Alpenrand. Im linken Viertel des Bildes sind die bewaldeten (dunklen) Rücken am Horizont und links vom Gardasee die Endmoränen, die sich am Rande des Gardasee-Gletschers gebildet hatten. Die Stelle, wo die Etsch zu unseren Füßen am breitesten ist, etwas links der Bildmitte, ist genau die Stelle, bis zu der der östliche Arm des Etschgletschers vorgedrungen war. Er erreichte noch das Ende der markanten Kalksteinstufen an seinem rechten (dem jenseitigen) Ufer, hatte aber dann keine ausreichende Eismächtigkeit mehr, um in die Ebene vorzustoßen.

Aufnahme am 11.5.2006, 7 Uhr 20, horizontaler Bildwinkel 124°

Der Tagliamento am Alpen-Südrand (Italien)

Der Tagliamento ist nach der Etsch der größte von den Flüssen der östlichsten Po-Ebene, die nicht Nebenflüsse des Po sind, sondern selbstständig in die Adria münden. Er ist einer der Flüsse der Po-Ebene, die im Gebirge ihr Einzugsgebiet überwiegend im Bereich von Kalkgesteinen haben (Dolomiten und Karnische Alpen) und bei denen deshalb breite Schotterbetten eine besonders große Rolle spielen.

Zu unseren Füßen verlässt der Tagliamento in einer Höhe von 120 m das Gebirge und fließt in die Alta Pianura hinaus. Bei dem zur Zeit der Aufnahme mittleren Wasserstand teilt er sich immer wieder in verschiedene Arme auf, die sich auch bald wieder vereinigen – man nennt das einen verwilderten Fluss. Das Gefälle ist für einen Fluss dieser Größe in einer Ebene beachtlich: Wo das helle Flussbett in etwa 25 km Entfernung im Dunst am Horizont verschwindet, hat es sich schon auf eine Höhe von etwa 60 m ü. M. abgesenkt, und nicht weit dahinter beginnt in einer Höhe von etwa 40 m ü. M. die Fontanili-Zone und damit die Bassa Pianura.

Unser Aussichtspunkt liegt in etwa 300 m Höhe auf einer jener niedrigen Hügelketten am Alpen-Südrand, die man als ein ehemaliges Stück Alta Pianura auffassen kann: Fluss-Schotter, die vor wenigen Millionen Jahren abgelagert, gefaltet und auf die südlich davon befindlichen Gebiete aufgeschoben wurden. Wenn wir im rechten Viertel des Bildes am Alpenrand entlang nach Westen blicken, sehen wir vor den hohen Bergen im Hintergrund weitere bewaldete Hügelketten dieser Art, die aus Konglomeraten (verfestigten Schottern) desselben Alters (jüngstes Miozän) aufgebaut sind. Bei den hohen, im Gipfelbereich schneebedeckten Bergen am Horizont handelt es sich um südöstliche Ausläufer der Dolomiten, denen am Alpenrand ein bewaldetes Kalkplateau vorgelagert ist.

Nahe dem linken Bildrand sieht man, wie eine überwiegend ackerbaulich genutzte, ebene Fläche mit einem steilen, etwa 50–60 m hohen Hang nach rechts zum Schotterbett des Tagliamento abfällt. Dieser Steilhang ist von oben bis unten aus Schottern aufgebaut. Während der letzten Eiszeit war in den Alpen das Tagliamento-Tal bis zu unserem Fotostandort von einem Gletscher erfüllt, der sehr viel Moränenmaterial bis zum Alpenrand gebracht hat. Die vom ihm ausgehenden Schmelzwasserflüsse haben die mächtige Schotterablagerung aufgeschüttet. Die heute mit Äckern bedeckte Fläche markiert also das Niveau der Flüsse der Alta Pianura zur letzten Eiszeit.

Rechts vom Tagliamento erfolgt der Anstieg zum eiszeitlichen Flussniveau erst in größerer Entfernung. Er ist in der Bildmitte rechts von dem Baum deutlich zu sehen, links vom Baum nur zu ahnen: ein infolge von Buschbewuchs dunkelgrüner Streifen, ein Terrassen-Hang, vor den hellen Häusern der Kleinstadt Spilimbergo. Die davorliegenden hellgrünen großen Wiesenflächen, auf denen zum Teil noch der helle Kiesuntergrund durchschimmert, liegen auf einem wesentlich tieferen Niveau, nur wenige Meter über dem Niveau des heutigen Flusses. Dass es aber tausend oder mehr Jahre her ist, seitdem diese Flächen zuletzt vom Fluss überstrichen wurden, ergibt sich aus ihrem Bewuchs. Erst wenn Schotterablagerungen tausend Jahre oder länger nicht mehr umgelagert oder überspült werden, ist die Bodenbildung so weit fortgeschritten, dass ein gleichmäßiger Grasbewuchs möglich ist.

59   Aufnahme am 8.4.2007, 12 Uhr 30, horizontaler Bildwinkel 181°

Wir stehen hier mitten im Schotterbett eines Nachbarflusses des Tagliamento, des Torrente Cellina. Ein besonderes Merkmal dieses ebenfalls aus den südlichen Kalkalpen kommenden Flusses ist, dass er nach dem Verlassen der Alpen in der oberen Ebene, der Alta Pianura, während der größten Zeit des Jahres vollständig versickert. Man sieht auf 20 km Länge ein kilometerbreites helles Schotterbett ohne das kleinste Rinnsal und ohne jede Wasserlache. Schließlich tauchen beim Flussabwärts-Wandern im Schotterbett Wasserlachen auf, wie sie in der rechten Bildhälfte zu sehen sind. Sie sind die Anfangspunkte von wieder dauernd fließendem Wasser, und ihr Auftreten bedeutet, dass man in der Fontanili-Zone angekommen ist, in der Zona delle Risorgive. Nach ein paar Hundert Metern haben sich die Rinnsale zu einem kräftigen Wasserstrom zusammengeschlossen, und 10 km weiter flussabwärts verschwinden die Schotter und mit ihnen die Verwilderung – wir sind in der Tiefen Po-Ebene, der Bassa Pianura. Dann ist aus dem Torrente Meduna, in den das Schotterbett des Torrente Cellina eingemündet ist, auch auf den amtlichen Karten ein Fiume Meduna geworden, ein Fluss. Und der Fluss beginnt, anstelle der Verwilderung runde Mäanderbögen auszubilden.

Die Quellaustritte im Schotterbett liegen nicht das ganze Jahr hindurch an derselben Stelle. Es führt ja ein fast vegetationsloses Schotterbett vom Alpenrand bis hierher, und das bedeutet: Zu gewissen Zeiten – bei Hochwasser, nach andauernden Niederschlägen – ist das gesamte Schotterbett von einem reißenden Strom erfüllt, der wegen des hohen Gefälles eine beträchtliche Zerstörungskraft hat.

Fontanili im Schotterbett des Torrente Cellina   (Italien)

Diese Quellaustritte am Unterende der die größte Zeit des Jahres trockenliegenden Schotterbetten zeigen die Bedeutung des Grundwasserstromes im Schotterbett von Flüssen. Genährt wird dieser Grundwasserstrom hier von dem Teil des Flusswassers, der am Alpenrand versickert, und natürlich auch von den Niederschlägen, die in der Alta Pianura selbst fallen. Je nachdem, wie viel Wasser diesem Grundwasserkörper zugeführt wird, hebt oder senkt sich die unterirdische, geneigte Oberfläche dieses Wasserkörpers, der Grundwasserspiegel. Und entsprechend tritt das Grundwasser in der Fontanili-Zone mehr flussaufwärts oder flussabwärts im Flussbett zu Tage.

Der kleine Bildausschnitt (eine Stelle im Hauptbild rechts unten) zeigt, wie dort zahlreiche, etwa 15–20 cm lange Fische im Wasser stehen, Fische, die offensichtlich den Fluss aufwärtsschwimmen wollen und hier „ratlos" an der obersten passierbaren Stelle stehen.

60   Aufnahme am 14.9.2003, 9 Uhr 00, horizontaler Bildwinkel 118°

Ein Kilometer oberhalb (hinter) der im Bild zu sehenden Brücke Ponte della Becca mündet der Ticino in den Po. Ticino und Adda sind die beiden größten Nebenflüsse des Po; die Adda hat das etwas größere Einzugsgebiet, der Ticino die etwas größere mittlere Wasserführung. Die Mündung des Ticino ist auch etwa die Stelle, wo die Eindeichung des Po beginnt. Am Aufnahmestandort ist der Po auf seiner rechten Seite (wo wir stehen) noch von einem 8 m hohen Terrassenabfall begrenzt, aber diese Höhe bietet hier keinen sicheren Schutz mehr vor Überschwemmungen. Auf der linken Seite, wo eine so hohe Terrasse fehlt, ist schon hier eine Begrenzung des Flussbettes durch Deiche notwendig. Terrassenstufen, die den Fluss von Natur aus einigermaßen verlässlich auf einen Hochwasserbereich beschränken, haben wir dort, wo infolge von Hebung des Untergrundes eine langfristige Tendenz zum Einschneiden besteht, d.h. in der Westhälfte der Po-Ebene. Unterhalb der Ticino-Mündung beginnt bald die beidseitige Eindeichung, die den Po dann auf fast 300 km Luftlinie bis zu seiner Mündung in die Adria begleitet. Die Deiche sind nur zum Teil für den Verkehr gesperrt, zum Teil sind ihre Fahrstraßen auch für den lokalen Verkehr unentbehrlich, so dass es Abschnitte gibt, wo man viele Kilometer auf dem Deich am Po entlangfahren kann und dabei immer wieder Ausblicke auf große Mäanderbögen des Flusses hat.

Das Bild gibt auch einen Hinweis auf wichtige Wochenend-Vergnügen des Italieners, la caccia und la pesca (die Jagd und das Angeln). Hierfür haben der Po und die Hochwasserbereiche eine besondere Bedeutung, sind sie doch Bereiche, wo sich in der dicht besiedelten und intensiv landwirtschaftlich genutzten Po-Ebene noch am besten eine Natur-Tierwelt entwickeln kann. Der Mitteleuropäer zögert zwar etwas, die vielen Pappel-Pflanzungen in Flussnähe als Wälder anzusehen, doch können sie sich durchaus zu Dickichten entwickeln, deren Durchquerung manchmal nicht ganz einfach ist. Hier werden Hasen und Fasanen gejagt, wobei freilich häufig sehr viele Jäger auf relativ wenig jagdbares Wild kommen. Das Angeln ist ein weniger geselliges Abenteuer. Hier sieht man oft schon früh am Morgen einsame Naturliebhaber am oder im Fluss stehen und darauf hoffen, einmal den Kampf mit einem 2 m langen Wels zu bestehen.

Der Po an der Brücke von Mezzanino (Italien)

Aufnahme am 10. 9. 2003, 18 Uhr 30, horizontaler Bildwinkel 111°

61

Es ist nicht ganz einfach zu sagen, wo das Po-Delta beginnt. Bereits westlich von Ferrara lässt sich die Abzweigung eines alten Po-Armes erkennen, der sich dann in den Po di Volano und den Po morto di Primaro aufspaltet. Aber schon die Bezeichnung „Toter Po" (Po morto) macht deutlich, dass diese Wasserläufe heute eher als Gräben anzusehen sind und weniger als Arme des Po. 40 km bevor der Po das Adriatische Meer erreicht, zweigt zum ersten Mal ein heute noch aktiver Arm ab, der Po di Goro. Er führt zwar weniger als 10% des Po-Wassers zur Südost-Ecke des Deltas, war aber im 14. Jahrhundert der Hauptarm des Po. 20 km weiter flussabwärts, das ist zugleich 20 km vor der Mündung in die Adria, beginnt dann mit einer doppelten Teilung der Teil des Deltas, der deutlich über die hier im Großen in Nord-Süd-Richtung verlaufende Küstenlinie nach Osten vorspringt. An dieser Stelle zweigen die heute als Abflusswege unbedeutenden Arme Po della Donzella (nach rechts) und 2 km danach nach links der Po della Maistra ab (durch den bis 1840 ¾ des Po-Wassers flossen). Der Hauptstrom wird jetzt Po di Venezia genannt. Er hat 10 km weiter östlich die heute wichtigste Gabelung in den Po delle Tolle und den Po della Pila, der sich 4 km vor der Mündung nochmals in drei Arme aufspaltet.

Unsere Aufnahme ist 30 km vor der Mündung des Po gemacht. Das Land liegt schon unter dem Meeresspiegel. Flächen, die durch Deiche vor Überflutungen geschützt sind, erfahren keine Aufhöhung mehr durch Ablagerung von Schwebstoffen, und ihre Oberfläche unterliegt deshalb voll der allgemeinen Absenkung. Unter natürlichen Bedingungen würde der Fluss bald in die jeweils tiefsten Gebiete ausbrechen, deren Rückstand in der Höhenlage dann durch Ablagerung von Sedimenten ausgeglichen würde.

Es wäre eine zu starke Vereinfachung, wenn man sich die Entwicklung des Po-Deltas so vorstellt, dass der Po aufgrund seiner gewaltigen Schwebstoffmengen sein Delta kontinuierlich in Richtung Adria vorbaut. Dieser natürlich vorhandenen Tendenz sind zwei andere gegenüberzustellen: die Absenkung des Untergrundes, die im Bereich des Deltas 6–7 mm pro Jahr beträgt, und der Anstieg des Meeresspiegels, besonders in den letzten hundert Jahren. So erfolgt die Ausdehnung des Deltas nach Osten zumindest weit langsamer, als aufgrund der Schwebstofffracht des Po zu erwarten wäre, und es wäre unter natürlichen Bedingungen durchaus denkbar, dass die Küstenlinie auch mal nach Westen zurückverlagert wird.

(Italien) Im Po-Delta bei Taglio di Po

62   Aufnahme am 7. 4. 2007, 10 Uhr 40, horizontaler Bildwinkel 212°

Pumpwerk im Po-Delta am Po delle Tolle (Italien)

Wir stehen auf einem der vier Rohre von anderthalb Metern Durchmesser, die die links gelegene Pumpstation mit einem der Haupt-Mündungsarme des Po, dem Po delle Tolle, verbinden, genau an der Stelle, wo die Rohre den Deich überqueren. Um die Perspektive des Bildes zu verstehen, muss man wissen, dass es einen horizontalen Bildwinkel von etwas über 200° umfasst, d.h. einen Bildwinkel, den man in der Natur nicht mit einem „Augenblick", sondern nur nacheinander durch Drehen des Kopfes oder des ganzen Körpers erfassen kann. Also links über das Rohr zur gelben Maschinenhalle der Pumpstation blicken, dann vorsichtig (ohne vom Rohr zu rutschen) nach rechts drehen und über dasselbe Rohr (ganz rechts im Bild) in die Gegenrichtung zum Po schauen.

Am Ufer des Po, über dem Ende des übernächsten Rohres, sieht man eine Pegelstation zur Registrierung des Wasserstands.

Die Pumpen sind mit einem hinter der Pumpstation gelegenen Kanal verbunden, der die jenseits des Po-Deiches gelegenen landwirtschaftlichen Nutzflächen entwässert. Ein Pumpwerk ist notwendig, weil der Wasserspiegel des Po-Armes hier immer höher liegt als das 1–2 m unter dem Meeresspiegel gelegene Land jenseits des Deiches. Eine natürliche Entwässerung ist unter diesen Bedingungen nicht möglich. Das Pumpwerk bedient ein Gebiet mit einer Größe von etwa 100 km^2 und die vier Pumpen haben zusammen eine Leistung von 3000 kW, also die Leistung eines kleinen Kraftwerks. Was diese Zahlen bedeuten, soll mit ein paar einfachen Rechnungen erläutert werden: Wenn bei mittlerem Wasserstand des Po der Wasserspiegel des Entwässerungskanals 3 m tiefer liegt als der des Po, kann man mit einer Pumpleistung von 3000 kW etwa 100 m³ Wasser pro Sekunde vom Kanal in den Po hochpumpen. Bei höherem Wasserstand des Po natürlich weniger; bei 6 m Höhenunterschied zwischen Kanal und Po würden die Pumpen nur 50 m³/s schaffen. Im Gebiet des Po-Deltas ist die mittlere jährliche Niederschlagsmenge nicht sehr hoch, etwa 700 mm. Das ergibt bei einer Fläche von 100 km² 70 Mio. m³ Wasser. Glücklicherweise verdunsten davon mehr als ⅔, so dass nur etwa 20 Mio. m³ wegzupumpen sind. Damit wäre das Pumpwerk bei voller Leistung zweieinhalb Tage beschäftigt.

So mag das Pumpwerk bei flüchtiger Betrachtung überdimensioniert erscheinen. Es ist aber zu bedenken, dass bei extremen Schlechtwetterlagen innerhalb weniger Tage auch mal über 100 mm Niederschlag fallen können, wobei davon – bei dem schlechten Wetter – fast nichts verdunstet, und es ist auch gar nicht so unwahrscheinlich, dass damit Hochwasser des Po einhergeht. Das brächte dann dem Pumpwerk kurzfristig Vollbeschäftigung für mehrere Tage!

Wenn dann noch eine Pumpe ausfällt, ist es schon nicht mehr reichlich, ganz zu schweigen von der eventuellen Notwendigkeit des Leerpumpens nach einem Deichbruch. Der Energiebedarf solch eines Pumpwerks ist erheblich. Man muss ja mindestens so viel Energie aufwenden (und wegen der Verluste noch etwas mehr), wie man gewinnen würde, wenn man das Wasser in umgekehrter Richtung durch Kraftwerksturbinen schickte.

Der maximale Abfluss des Po, der jemals am Eintritt in das Delta bestimmt wurde, betrug 12 000 m³/s. Das ist eine Wassermenge, bei der es keinen Sinn hat, an Pumpwerke zu denken. Da hilft nur Nachdenken, wie man das Wasser am besten dazu bringt, zwischen den Deichen zu bleiben und aus eigener Kraft zum Meer zu fließen.

63 Aufnahme am 22. 9. 2005, 7 Uhr 30, horizontaler Bildwinkel 141°

Florenz und der Arno (Italien)

Dass ein Fluss wie der Arno in diesem Buch vertreten ist, verdankt er wohl weniger seinem mittleren Abfluss von etwa $100 \, m^3/s$, der sich im Sommer zu einem Rinnsal reduziert, als dem Ruhm der Stadt Florenz. Ich hatte noch ein zweites Panorama des Arno in Betracht gezogen, das von einem anderen kulturellen Ruhm zehrt. Das ist ein Bild, welches den Arno mit der Brücke zeigt, die auf dem berühmten Bild der Mona Lisa zu sehen ist, aber es sprach dann doch einiges gegen mein Bild der Mona-Lisa-Brücke. Die Brücke ist wohl tatsächlich dieselbe wie auf dem Leonardo-da-Vinci-Bild, aber der Arno ist dort mittlerweile für ein kleines Wasserkraftwerk aufgestaut worden, was, bei aller Freude an technischen Entwürfen, Leonardo da Vinci wahrscheinlich veranlasst hätte, einen anderen Hintergrund für die Mona Lisa zu wählen; und außerdem erscheint es fraglich, ob man aus dem Lächeln der Mona Lisa Interesse für den Arno herauslesen kann – da zeigt die Linienführung des Ponte Vecchio in Florenz doch eindeutiger Vertrautheit mit Hochwasserfragen.

Von den Brücken der Stadt Florenz ist der von der Morgensonne hell erleuchtete Ponte Vecchio („die alte Brücke") am klarsten zu erkennen. Rechts davon, also weiter flussaufwärts, größtenteils von Häusern auf der linken Arno-Seite verdeckt, il Ponte delle Grazie. Hinter dem Ponte Vecchio (d.h. flussabwärts) wird der Arno noch von vier weiteren Bücken überquert: fast vollständig vom Ponte Vecchio verdeckt (nur ein Pfeiler ist hinter der Mitte des Ponte Vecchio sichtbar) il Ponte Santa Trinità, dann die Bögen des ebenfalls sehr alten Ponte alla Caraia, danach der modernere Ponte Amerigo Vespucci und schließlich, in etwas weiterem Abstand, il Ponte della Vittoria. Am rechten Ufer des Arno (der Arno fließt nach links) sieht man hohe Ufermauern (an einer Stelle mit überhängenden Bogenkonstruktionen zur Verbreiterung der Straße), Mauern, deren Höhe ahnen lässt, mit welcher Gewalt hier der Fluss bei Hochwasser vorbeischießen kann.

Il Ponte Vecchio ist das lebende Denkmal einer Brücke schlechthin, lebend, weil es erstaunlich ist, wie viele Katastrophen-Hochwässer diese Brücke überstanden hat. Erbaut wurde sie 1345 als Nachfolgerin einer ebenfalls überdachten Holzbrücke, an einer Stelle, wo schon zu Römerzeiten eine Brücke gestanden hatte. Auf der Brücke gibt es Geschäfte, in erster Linie Juweliergeschäfte, und in der Mitte der Brücke einen kleinen Platz.

1966 verursachte ein Hochwasser unermessliche Schäden an den Kunstschätzen der Uffizien (am rechten Ufer unmittelbar vor dem Ponte Vecchio) und am Archiv der Nationalbibliothek (der vom Ufer etwas zurückgesetzte, voll im Schatten liegende Bau am rechten Bildrand). Es wird manchmal gesagt, man hätte Florenz an einer anderen Stelle bauen sollen. Nun, eine wesentliche Funktion war bei der Gründung von Florenz wohl, wie bei vielen anderen Städten, die Kontrolle eines Flussübergangs. Sicher hätte man aus heutiger Sicht mehr Abstand lassen sollen, das Flussbett nicht so stark einengen sollen. Aber das konnte man, bei allem naturwissenschaftlichen Interesse, das die Medici neben der Kunstleidenschaft pflegten, vor 400–500 Jahren noch nicht ausreichend überblicken, und noch weniger im Jahr 1345. Heute wissen wir, dass man selbst nach einhundert oder zweihundert Jahren sorgfältiger Beobachtung und Aufzeichnung aller Hochwasserstände noch keine Gewissheit hat, dass es wesentlich schlimmer nicht kommen kann. Das gilt insbesondere für kleinere Flüsse. Die Ursache für extremes Hochwasser ist immer das Zusammentreffen unglücklicher Umstände. Es spielen nicht nur der Wasserstand und der Niederschlag der vergangenen Wochen eine Rolle, der Regen der letzten Tage und wie viel Wasser der Boden noch aufnehmen kann. Es können auch extrem starke, kurze Gewitterregen wichtig werden, die durch sie verursachten Hochwasserwellen und die zeitliche Staffelung, in der Hochwasserwellen von verschiedenen Flüssen zusammentreffen. Wenn man Hochwasserwerte aus 30, 50 oder gar 100 Jahren hat, dann ergeben sich allerdings schon gewisse Regeln, wie extrem ungünstige Kombinationen die Werte noch steigern können, man kann dann ein „Jahrhundert-Hochwasser" und ein „Jahrtausend-Hochwasser" berechnen. Man sieht dann u. U., dass das Jahrtausend-Hochwasser noch eine unglaubliche Steigerung gegenüber dem Jahrhundert-Hochwasser darstellt. Nur sind das Wahrscheinlichkeitsberechnungen und keine Vorhersagen. Es kann bis zum nächsten Jahrhundert-Hochwasser noch 150 Jahre dauern, oder es kann in zwei Monaten ein Jahrtausend-Hochwasser eintreten.

64 | Aufnahme am 4.4.2007, 12 Uhr 00, horizontaler Bildwinkel 223°

Der Tiber von der Engelsburg (Italien)

Im europäischen Maßstab hält sich die Bedeutung des Tibers in Grenzen. Sein mittlerer Abfluss von 230 m³/s liegt in derselben Größenordnung wie der von Seine, Mosel, Main, Weser, Havel. Aber es ist der Fluss, der durch die Ewige Stadt fließt! Deshalb sollte wenigstens ein Bild des Tibers in diesem Buch nicht fehlen, am besten ein Bild, das seine Rolle in Rom zeigt.

Da das Bild einen größeren Abschnitt des Tibers zeigen sollte – möglichst ein Blick von einer Stelle, wo der flussaufwärts gerichtete Blick dann bis zur Flussabwärtsrichtung schwenken kann und gleichzeitig dabei auch auf ein oder zwei der berühmten Baudenkmäler Roms trifft –, gab es gar nicht so viele Möglichkeiten. Nachdem ich die drei bis vier Möglichkeiten abgelaufen hatte, entschied ich mich für die Engelsburg, wo eine Terrasse einen umfassenden Blick flussaufwärts und flussabwärts versprach. Das Problem auf dieser Terrasse war dann aber, dass sich der volle Blick flussaufwärts und flussabwärts erst mithilfe von Fotos von den zwei äußersten Ecken der Terrasse ergab, und ein so großer Abstand der Fotopunkte bewirkt Probleme beim Zusammensetzen der Bilder zu einem Panorama. Die Lösung war dann der Blick zwischen zwei Säulen auf einer höheren Galerie, von der den Betrachter allerdings ein Eisengeländer trennte – und die strengen Blicke der Aufseher. Es hat geklappt, aber ich war unsicher, ob ich am nächsten Tag bei vielleicht sonnigerem Wetter hätte wiederkommen dürfen, denn das gebieterische „No, è vietato, ritorna subito" habe ich überhört, um mit zwei weiteren Klicks das Panorama zu vollenden.

Bei solch einem Bildwinkel von über 200° ist es unmöglich, dass die Kante des Marmorbalkens am unteren Bildrand eine Gerade bleibt, obwohl die Mitte der Säule links, der Kamerastandort und der rechte Bildrand auf einer geraden Linie liegen. Es ist eine ähnliche Aufnahmesituation wie die bei Bild 68 erläuterte. Zum Verständnis der Perspektive des Bildes ist es besser, man geht so dicht, wie man noch scharf sehen kann, an das Bild heran, schaut nach links flussaufwärts und zur Säule und wendet dann den Kopf, bis man rechts, fast in der Gegenrichtung zum anfänglichen Blick, den Petersdom erblickt.

In der Bildmitte geht der Blick über die Brücke (oder vielleicht besser den Ponte) S. Angelo mit seinen zehn barocken Engelsstatuen von Gian Lorenzo Bernini. Die nächste Brücke weiter rechts, flussabwärts, ist der Ponte Vittorio Emanuele II, der ebenfalls mit Stauen geschmückt ist, in diesem Fall vier Gruppenplastiken aus Travertin, die Ideale der Einigung Italiens verkörpern. Die etwas modernere, weniger künstlerisch ausgestaltete Brücke dahinter trägt den Namen des Fürsten Principe Amedeo Savoia Aosta. Das sind nur drei von den insgesamt 24 Brücken, die im engeren Stadtgebiet von Rom über den Tiber führen. Rechts von diesen Brücken sieht man die Kuppel des Petersdoms über den Horizont aufragen.

| 65 | Aufnahme am 23.4.2007, 18 Uhr 30, horizontaler Bildwinkel 201°

Die Somme – ein kleiner Fluss mit traurigem Ruhm (Frankreich)

Die Somme ist ein kleiner Fluss in Nordfrankreich, der mit einer Einzugsgebietsgröße von knapp 7000 km² bis zu seiner Mündung in den Ärmelkanal eine mittlere Wasserführung von etwa 60 m³/s zusammenbringt, also ein Fluss einer Größe, von der es in Europa um die tausend gibt, hinsichtlich der Größe vergleichbar mit den deutschen Flüssen Ems, Leine oder Fulda. Dass dieser Fluss ein Bild in einem Buch über die Flüsse Europas bekommen hat, lässt sich wohl am überzeugendsten damit begründen, dass selbst nach fast 100 Jahren eine Begründung immer noch kaum erforderlich ist. Die Somme ist von einer Stätte grauenvoller Erinnerungen zu einem Mahnmal geworden, zu einem Symbol für die Sinnlosigkeit von Kriegen, aber glücklicherweise auch zu einem Symbol für Versöhnung auf Friedhöfen. Ein Deutscher muss heute keinen feindseligen Blick befürchten, wenn er beim Besuch von einem der vielen Soldatenfriedhöfe einem Engländer, Kanadier oder Neuseeländer begegnet, und auch für die Franzosen bedeutet solch eine Begegnung mittlerweile ebenso die Erinnerung an Versöhnung wie an Krieg.

Allerdings spürt man im Gespräch mit den Einheimischen, dass viele von ihnen nicht ewig in einem Land leben wollen, dessen alles beherrschende touristische Bedeutung die nachdenkliche Begegnung ehemaliger Feinde ist. Sie möchten jetzt einen Tourismus aufbauen, der auch Erinnerungen an unbeschwerte Erholung und reizvolle Landschaften zurücklässt.

Zu Beginn des Ersten Weltkriegs hatten die deutschen Truppen innerhalb weniger Wochen Belgien und Ostfrankreich besetzt. Dann wurde der Vormarsch durch einen Stellungskrieg abgelöst, in dem selbst durch Offensiven, vor allem im Sommer 1916, mit ungeheuren Verlusten (50 000 Gefallene an einem Tag) keine Seite wesentliche Veränderungen der Front erzwingen konnte.

Das Bild zeigt einen Blick auf die Somme in der Nähe von Albert, etwa auf halbem Weg zwischen Amiens und St. Quentin. Der Aufnahmestandort liegt nördlich des Flusses an einem Punkt, der während des Stellungskriegs Anfang Juli 1916 zeitweilig zwischen den Linien lag. Auf den im Bild links besonders gut erkennbaren Anhöhen waren die Stellungen der Deutschen; im Süden, d.h. in der Bildmitte jenseits des Flusses, die der Allierten. Mit unmenschlichem Truppeneinsatz wurde eine Entscheidung des Kriegs gesucht. Was von diesen Schlachten heute noch sichtbar ist, sind die Friedhöfe und Denkmäler zu beiden Seiten der Somme.

Aufnahme am 23.4.2007, 10 Uhr 10, horizontaler Bildwinkel 228°

Blick vom Eiffelturm auf Paris und die Seine (Frankreich)

Das im 12. Jahrhundert geschaffene Wappen von Paris zeigt, unter einem blauen Streifen mit Bourbonen-Lilien, auf rotem Untergrund ein Segelschiff, ein Handelsschiff. Heute würde man die Hafenfunktion von Paris wohl nicht an erster Stelle nennen, aber man kann auf diesem Bild erkennen, dass die Seine für die Schifffahrt immer noch eine beachtliche Rolle spielt. Paris hat, gemessen am Umschlag, immerhin den zweitgrößten Binnenhafen Europas, hinter Duisburg am Rhein. Es ist etwas schwierig, auf dem Bild einen ausgesprochenen Hafen zu erkennen, denn der Warenumschlag erfolgt in erster Linie über lange Kaistrecken ohne ausgesprochene Hafenbecken, wie sie sich 18 km weiter flussabwärts in Gennevilliers befinden. In Paris werden in erster Linie entladen: Baumaterialien und Treibstoffe. In größerem Umfang beladen werden Schiffe bei den 6 km flussabwärts gelegenen Autowerken in Billancourt. Die Bezeichnung „Port Autonome de Paris" (autonomer Hafen von Paris) schließt alle Häfen innerhalb der Agglomeration Paris ein, bis zu Häfen an der Oise und der Marne.

Der Blick vom Eiffelturm ist für den, der Paris lieben gelernt hat, nicht unbedingt in jeder Hinsicht ein Höhepunkt. Natürlich ist es die höchste Aussicht, die Paris außer vom Flugzeug zu bieten hat, und der Eiffelturm ist natürlich das Wahrzeichen von Paris, aber das, was die Erinnerungen der Parisbesucher in erster Linie prägt, sieht man kaum: Man sieht nicht die Kai-Promenaden mit den Kästen der Bouquinisten und man braucht ein Fernglas, um Notre-Dame und la Place de la Concorde sicher ausmachen zu können. Wenigstens Sacré-Cœur ist am Horizont gut zu erkennen und auch der Arc de Triomphe (etwa über dem fahrenden Ausflugsboot in der rechten Bildhälfte).

Dominiert wird die Aussicht vom Eiffelturm von der Achse Pont d'Iéna – Palais Chaillot in der Bildmitte und dem Blick flussabwärts über die Seine nach Südwesten. Was die Touristeninteressen betrifft, hat der Eiffelturm, sieht man von seiner eigenen überragenden Bedeutung ab, schon eine etwas randliche Lage. Er ist noch genügend weit entfernt von den Industriegebieten weiter im Westen, aber die meisten touristischen Ziele von Paris liegen nahe dem rechten Bildrand oder noch weiter rechts (also schon außerhalb des Bildes). So hat die Aussicht vom Eiffelturm vor allem die Aufgabe zu zeigen, dass Paris weit mehr ist als nur die Île de la Cité, Jardin du Luxembourg und Sacré-Cœur, und dass die Seine in Paris noch mehr Aufgaben hat als den Hintergrund zu liefern für Fahrten mit Bateaux-Mouches, Spaziergänge an den Kais und für ein Picknick à la Clochard.

67   Aufnahme am 16.4.2005, 16 Uhr 00, horizontaler Bildwinkel 218°

Der Blick von der Höhe von Bonsecours flussabwärts, nach rechts, zeigt uns auf der Seine, rechts von der Autobahnbrücke, eine ganze Reihe von Frachtkähnen der Binnenschifffahrt. Seeschiffe können nicht bis hierher fahren, da sie die vier weiter flussabwärts gelegenen Brücken nicht passieren können. Der Hafen für Seeschiffe beginnt aber bereits unterhalb der untersten dieser vier Brücken, mit Kais an beiden Ufern. Gleich unterhalb der Biegung, mit der sich der Fluss unserem Blick entzieht, gibt es dann auch vier große Hafenbecken für Seeschiffe. Weitere Hafenbecken für Seeschiffe finden sich 8 km weiter flussabwärts, bei Grand-Couronne.

Wie weit Seeschiffe einen Fluss hinauffahren können, wird in erster Linie bestimmt durch die Tiefe des Fahrwassers und die Höhe der Brücken. Zwischen beidem besteht insofern ein Zusammenhang, als der Bau kostspieliger Brücken mit großer Durchfahrtshöhe nur dann gerechtfertigt ist, wenn die Fahrwasserbedingungen die Passage von Seeschiffen mit entsprechend hohen Aufbauten zulassen. Rouen bildet in dieser Frage für die Seine die entscheidende Grenze. Die beiden weiter flussabwärts die Seine überquerenden Brücken, le Pont de Tancarville und die Autobahnbrücke, haben eine auch für Seeschiffe ausreichende Durchfahrtshöhe. Die Binnenschifffahrt endet flussabwärts nicht in Rouen,

Die Seine und Rouen   (Frankreich)

sondern kann, zuletzt über den Canal de Tancarville, noch bis Le Havre weitergehen, dem Hafen, der auch für größte Seeschiffe noch erreichbar ist. Bis Rouen ist auch der Gezeiteneinfluss gerade noch spürbar.

Die Entfernung von Rouen bis zur Seine-Mündung bei Le Havre beträgt auf der Luftlinie etwa 70 km. Die Schiffe haben aber wegen der gewaltigen Mäanderbögen der Seine, die Kreisen mit einem Durchmesser von etwa 10 km entsprechen, von Rouen bis Le Havre 125 km zurückzulegen. Ähnlich verlängert durch Mäanderbögen ist die Schifffahrtsroute gegenüber der Luftlinie auch auf der Strecke Rouen–Paris.

Es ist bemerkenswert, wie gut Rouen seine Rolle als Seehafen bewahren konnte, obwohl die Tiefe der von der unteren Seine gebildeten Fahrrinne nur Seeschiffe mittlerer Größe zulässt. Der Hauptkonkurrent Le Havre ist deshalb in bestimmten Bereichen, z.B. bei Erdölprodukten oder als Hafen für große Passagierschiffe, fast allein zuständig. Die Tradition industrieller Produktion und die Tatsache, dass es der Paris am nächsten gelegene Seehafen ist, haben Rouen aber erlaubt, sich als Seehafen neben Le Havre zu behaupten.

Rechts von den vier Brücken liegt die Altstadt. Schaut man sich diesen Bereich des Bildes genauer an, wird man verstehen, dass Rouen auch als die Stadt der hundert Kirchtürme bezeichnet wird. Der Turm der Kathedrale ist der, dessen dunkle Spitze bis über den Horizont reicht.

| 68 | Aufnahme am 15.4.2005, 19 Uhr 00, horizontaler Bildwinkel 182° |

Diese Brücke mit einer Durchfahrtshöhe von 50 m, unter der der Verkehr von Seeschiffen nach Rouen durchgeht, wurde 1959 als erste Brücke unterhalb von Rouen gebaut. Sie war bis vor wenigen Jahren, bis zum Bau der Autobahnbrücke Pont de Normandie, die unterste Möglichkeit, die Seine auf einer Brücke zu überqueren. Die Felsen im linken Viertel des Bildes sind Kreidekalke, die an der französischen Kanalküste östlich von Le Havre so malerische Kliffs bilden wie auch auf der englischen Seite bei Dover.

Hinter den weiß-roten Masten der Hochspannungsleitung beginnt der unterste große Mäanderbogen der Seine. An dieser Stelle geht also die Mäanderstrecke unterhalb von Paris in eine ganz von den Gezeiten geprägte Trichtermündung über. Die Gezeitenwellen dringen auch weiter flussaufwärts vor (etwa bis Rouen) und helfen in diesem Abschnitt, eine für mittlere Seeschiffe ausreichende Fahrwassertiefe zu erhalten. Nur ist der Grundriss des Flussbettes (die Mäanderbögen) im Gegensatz zur Trichtermündung nicht von den Ge-

Blick von der Brücke von Tancarville seineaufwärts (Frankreich)

146

zeiten geprägt, sondern vom Fluss. Das ist im Zusammenhang zu sehen mit dem Anstieg des Meeresspiegels seit dem Ende der letzten Eiszeit: Je höher flussaufwärts ein Flussabschnitt gelegen ist, desto längere Zeit und desto vorherrschender wurde das Flussbett vom Fluss und nicht von den Gezeitenströmen gestaltet.

Dieses Panorama demonstriert mal wieder anschaulich eines der geometrischen Probleme der Panorama-Fotografie: Die Reihe von Nieten auf dem roten Stahlträger am linken Bildrand und die linke Nietenreihe auf dem roten Stahlträger am rechten Bildrand sind in der Natur Abschnitte derselben Geraden. Sie würden auch dem Betrachter des Bildes wieder als eine einzige Gerade erscheinen, wenn man das Bild auf der Innenseite eines Zylinders, z.B. einer Plakatsäule, anbringt und von der Mitte des Zylinders aus betrachtet. Man könnte sie dann natürlich nicht wirklich gleichzeitig, nicht ohne Drehen des Kopfes „mit einem Blick" sehen. Aber das kann man auch nicht in der Natur.

69   Aufnahme am 17.4.2005, 18 Uhr 40, horizontaler Bildwinkel 240°

Die Loire mit Schloss Amboise (Frankreich)

Für den Frankreich-Touristen sind mit dem Namen der Loire untrennbar verbunden die Schlösser der Loire, les Chateaux de la Loire. Nicht alle von ihnen liegen direkt an der Loire, doch haben einige tatsächlich eine spektakuläre Lage direkt am Fluss, z.B. Amboise, das hier mit dem flussabwärts anschließenden Teil des Flusses von der gegenüber dem Schloss liegenden Flussinsel fotografiert wurde. Neben diesem kunsthistorischen Ruhm ist der Name der Loire auch auf das Engste verbunden mit einem Weinbaugebiet, das den französischen Winzern auch bei Weißweinen Weltgeltung verschafft hat.

Die Loire gilt als ein Fluss, der wegen seiner unregelmäßigen Wasserführung und wegen seines streckenweise stark versandeten Flussbettes für die Schifffahrt zu schwierig ist. In der Tat gibt es – außer etwas Ausflugsverkehr auf Schiffen mit geringem Tiefgang und dem Verkehr mit Seeschiffen im Mündungstrichter der Loire bis Nantes – heute praktisch keine Schifffahrt auf der Loire. Man darf aber nicht vergessen, dass die Loire über viele Jahrhunderte große Bedeutung für die Schifffahrt hatte, ja zeitweise der in dieser Hinsicht wichtigste Fluss von Frankreich gewesen ist.

Wenn man auf die Unregelmäßigkeit der Wasserführung der Loire hinweist, dann sollte man nicht übertreiben. Die Loire ist kein mediterraner Fluss, der im Sommer nur noch ein Rinnsal wäre. Der Unterschied zwischen der höchsten mittleren monatlichen Wasserführung und der niedrigsten ist zwar mehr als doppelt so groß wie bei Rhein und Donau, aber man hat da die Loire doch eher mit der Seine zu vergleichen, bei der es in dieser Hinsicht nicht viel anders ist. Der Grund für die verschwundene Bedeutung der Loire für die Schifffahrt liegt vielmehr darin, dass in der durch die Loire gegebenen Ost-West-Richtung heute kein ausreichendes Bedürfnis für Massentransporte besteht, das einen Ausbau als Schifffahrtsstraße rechtfertigen würde.

Eine Binnenschifffahrts-Verbindung entlang der oberen Loire (St. Etienne – Roanne – Nevers) ist über parallel zur Loire geführte Kanäle, mit einer Kanalverbindung nach Paris, ja gegeben.

So können wir uns glücklich schätzen, dass wir zusammen mit den Schlössern der Loire auch noch eine verhältnismäßig naturnahe Loire bewundern können. Dass sie durchweg eingedeicht ist, damit der flache Talboden nicht zu sehr unter Überschwemmungen zu leiden hat, müssen wir als Tribut an unseren Wohlstand wohl akzeptieren.

70 | Aufnahme am 8.5.2005, 9 Uhr 10, horizontaler Bildwinkel 199°

Die Tarn-Schlucht (Frankreich)

Das Französische Zentralmassiv umfasst eine Reihe sehr unterschiedlicher Landschaften, z.B. die Vulkankegel der Auvergne, die Grünlandplateaus des Limousin oder den steilen Abfall nach Südosten, der Cevennen genannt wird. Unmittelbar nordwestlich dieses Steilabfalls der Cevennen wird das Landschaftsbild geprägt von einem in der Osthälfte teilweise über tausend Meter hoch gelegenen Kalkplateau, in das mehrere Flüsse tiefe Schluchten eingegraben haben. Sie teilen dadurch das Kalkplateau in mehrere Teilplateaus, die Causses genannt werden. Dass es in diesem südöstlichen Teil des Zentralmassivs zur Bildung von solch tiefen Tälern zwischen hochgelegenen, aber flachen Plateaulandschaften gekommen ist, haben wir zwei Tatsachen zu verdanken: einmal, dass dieses Gebiet vor 200–150 Mio. Jahren (Jurazeit) ein flaches Meeresbecken war, wo in dem Maße, wie sich das Becken senkte, Kalkschichten, z.B. Korallenkalke, abgelagert wurden. Am stärksten war die Senkung im Gebiet der heutigen Causses, und deshalb sind dort die Kalkschichten am mächtigsten. Die andere wichtige Voraussetzung ist eine Grundregel über das Verhalten von Kalkstein, der nach einer Heraushebung der Erosion ausgesetzt ist: Massiver, fester Kalkstein ist gegenüber einem erodierenden Fluss viel weicher als etwa Granit oder Gneis, deshalb kann sich ein größerer Fluss in Kalkgestein ziemlich leicht einschneiden. Derselbe Kalkstein kann sich aber gegenüber der allgemeinen Hangabtragung durch Rutschungen und langsame Bodenbewegungen hervorragend behaupten. Dadurch konnten die steilen Felswände und großen Plateaus über Millionen Jahre erhalten bleiben.

Wir stehen am Südrand der Causse de Sauveterre und haben in der Bildmitte jenseits des Tarn die Causse Mejean vor uns. Die Tarn-Schlucht, in die wir vom Point Sublime hineinblicken (links der Bildmitte flussaufwärts, rechts flussabwärts), ist eine der eindrucksvollsten Schluchten zwischen den Causses. Im

Französischen spricht man von den Schluchten des Tarn (les gorges du Tarn). Sie ziehen sich mit steilen Felsflanken über insgesamt mehr als 50 km von Osten nach Westen. Ähnliche Schluchten haben auch die Tarn-Nebenflüsse Jonte, Dourbie und Trevesel. Im Bereich der tief eingeschnittenen Schluchten scheinen diese Flüsse keine Nebenflüsse zu haben. Alle Niederschläge, die auf den Causses fallen, versickern in Dolinentrichtern und Spalten der Causses, ohne dass es auf den Plateaus zu sichtbaren Bächen oder Flüssen kommt. Unterirdisch, in Höhlen der Kalkplateaus, findet eine Entwässerung durch Bäche statt, die sich erst am Grund der Schluchten, meist unauffällig, mit dem großen Fluss vereinigen.

Dass die großen Flüsse wie Tarn, Jonte, Dourbie nicht auch versickern, liegt daran, dass diese Flüsse beim Einschneiden in den Untergrund ein Stockwerk erreicht haben, das voll mit Grundwasser durchtränkt ist. Dieses Grundwasser hindert auch die unterirdischen Bäche der Causses daran, unterirdisch weiterzufließen, und zwingt sie, sich am Talgrund mit dem Hauptfluss zu vereinigen.

Wie rigoros das Prinzip gilt, dass es auf den Causses keine Bäche und Flüsse gibt, hängt etwas davon ab, wie mächtig (dick) die Kalkschichten sind. Bei den nördlichen großen Causses (Causse de Sauveterre und Causse Mejean) gilt es praktisch ausnahmslos. Wo die Kalkschichten nur geringere Ausdehnung und Mächtigkeit haben, kann es zu interessanten Varianten kommen wie z.B. beim Bonheur, der auf wasserundurchlässigem Gneis seinen Lauf beginnt, 3 km nach Eintritt in eine Kalkzone versickert, um nach einem weiteren Kilometer als Bramabieu wieder zu Tage zu treten – übrigens eine klassische Stelle bei der Erforschung der Höhlensysteme der Causses.

| 71 | Aufnahme am 12.9.2006, 9 Uhr 00, horizontaler Bildwinkel 271° |

Der Genfer See und die Rhone (Schweiz)

Wir stehen auf einem knapp 2000 m hohen Gipfel am Ostende des Genfer Sees in der Schweiz, nur 3 km von der Grenze zu Frankreich entfernt. Ein Blick zu dem Punkt, an dem das gelb-trübe Wasser der Rhone im Blaugrün des Genfer Sees endet, markiert die Nordost-Richtung. Genau in dieser Richtung liegt am jenseitigen Ufer des Genfer Sees die Stadt Montreux; etwas weiter links, mehr im Sonnenlicht als Montreux, die Stadt Vevey. Am diesseitigen Ufer befindet sich, wie der Westteil von Vevey in der Sonne leuchtend, St. Gingolph (im linken Drittel des Bildes). Die Grenze zwischen der Schweiz und Frankreich läuft mitten durch dieses Dorf. In derselben Richtung wie St. Gingolph sieht man am jenseitigen Ufer des Sees eine weitere große Stadt: Lausanne. Die Sonne steht hinter einem Wolkenschleier im Südosten. Etwas weiter rechts, aus südsüdöstlicher Richtung, kommt durch das Rhonequertal die Rhone.

Die grauen Gesteinsplatten im Vordergrund lassen erkennen, dass unser Gipfel und sein nach Osten führender Grat aus grob gebanktem Kalk aufgebaut sind. Wir befinden uns hier im Gebiet der Préalpes, was an sich so viel wie „Voralpen" bedeutet, hier aber vor allem als eine geologische Einordnung zu verstehen ist, als das Gebiet einer ausgedehnten „Decke" von Sedimentgesteinen, die über die in unserem Rücken liegenden Kristallinmassive in Nordwest-Richtung hinübergeschoben wurden. Zu diesen Préalpes gehören auch die Berge jenseits der Rhone, all die Felsspitzen zwischen Montreux und dem hellen Himmelsbereich im Südosten.

Im Kartenbild sind beim Genfer See deutlich zwei Teile zu erkennen: der schmale „Petit Lac" (kleiner See) im Westen, der etwa ein Drittel der Gesamtlänge einnimmt, und der „Grand Lac" im Osten. Die tiefste Stelle mit 310 m Wassertiefe liegt ziemlich genau in der Mitte des Grand Lac, also beim östlichen Drittel des Gesamtsees. Da der Seespiegel heute in einer Höhe von 372 m liegt, wird an der tiefsten Stelle eine Höhe von nur 62 m über dem Meer erreicht. Von unserem Berggipfel aus überschauen wir fast den gesamten Grand Lac. Die tiefste Stelle des Sees liegt etwa vor Lausanne, in der Mitte des Sees. Westlich (links) von Lausanne wird der Horizont gebildet von Kämmen des Schweizer Jura. Zwischen diesen Juraketten und Lausanne ist dicht bei Lausanne eine Niederungszone zu erkennen, in der man nur auf 460 m Höhe anzusteigen braucht, um in das Einzugsgebiet des Lac de Neuchâtel und damit des Rheins zu kommen.

Die tiefe Wanne des Genfer Sees kann nicht von der Rhone geschaffen worden sein. In engen Durchbruchstälern, z.B. beim Eisernen Tor, kann es schon mal vorkommen, dass ein Fluss bei hoher Fließgeschwindigkeit

Kolke schafft, die bis zu 50 m unter den Wasserspiegel reichen. Die tiefeste Stelle des Genfer Sees ist aber keine Engstelle, sondern eine 5 km breite Wanne, und sie liegt mehr als 300 m unter dem Wasserspiegel. Die einzige sinnvolle Erklärungsmöglichkeit bietet hier der eiszeitliche Rhonegletscher. Seine Eisoberfläche lag an der Stelle, wo heute die Rhone in den See mündet, in einer Höhe von etwa 1700 m, d. h., das Eis war weit mehr als 1000 m mächtig. Solch ein Eisstrom, der aus einem Alpental in das Vorland quillt, schürft den Boden aus, solange er von Talflanken zusammengehalten wird. Wenn er sich dann aber im Vorland verbreitert, erlahmt seine Erosionskraft und er geht dazu über, Moränen abzulagern. So ist das Becken des Genfer Sees durch drei Vorgänge zu erklären: Ausschürfung des älteren Flusstals in dem Bereich, wo es an den Talflanken noch hohe Berge gibt, Verstopfung des älteren Flusstals durch Moränen in dem Bereich, wo der Gletscher beginnt, sich seitlich auszubreiten, und langfristig auch der Einfluss von Bewegungen der Erdkruste auf die Talentwicklung.

Unmittelbar nach dem Abschmelzen des eiszeitlichen Rhonegletschers hat der Genfer See mindestens noch 20 km weiter nach rechts, nach Südosten gereicht. Der ganze Bereich unter dem hell überstrahlten Himmel, wo der Wasserspiegel der Rhone im Gegenlicht glänzt und die Rhone von einem breiten, ebenen Talboden begleitet wird, war zunächst Teil des Genfer Sees. Seitdem hat die Rhone fortlaufend in diesen See ihre Feststofffracht vorgeschüttet: Wo das Wasser noch tief ist, kommen Schwebstoffe zur Ablagerung, die ganz ruhiges Wasser brauchen, um abzusinken. Wenn durch die Schwebstoffablagerung das Wasser schon flacher geworden ist und sich dadurch die Flussströmung schon bemerkbar macht, werden Sande abgelagert, und zum Schluss breitet der Fluss noch Schotter darüber aus. Diese Zonen haben sich im Genfer See immer weiter nach Nordwesten verlagert; die augenblickliche Lage der Rhone-Mündung ist nur eine Momentaufnahme.

Es wurde schon darauf hingewiesen, dass die Wasserscheide zum Rhein nördlich des Genfer Sees an einer Stelle nur 460 m hoch liegt, also nur 90 m über dem Seespiegel. Die Moränenkränze, durch die sich die Rhone nach dem Verlassen des Genfer Sees westlich von Genf durchzwängen muss, haben eine ähnliche Höhe. Da es innerhalb der letzten zwei Millionen Jahre eine ganze Reihe von Eiszeiten gegeben hat, ist kaum anzunehmen, dass die Rhone jedes Mal nach dem Abschmelzen des Eises vom Genfer See aus den Weg nach Westen gefunden hat. Sie ist offensichtlich zeitweilig auch nach Norden geflossen, war dann also Nebenfluss des Rheins oder sogar der Ursprung des Rheins.

72 Aufnahme am 29.4.2003, 10 Uhr 40, horizontaler Bildwinkel 202°

Die Mündung der Isère in die Rhone, Schleuse und Kraftwerk Bourg-les-Valence (Frankreich)

Das Bild vermittelt einen Eindruck, in welchem Maße die untere Rhone durch Kraftwerke und den Ausbau zur Groß-Schifffahrtsstraße umgestaltet worden ist. Im rechten Viertel des Bildes sieht man jenseits der Rhone, also an ihrem linken Ufer, die Stadt Valence. Die Rhone ist in zwei Arme aufgespalten: Der rechte ist das ursprüngliche Bett der Rhone, in dem – ausgenommen bei Hochwasser – nur noch geringe Wassermengen abfließen. Der linke ist die moderne Groß-Schifffahrtsstraße, in die auch die Kraftwerksstufen eingebaut sind. Vor der Stadt Valence sieht man die Staustufe Bourg-les-Valence mit Schleuse (links) und Maschinenhalle des Kraftwerks (rechts). Zwei Frachtschiffe haben gerade die Schleuse verlassen, um flussaufwärts zu fahren.

Verfolgt man die Schifffahrtsstraße flussaufwärts, so gelangt man etwas links der Bildmitte an die Mündung der Isère, die jetzt auch in den Stauraum der Stufe Bourg-les-Valence einbezogen ist. Am linken Bildrand kann man erkennen, wie der Schifffahrtskanal vom gewundenen Lauf der Rhone abzweigt. Da man an dieser Abzweigungsstelle kein Wehr sehen kann, ist klar, dass weiter unterhalb der das Wasser der Rhone führende Schifffahrts- und

Kraftwerkskanal vom alten Rhonelauf abgetrennt sein muss. Diese Aufgabe hat der Damm von Glun, der durch den Hang im Vordergrund verdeckt ist. Es gibt an der unteren Rhone zwischen Lyon und Tarascon eine beträchtliche Zahl von Seitenkanälen und Kraftwerksstufen dieser Art. Gemessen an dem Aufwand, der für den Ausbau der Schifffahrtsstraße getrieben wurde, ist der Schiffsverkehr immer noch als bescheiden zu bezeichnen. In das System der Rhone-Seitenkanäle sind auch mehrere Nuklearanlagen mit ihrem Kühlwasserbedarf eingebunden.

| 73 | Aufnahme am 3. 5. 2004, 17 Uhr 30, horizontaler Bildwinkel 100°

Die Vaucluse-Quelle gilt als die größte Karstquelle Europas. Hier tritt an der Südwestecke eines Kalk-Hochplateaus, des „Plateau de Vaucluse" mit einem Schlag ein Fluss mit einer mittleren Wasserführung von fast 30 m^3/s an die Erdoberfläche, also ein Fluss einer Größe, die etwa mit deutschen Flussnamen wie Aller, Fulda, Eder zu verbinden ist. Die Aufnahme wurde etwa 50 m nördlich des obersten Quellaustritts aufgenommen und zeigt starke Quellen zwischen Kalkblöcken am rechten Hang. Innerhalb von weniger als 100 m Entfernung ist hier dann der gesamte Fluss, die Sorgue, zusammengekommen.

Geht man davon aus, dass in dieser Gegend pro Jahr im Durchschnitt etwa 900 mm Niederschlag fallen und dass davon ungefähr ein Drittel verdunstet, bevor das Wasser in den Untergrund versickert, dann ist eine Fläche von etwa 1500 km^2 erforderlich, um eine mittlere Wasserführung von 30 m^3/s zusammenzubringen. Das sich nordöstlich der Vaucluse-Quelle ausdehnende Hochplateau, das Plateau de Vaucluse, auf dem Höhenlagen zwischen 800 und 1200 m vorherrschen, nimmt als Rechteck von etwa 40 × 25 km eine deutlich kleinere Fläche (1000 km^2) ein. Man kann sich aber gut vorstellen, dass auch die stärker in Gebirgskämme gegliederten Kalkgebiete nördlich des Vaucluse-Plateaus einen wesentlichen Beitrag zur Ernährung der Vaucluse-Quelle liefern. Die Überlegungen zur erforderlichen Größe des Einzugsgebiets haben dazu geführt, dass auch die Möglichkeit einer unterirdischen Verbindung zu einem anderen Flusssystem in Erwägung gezogen wurde, etwa in derselben Weise, wie ein Teil des Donauwassers in den Kalken der Schwäbischen Alb versickert, um im Aachtopf wieder zutage zu treten und über die Radolfzeller Aach dem Bodensee und damit dem Rhein zugute zu kommen. Es ist aber in der weiteren Umgebung der Vaucluse-Quelle keine genügend hoch gelegene Versickerungsstelle, etwa an der Durance, zu erkennen, die die Aussicht verspricht, dass man durch Farbstoffe oder andere „Tracer" eine unterirdische Verbindung nachweisen kann. Selbst wenn der Nachweis einer Verbindung gelänge, hätte man damit noch keine klare Antwort auf die Frage nach dem Einzugsgebiet der Sorgue, die wohl mit sinnvollem Aufwand kaum abschließend zu klären ist. Die Rechnung zur Schätzung der Einzugsgebietsgröße der Vaucluse-Quelle ist übrigens gar nicht so schwierig nachzuvollziehen: 900 mm Niederschlag abzüglich 30 % Verdunstung sind 630 mm oder 0,63 m. Multipliziert mit der Fläche von 1 500 000 000 m^2 ergibt das 945 000 000 m^3 Wasser – pro Jahr. Geteilt durch die Zahl der Sekunden eines Jahres (31 557 600) sind das 29,95 m^3/s.

Die Art, in der sich die „Schüttung" der Vaucluse-Quelle, also ihre Wasserführung, ändert, gibt wichtige Hinweise auf die Herkunft ihres Wassers. Die Quelle reagiert recht schnell, wenn kräftige Niederschläge fallen. Dabei kann sich die Wasserführung auf bis zu 150 m^3/s steigern. In Trockenperioden kann die Wasserführung bis auf 4–5 m^3/s absinken. Dann aber bleibt sie recht stabil und nimmt mit weiterem Andauern der Trockenperiode nur noch sehr langsam ab. Das spricht dafür, dass die Quelle weitgehend direkt von dem auf den Plateaus versickernden Wasser genährt wird, dass sie aber auch Verbindung zu ausgedehnten, tief gelegenen Grundwasserspeichern hat, die umso langsamer leer laufen, je tiefer der Wasserspiegel absinkt.

(Frankreich) Die Vaucluse-Quelle

74 Aufnahme am 18.4.2007, 17 Uhr 45, horizontaler Bildwinkel 226°

Die Rhone und Avignon (Frankreich)

Kurz vor der Einmündung der Durance und etwa 20 km vor dem Beginn des Rhone-Deltas liegt auf dem linken Ufer der Rhone die Stadt Avignon. Auf der anderen Seite der Rhone gewährt der Turm Philippe le Bel in Villeneuve-les-Avignon einen großartigen Überblick über die Rhone, den Rhonegraben und die Stadt Avignon mit dem Palast der Päpste, der daran erinnert, dass für ein Jahrhundert (das 14.) die Päpste in Avignon residierten. Die Reste der Brücke St. Bénezet, auf der man getanzt hat, wie der Text des berühmten Liedes berichtet, befinden sich nicht am Hauptarm der Rhone im Vordergrund, sondern an einem zweiten Arm, der noch dichter an der Stadt vorbeiführt und von dem ein Stück links vom Palast der Päpste, rechts von den Fahnenmasten, zu sehen ist. Die erhaltene Südhälfte der Brücke ist vor dem Palast der Päpste (links von den mächtigen Türmen) zu erkennen. Am linken Bildrand sieht man das Fort St. André mit seinen runden Mauertürmen.

Die Rhone fließt hier, wenn man ihre Lage auf der Karte betrachtet, einschließlich der Aufteilung in zwei Arme in ihrem natürlichen Bett – was bei einer Landschaft mit so alten Städten und Siedlungen auch schwer zu verändern wäre. Sie ist aber voll kanalisiert, befahrbar für 1350-t-Europa-Schiffe und eingebaut in eine Reihe von Laufkraftwerken, die das für einen so großen Fluss von Natur aus an sich recht hohe Gefälle der Rhone nutzen und gleichzeitig die Strömung zugunsten der Schifffahrt herabsetzen. Bei diesen Flusskraftwerken mit Staustufen von wenigen Metern Höhe sind bedeutende Wassermengen für die Energiegewinnung erforderlich. Die Bezeichnung „Laufkraftwerke" bedeutet, dass nur wenig Möglichkeit besteht, Wasser und damit Energie zu speichern. Die Kraftwerke arbeiten laufend die Energie des ankommenden Wassers ab, ihre momentane Leistung ist im Wesentlichen durch das verfügbare Wasser bestimmt und sie können sich nur für Zeiträume in der Größenordnung einer Stunde etwas dem Bedarf anpassen. Die flachen, dicht besiedelten Talböden lassen keine größeren Stauräume zu als die, welche sich zwischen den Deichen ergeben.

Wir befinden uns hier im Staubereich der 20 km unterhalb von Avignon gelegenen Staustufe Vallabrègues. Man sieht im linken Drittel des Bildes einen hohen Deich, vom Betrachter aus gesehen links der Rhone, d.h. in der üblichen, sich an der Fließrichtung orientierenden Bezeichnung auf der rechten Rhoneseite. Dieser Deich wurde durch den Bau der Staustufe Vallabrègues notwendig.

Die Quellwolke am Horizont, leicht links vom Deich, krönt den 1900 m hohen Mont Ventoux, dessen plateauartige Kuppe aber im Augenblick wegen des Dunstes nur zu ahnen ist. Von ihm hat man bei klarem Wetter eine einzigartige Aussicht über das untere Rhonetal bis hin zum Rhone-Delta und zur Durance.

75   Aufnahme am 23.4.2005, 8 Uhr 30, horizontaler Bildwinkel 98°

Der Duero im Vordergrund fließt hier in einer Höhe von 700 m. Beim Blick auf die breite Ebene neben dem Fluss und die flachen Anhöhen am Horizont links könnte man meinen, dass wir uns schon in einem Flachland nahe der Mündung befinden. In der Tat sind wir nur noch 280 km von der Douro-Mündung bei Porto entfernt, aber dazwischen liegt eine steile Schluchtstrecke, wo der Duero sich vor seiner Zähmung durch Kraftwerksstufen durchaus nicht als Flachlandsfluss gebärdet hat. Die Erklärung für die Ebenen und sanften Rücken auf dem Bild liegt in dem Wort „Meseta". Schon seit vielen Millionen Jahren ist ein großer Teil der Iberischen Halbinsel Festland. Flüsse und ihre Nebenflüsse ebneten, lange Zeit auch unter tropischem Klima, das Gelände zum Teil durch Erosion ein und lagerten anderswo in Beckenlandschaften Sedimentschichten ab, so dass eine ausgedehnte Flachlandschaft entstanden ist, eine Rumpffläche. Auf dieser Rumpffläche haben wir bei Toro zwei verschiedene Niveaus zu unterscheiden: das Plateau, an dessen Rand wir hier stehen, und die tiefer gelegene Ebene. Der Fluss hat die in dem Becken abgelagerten Sedimentschichten in einer Dicke von etwa 100 m wieder ausgeräumt, überall dort, wo wir die Ebene sehen. Wo wir dagegen im Vordergrund die hellgelblichen, vegetationsarmen Steilhänge antreffen, da sind die höheren Lagen dieses jungtertiären (etwa 20 Mio. Jahre alten) Gesteins noch vorhanden. Auf ihm ist auch, am Rand einer vom Duero angeschnittenen Stufe, die Stadt Toro aufgebaut.

In wesentlich kürzere, menschliche Zeit-Größenordnungen führt uns die alte Brücke im linken Drittel des Bildes. Sie wurde erbaut an einer Stelle, wo an einer Verbreiterung unterhalb der Flussbiegung zunächst wohl eine Furt einen Übergang über den Duero ermöglicht hatte. Die jetzt nicht mehr vom Verkehr benutzte, aber noch weitgehend intakte Brücke mit 21 Pfeilern geht auf eine römische Konstruktion zurück, wobei sich natürlich ihre Haupt-Bausubstanz nicht mehr auf Steine der Römerzeit, sondern spätere Reparaturen gründet.

Da der Gesamtumfang des Buches hier kein Doppelseitenbild mehr zuließ, war es in einem Buch über die Flüsse Europas keine Frage, ob auf die historische Brücke oder die herrliche Kirche Santa María la Mayor, eine der jüngsten romanischen Kirchen in Altkastilien, zu verzichten war. Sie hätte 5 cm weiter vom jetzt rechten Bildrand das Zentrum von Toro markiert.

Der Duero mit der historischen Brücke von Toro   (Spanien)

Aufnahme am 23.4.2005, 20 Uhr 15, horizontaler Bildwinkel 123°   76

(Portugal) Das tiefe Tal des Douro

Im Abendlicht eine Gebirgslandschaft ohne Gipfel: Steile Talhänge führen etwa vierhundert Höhenmeter in die Tiefe, aber statt Bergspitzen sehen wir flache Reste der Meseta. Der Duero war dabei, sich in die fast eine halbe Milliarde Jahre alten Schiefer des Iberischen Massivs – damit meint der Geologe das alte Gestein und nicht etwa irgendwelche Höhenzüge – mit starkem Gefälle energisch einzuschneiden, als ihn der Mensch überraschte, ihm mit Staudämmen den Weg versperrte und so seine überschäumende Kraft für die Gewinnung von elektrischer Energie nutzte. Auf den gefällsreichen Abschnitten, über welche die großen Flüsse der Iberischen Halbinsel von der Meseta zu den Rändern der Halbinsel herabsteigen, reiht sich heute eine Kraftwerksstufe an die andere. Wo flussaufwärts der Staubereich einer tieferen Kraftwerksstufe endet, steht die nächste Staumauer. Das hat übrigens hier auf einer Strecke, auf der früher – abgesehen von kleinen Fähren – Schifffahrt undenkbar war, auch eine lokale Vergnügungsschifffahrt ermöglicht.

Alle wesentlichen Elemente einer solchen Kraftwerks-Staustufe können wir in der rechten Bildhälfte beim Kraftwerk Saucelle erkennen: Bei der Staumauer handelt es sich um eine Gewichtsmauer. Obwohl sie sich leicht bogenförmig an den Felsen der Talflanken abstützt, wird der Druck der oberhalb befindlichen Wassermassen im Wesentlichen durch das Gewicht einer nach unten immer breiter werdenden Mauer aufgefangen. Die bei jeder Staumauer notwendige Hochwasser-Entlastung führt direkt über die Staumauer (was bei einer Gewichtsmauer unproblematisch ist). Der Wasserstand des Stausees oberhalb der Mauer wird durch bewegliche Stahlschützen (im Bild hell-türkisgrün) oberhalb der vier Überlaufbahnen reguliert. Vom Wassereinlass über dem rechten Teil der Staumauer wird das Wasser in einem kurzen (nicht sichtbaren) Druckstollen zu den Turbinen geführt, deren Auslauf auf dem (in Fließrichtung betrachtet) linken Ufer des Flusses unterhalb der Staumauer gut zu erkennen ist. Über den hell schäumenden Wirbeln des auslaufenden Wassers sieht man die halb in den Berg hineingebaute Maschinenhalle. Diese wird gekrönt von einer Reihe im Freien aufgestellter Transformatoren, welche die von den Generatoren gelieferte Spannung von einigen Tausend Volt auf die für den Ferntransport notwendige Spannung von z.B. 220 000 V heraufsetzen, bevor dann die elektrische Energie mithilfe der großen Freiluft-Schaltanlage rechts der Maschinenhalle auf die Überlandleitungen verteilt wird.

Das Panorama wurde von einem für den Tourismus großartig ausgebauten Aussichtspunkt bei Freixo de Espada a Cinta aufgenommen. Zu diesem Punkt führen Wegweiser mit der Aufschrift „Miradouro". Dieses Wort bedeutet an sich „Aussichtspunkt", man könnte es aber auch übersetzen mit „Blick auf den Douro".

Der Douro oder Duero bildet hier die Grenze zwischen Portugal (Standort des Betrachters) und Spanien, wohin man in der rechten Hälfte des Panoramas blickt.

77   Aufnahme am 24.4.2005, 18 Uhr 50, horizontaler Bildwinkel 202°

Der Douro mit Porto (Portugal)

Im Jahr 2003 wurden die Freunde südlicher Länder durch die Nachricht erschreckt, dass die berühmte Stahlbrücke Dom Luis, das Wahrzeichen von Porto, mitten im Verkehr eingestürzt war. Es war keine Frage, dass die Brücke, wenn auch technisch angepasst an die Belastungen der heutigen Zeit, so weit wie möglich in der alten Form wiederaufgebaut werden musste, war sie doch in den Jahren 1881–86 von Gustave Eiffel, dem Meister des Eiffelturms von Paris, erbaut worden. Das Unglück von 2003 war übrigens nicht das erste an dieser Stelle.

Eine wesentlich schlimmere Katastrophe ereignete sich 1809, als unter der Last von vor den Truppen Napoleons fliehenden Menschen eine Schiffsbrücke brach.

Wir blicken vom Vorplatz des Klosters Nossa Senhora do Pilar über die Brücke während der Wiederherstellung in der alten Form mit Fahrbahnen in zwei Niveaus, einem oberen über dem großen Stahlgitterbogen und einem unteren in Höhe der Uferstraße. Die untere Straße erreicht man durch steinerne Portale. So war zumindest der Zustand im Augenblick der Aufnahme im April 2005. Mir ist nicht bekannt, ob man Konsequenzen aus der Tatsache gezogen hat, dass die untere Fahrbahn mit einer Höhe von nur 10 m über dem mittleren Wasserstand des Douro hochwassergefährdet ist. Schon mehrmals, z.B. 1909 und 1962, erreichte das Wasser die untere Fahrbahn.

Die historischen Portweinschiffe links, die ihre so dekorativen Segel mit den Portwein-Markennamen noch nicht für die Sommersaison aufgezogen haben, liegen vor den Niederlassungen der großen Portwein-Handelshäuser, die heute mehr als je zuvor zur Besichtigung einladen. Die Schiffe vor der Prachtstraße Avenida Diogo Leite in der nicht zu Porto gehörenden Stadt Vila Nova de Gaia liegen dort an ihrem historischen Anlegeplatz, wo sie früher laut Gesetz ausschließlich anlegen durften, weil die Anlegestellen zusammen mit den Lagerhallen für Portwein eine Zoll- und Weinhandels-Überwachungszone bildeten. Diese Zone war umgrenzt wie ein Freihafen, hatte aber nicht die Aufgabe des freien Warenaustausches innerhalb einer Zollausschlusszone, sondern diente besonders der Zoll- und Weinqualitätskontrolle.

Dort, wo flussabwärts der Douro entschwindet, sieht man noch die in den 1950er Jahren erbaute Brücke Ponte d'Arrábida, über die die westliche Umgehungsstraße von Porto läuft. In der Mitte des Bildes, unmittelbar rechts von der Brücke Dom Luis, sind Teile einer mittelalterlichen Stadtmauer mit drei viereckigen Türmen zu sehen. Diese Mauer aus dem 14. Jahrhundert wird heute als Muralha Fernandina bezeichnet, nach D. Fernando, unter dem ihr Bau 1374 abgeschlossen wurde. Flussaufwärts überspannt eine sehr junge Betonbrückenkonstruktion den Douro. Oberhalb von ihr befindet sich die im Bild nicht mehr sichtbare Eisenbahnbrücke Dona Maria Pia. Diese Brücke ist eine ebenfalls von Eiffel – noch vor der Brücke Dom Luis – errichtete Stahlkonstruktion.

| 78 | Aufnahme am 2. 5. 2005, 8 Uhr 40, horizontaler Bildwinkel 163° |

Von der Panoramastraße südlich von Toledo, auf der linken Seite des Tajo, hat man den berühmten Blick auf Toledo. Eine normale Kamera schafft es selbst mit einem extremen Weitwinkelobjektiv nicht, mehr als die Altstadt in ein einziges Bild zu fassen, etwa den Ausschnitt von der Mitte des Panoramas nach rechts über die Kathedrale (deren Turm etwas höher über den Horizont ragt als die links davon gelegenen Kirchen) bis zur ebenfalls über den Horizont ragenden Festung des Alcázar. Bild 78, ein Panorama mit 163° Bildwinkel, zeigt vom Parador de Turismo (Touristenhotel) am linken Bildrand über die Altstadt auf der rechten Seite des Tajo bis zum Schloss San Servando (wieder auf dem linken Ufer) die Gesamtlage des alten Toledo mit dem tief in die Hochfläche von Neukastilien eingeschnittenen Tal des Tajo. Die ausgedehnten modernen Stadtteile von Toledo sind an diesem Aussichtspunkt glücklich hinter der Altstadt-Erhebung verborgen.

Im einleitenden Abschnitt zu den Flüssen der Iberischen Halbinsel wurde schon darauf hingewiesen, dass Duero, Tajo und Guadiana einen sehr ähnlichen Wechsel der Flusslandschaften aufweisen. Sie beginnen in einem der umrahmenden Gebirge, fließen dann fast ohne Tal-Eintiefung auf einer Meseta mit geologisch jungen (tertiären) Ablagerungen im Untergrund, schneiden sich dann unter Zunahme des Gefälles in einen wesentlich älteren Untergrund ein, bevor sie, mit wieder wesentlich geringer gewordenem Gefälle, die Mündung in den

Der Tajo mit Toledo (Spanien)

Atlantik erreichen. Die Landschaft um Toledo hat in dieser Hinsicht eine Zwischenstellung zwischen den Situationen, die beim Duero mit den Bildern von Toro (Bild 75) und vom Miradouro bei Freixo de Espada a Cinta (Bild 76) besprochen wurde. Toro liegt in einer ziemlich flachen Meseta-Landschaft, der Miradouro zeigte uns mehrere Hundert Meter tief in die Gesteine des Iberischen Massivs eingeschnittene Täler. Hier bei Toledo ist das Tal des Tajo nur etwa 100 m tief eingeschnitten, hinter der Stadt Toledo ist eine zusammenhängende, flache Meseta zu erkennen. Die Fels-Verwitterungsformen im Vordergrund zeigen, dass wir hier in Graniten der Iberischen Masse sind. Die flache Meseta hinter der Stadt Toledo ist von sogenannten Deckschichten aufgebaut, horizontal lagernden Sedimentgesteinen aus dem jüngeren Tertiär (ca. 20 Mio. Jahre alt), im Vordergrund aber kommen schon die Gesteine des tieferen Untergrundes, des wesentlich älteren Iberischen Massivs zum Vorschein, die dann weiter im Westen und Süden allein dominieren. Der Tajo ist hier nicht im Rahmen einer modernen Kraftwerkskette aufgestaut, er zeigt aber auch nicht das hier eigentlich von Natur aus zu erwartende Gefälle. Dieses ist vielmehr auf einige Wehre konzentriert, die vom Menschen geschaffen wurden, etwa um gezielt Gefälle für Standorte von Mühlen zu haben, und dazwischen sehen wir beruhigte Abschnitte.

| 79 | Aufnahme am 27.4.2005, 11 Uhr 15, horizontaler Bildwinkel 153° |

Der alte Sockel der Iberischen Halbinsel kann aus sehr unterschiedlichen Gesteinen bestehen. Mal sind es Gneise, mal Granite (aus denen sich Felsburgen bilden) oder auch Schichtgesteine (Sedimente) aus dem Erdaltertum (Paläozoikum) wie hier im Gebiet des Naturparks (Parque Natural) von Monfrague. Die Gesteinsschichten auf dem Bild sind durch eine alte Faltung steilgestellt worden, und da es sich um Schichten sehr unterschiedlicher Härte handelt, sind die weichen Schichten von der Erosion ausgeräumt worden und die harten als rippenförmige Gebirgskämme stehen geblieben. Ein solcher Gebirgskamm trägt nördlich des Tajo den Namen Sierra de Santa Catalina, seine Fortsetzung nach Südosten heißt Sierra de Monfrague. Die Felsspitze in der rechten Bildhälfte ist der östlichste Ausläufer der Sierra de Catalina, der den Namen „Salto del Gitano" (Zigeuner-Absturz) trägt.

Wenn man auf der Straße am linken Ufer des Tajo – der hier mal wieder kein Fluss mehr ist, sondern zum oberen Ende eines großen Stausees gehört –

Der Tajo am Salto del Gitano (Spanien)

am Salto del Gitano vorbeifährt, dann fallen zunächst die parkenden Autos auf und die vielen Leute, die, teils mit Ferngläsern, zum Himmel schauen. Und wenn man es ihnen nachmacht, auch anhält und zum Himmel schaut, dann erkennt man, ja, man würde es vielleicht einen großen Schwarm von Vögeln nennen, wenn sie nicht so majestätisch segelnd kreisen würden. Wenn man sich etwas genauer umschaut, dann sieht man eine Tafel, durch die man erfährt, dass der Salto del Gitano ein Naturschutzgebiet ist und dass hier zu Hause sind:

etwa 80 Geierpaare	etwa 3 Schwarzstorchpaare	
1 Wanderfalkenpaar	1 Steinadlerpaar	1 Uhupaar

Also, bei der majestätisch im Aufwind vor dem Salto del Gitano kreisenden Gesellschaft handelt es sich um Gänsegeier. Mit dem Fernglas erkennt man dann auch, dass außer den in der Luft Schwebenden auch noch viele der großen Vögel auf den Felsen hocken. Dass es sich bei dem Wasser im Vordergrund um einen Stausee handelt, kann man auch schön auf der Seite des Salto del Gitano an dem sich durch die Helligkeit deutlich abhebenden höchsten Stauniveau erkennen.

80 | Aufnahme am 25.4.2005, 18 Uhr 20, horizontaler Bildwinkel 185°

Hundert Kilometer nordöstlich von Lissabon, etwa auf halbem Weg zwischen Santarem und Abrantes, tritt der Tejo in eine weite Flussebene ein. Bis dahin wird er begleitet von häufig bis an seine Ufer herantretenden Gesteinen der Iberischen Masse, jetzt fließt er zwischen Ebenen, die aus ganz jungen Anschwemmungen aufgebaut sind, und die Hänge aus alten Gesteinen treten etwa 10 km weit auseinander. Auf diesen letzten 100 km hat er nur noch einen Höhenunterschied von 10 m zu überwinden, und das Meeresniveau erreicht er praktisch schon 20 km östlich von Lissabon, wo er mit einem Delta mit vielen Inseln in eine Brackwasserbucht mündet, das „Strohmeer" (Mar da Palha). Das Mar da Palha kann man als den untersten Teil der großen Schwemmlandebene des Tejo ansehen, der durch den Meeresspiegelanstieg nach der letzten Eiszeit unter Wasser gesetzt wurde. Aufgrund der Gezeitenströmung vermischt sich das Flusswasser schon hier mit Meereswasser. Südlich von Lissabon verengt sich das Gewässer noch einmal im Canal do Tejo auf eine Breite von 2 km, so dass man erst das Westende dieser Engstrecke als die endgültige Mündung des Tejo ansehen sollte.

Blick vom Cristo-Rei über den Tejo auf Lissabon (Portugal)

Das Bild zeigt einen Blick über diesen Canal do Tejo auf Lissabon und die links dahinter aufragende Serra de Sintra. Links, bei dem am stärksten von Sonnenreflexen aufgehellten Teil der Wasserfläche, hat man für eine kurze Strecke schon einen Blick auf den freien Atlantik, ganz rechts im Bild sieht man, wie sich hinter dem Ostende von Lissabon die Wasserfläche wieder zum Mar do Palha weitet.

Bis 1966 musste man zunächst 30 km nach Nordosten zurückfahren, bis Vila Franca de Xira, oder man musste eine Fähre benutzen, wenn man mit dem Auto von Lissabon weiter nach Süden, auf das linke Ufer des Tejo, nach Setúbal und zum südlichsten Portugal kommen wollte. Von 1962 bis 1966 wurde dann diese Brücke des 25. April gebaut, die mit einer Länge von 2300 m und zwei Pfeilern von 190 m Höhe den Canal do Tejo überquert. Erst in einer Tiefe von 80 m unter dem Meeresspiegel fand sich fester Felsuntergrund für die Fundamente der Pfeiler. Wenn man von Lissabon über diese Brücke kommt, um zum Aussichtspunkt unter dem Cristo-Rei östlich der Brücke zu gelangen, hat man zunächst die Autobahn Richtung Westen zu verlassen und muss dann darauf achten, dass man wieder auf die Ostseite kommt. Der Cristo-Rei (Christ-König) selbst ist ein etwas kleineres Abbild der Monumentalstatue des segnenden Christus von Rio de Janeiro.

81 — Aufnahme am 8.5.2003, 18 Uhr 40, horizontaler Bildwinkel 69°

An den Lagunas de Ruidera (Spanien)

Der oberste Guadiana wird gebildet von einer Kette von Seen, den „Lagunas (Seen) von Ruidera", die sich nach folgendem Schema aneinanderreihen: Quer über das etwa 100 m in seine Umgebung eingetiefte Tal verläuft ein Damm aus Sinterkalk, der einen ein paar Hundert Meter bis zwei Kilometer langen See aufstaut. Über den Damm strömt der Abfluss des Sees, um gleich oder ein paar Kilometer unterhalb wieder in den nächsten See zu fließen. Die Dämme sind in derselben Weise entstanden, wie das bei den Bildern 98 und 99 (Plitvitzer Seen) beschrieben ist.

Der Guadiana liefert eine ganz besondere Variante des Themas „Quellen der Flüsse Europas". Das Becken des obersten Guadiana ist ein Teil der Mancha, die wiederum ein Teil der Hochfläche, der Meseta, von Neukastilien ist. Diese Hochfläche gehört zu den trockenen Landschaften des Inneren von Spanien, wo die mittlere jährliche Niederschlagsmenge teilweise weniger als 400 mm beträgt. Davon kann ein Fluss bei Sommer-Mitteltemperaturen um 24 °C kaum mehr leben. Deshalb ist das Gebiet reich an abflusslosen kleinen Seen, und die Flüsse haben Schwierigkeiten, es zu durchqueren. So auch der obere Guadiana unterhalb der Lagunas de Ruidera. Seine Wasserführung verringert sich nach und nach, bald ist oberflächlich fließendes Wasser nur noch im Winter anzutreffen, und schließlich ist er ganz verschwunden. Dabei hat allerdings auch der Mensch kräftig mitgeholfen. Nicht nur durch Ableitungen für die Bewässerung, sondern auch durch den Pflug. Unter natürlichen Bedingungen würde man in der Steppenlandschaft immer noch Spuren eines Bachbettes sehen, wo nach Regenperioden sich doch mal zeitweise ein Bach entwickelt. Wenn dort aber regelmäßig tief gepflügt wird, ist schließlich nichts mehr von einem Bachbett zu sehen. Also, irgendwo in der Mancha, unterhalb der Lagunas de Ruidera, gibt es dann schließlich keinen Guadiana mehr, zumindest nicht als an der Erdoberfläche sichtbares Gewässer.

Der Guadiana feiert dann aber nach der Tradition Wiederauferstehung an einer klassischen Stelle, den „Ojos del Guadiana", den Augen des Guadiana. Diese Stelle habe ich besichtigen wollen. Nach langem Suchen finde ich schließlich eine kleine Grube mit etwas feuchterem Boden. Ein Schild 100 m davon entfernt gibt mir wenigstens die Gewissheit, dass ich an der richtigen Stelle bin. Jedoch rings herum saubere Arbeit moderner Maschinenpflüge, nichts von einem Guadiana. Erst unterhalb des Sumpfgebiets der Tablas de Daimiel ist dann wieder ein Guadiana zusammengekommen.

Aufnahme am 27.4.2005, 16 Uhr 15, horizontaler Bildwinkel 81° | 82

Wenn man nicht auf die Schnellstraße mit ihren modernen Stelzen schaut, meint man eine seit Jahrhunderten verträumte mediterrane Landschaft zu sehen: Ganz links der Olivenbaum mit seinem Schatten, der auf sonnenverbrannte Hänge fällt, die von einer großen Schafherde beweidet werden. Charakteristisch für die mediterrane Kulturlandschaft sind auch die niedrigen Dämme im Fluss, die anzeigen, dass der Fluss nicht einmal für eine primitivste Schifffahrt Bedeutung hat, sondern vor allem Wasser für Bewässerungssysteme zu liefern hat. Vom Fluss in dieser Weise abgezweigte Bewässerungskanäle können Kulturen in der Talaue versorgen, dagegen nicht Obstkulturen am Hang (die grünen Reihen am rechten Bildrand). Hierfür sind wegen der größeren Höhendifferenz zum Fluss Pumpen erforderlich, wenn es in der Nachbarschaft keine höheren Stauseen gibt.

Die Felsblöcke im Vordergrund mögen dem Laien heruntergerollt oder gar von einer großen Flut herangeschwemmt erscheinen – an einen eiszeitlichen Gletscher mag er unter der südspanischen Hitze zu Recht wohl kaum denken. Sie repräsentieren aber das Gestein „in situ", d.h. in der Lage, wie es als zusammenhängender Gesteinskomplex entstanden ist. Das ist charakteristisch für große Bereiche im Westen der Iberischen Halbinsel: Gesteine, die seit dem Erdaltertum (Paläozoikum) oder schon vorher (seit dem Präkambrium) nicht mehr verändert wurden, sind zu einem welligen Plateau, einer „Rumpffläche" eingeebnet worden und haben eine Verwitterung erfahren, die unterschiedlich tief in den Untergrund eingedrungen ist. Später wurde das zu Grus und Lehm verwitterte Material von Bächen und Flüssen ausgeschwemmt oder rutschte einfach den Hang hinab, und zurück blieben die weniger verwitterten Reste des Gesteinsuntergrundes.

Klimatisch sind wir hier schon halb in Nordafrika. Die Juli- und August-mitteltemperaturen um 26 °C liegen zwar ewas niedriger als in Córdoba und Sevilla (28 °C), aber über denen von Tanger und Casablanca (23 °C). Bei solchen Temperaturen ist man mit einer Jahres-Niederschlagssumme von 470 mm (= 470 l/m²) gar nicht mehr sehr weit von der Trockengrenze der Wälder entfernt. Deshalb ist abgesehen von den Oliven üppiger Baumwuchs nur in der Flussaue anzutreffen, wo er vom Grundwasser ernährt wird.

Rechts außerhalb des Bildes steht die mittelalterliche Burg von Medellín. Sie passte noch in das Panorama, aber nicht mehr auf die Buchseite.

(Spanien) **Der Río Guadiana von der Burg von Medellín**

83 | Aufnahme am 27.4.2005, 19 Uhr 15, horizontaler Bildwinkel 207°

Die Guadiana-Staustufe Alqueva (Portugal)

Das 2002 vollendete Staudammprojekt Alqueva ließ den größten Stausee der Europäischen Union entstehen. Mit einem Volumen von vier Kubikkilometern ist der Speicher zusammen mit den Stauseen am Guadiana in Spanien in der Lage, mehr als den gesamten Jahresabfluss des Guadiana aufzunehmen, d. h., es kann nicht nur der aus den Niederschlägen von Herbst, Winter und Frühjahr resultierende Abfluss für die hier äußerst niederschlagsarme Sommerperiode gespeichert werden, sondern es können auch noch die erheblichen Unterschiede von Jahr zu Jahr ausgeglichen werden (Überjahresspeicher). Das Projekt soll dazu dienen, den erheblichen Rückstand Portugals (gegenüber Spanien) in der Bewässerungslandwirtschaft zu verkleinern und Portugal die Nutzung des Guadiana zu ermöglichen, an dem Spanien schon in den 1950er und 1960er Jahren das große Prestigeprojekt „Plan Badajoz" aufgebaut hat.

Alqueva-Stausee und -Kraftwerk werden als Mehrzweckprojekt vorgestellt, wobei die wichtigsten Zwecke Bewässerung und Energiegewinnung sind. Die Bewertung solcher Großprojekte wird leider häufig aus einer politischen, ökologischen oder wirtschaftlichen Grundsatzhaltung vorgenommen, ist aber letztlich nur mit einer sehr ins Detail gehenden Abwägung der Vor- und Nachteile möglich, wobei selbst dem, der sich gewissenhaft um eine neutrale Einschätzung bemüht, Fehler unterlaufen können. Das gilt sowohl für die Lancierung eines solchen Projekts gegen vielfältige Widerstände als auch für den Kampf dagegen aus ökologischer Überzeugung. Die Bedeutung des Alqueva-Projekts soll mit einigen Zahlen zum Wasserhaushalt des Guadiana erläutert werden.

Nach den Messungen von 1947–1990 flossen im Guadiana am Pegel Pulo de Lobo, das ist etwa 50 km flussabwärts von der Staumauer Alqueva, pro Jahr im Mittel 4300 hm³ Wasser vorbei. 1 hm³ ist ein Wasserwürfel von 100 m Kantenlänge, 4300 hm³ sind also 4,3 Kubikkilometer. Diese 4300 hm³ stehen natürlich nur im Mittel zur Verfügung. Es hat in den genannten 44 Jahren ein Jahr gegeben, in dem es nur 400 hm³ waren, und ein anderes, in dem 13 400 hm³ zu bewältigen waren. Dieser ungeheure Unterschied ist kein natürlicher. Solch ein Unterschied im Gesamtabfluss zweier Jahre könnte unter natürlichen Bedingungen in Vollwüstengebieten vorkommen, aber nicht in Ländern, in denen Wälder wachsen und Ackerbau betrieben werden kann. Die Ursache für den Unterschied liegt vielmehr im Bewässerungsfeldbau in Spanien. In einem trockenen Jahr wird das Wasser des Guadiana in Spanien verbraucht, da kann nur noch abfließen, was in Portugal hinzukommt (und nicht von der portugiesischen Landwirtschaft verbraucht wird). In einem sehr feuchten Jahr geht dagegen der gesamte Wasserhaushaltsüberschuss nach Portugal weiter. In dieser Situation kann ein Überjahresspeicher die Lage wesentlich entspannen – sonst steht man vor der Frage: Was ist höher zu bewerten, der Wunsch der Portugiesen nach „gerechter Verteilung" des Wassers oder der Wunsch der Spanier auf Erhaltung einer mühsam aufgebauten Bewässerungslandwirtschaft? Natürlich sollte man auch bedenken: Braucht die EU noch mehr Landwirtschaft? – aber nicht minder: Brauchen wir höhere Produktivität in der Landwirtschaft?

Ich habe die kleine Rechnung nicht vorgeführt, damit schnell der Schluss gezogen wird: Also musste Alqueva sein. Wohl aber um zu zeigen, dass man solche Projekte nicht aus einer Grundhaltung beurteilen sollte, sondern nur aufgrund der Abwägung sehr, sehr vieler Einzelheiten.

84   Aufnahme am 29.4.2005, 19 Uhr 10, horizontaler Bildwinkel 236°

Der Name Guadalquivir ist fast so etwas wie ein Denkmal zur Erinnerung an die arabische Herrschaft auf der Iberischen Halbinsel. Nicht dass es nicht noch viele andere Wörter arabischen Ursprungs im Spanischen und Portugiesischen gäbe, aber sehr zahlreich sind solche Wörter bei den Ortsnamen und ganz besonders bei den Flüssen. Guadalquivir, arabisch U-ed el Kebir, der Große Fluss, das ist wahrscheinlich in Mitteleuropa der bekannteste der Flüsse der Iberischen Halbinsel, auch wenn er nach der Wassermenge unter den fünf großen Flüssen der Halbinsel nur den 4. Platz einnimmt. Die Silbe „Guad-", arabisch U-ed (in der französischen Schreibweise Oued, im Deutschen am besten in der Form Wadi bekannt) bedeutet Tal oder Flussbett und ist wohl die häufigste Anfangssilbe südspanischer Flussnamen: Guadalquivir, Guadiana, Guadalén, Guadalimar, Guadalentín und viele andere.

Arabischen Ursprungs ist auch der Name der Burg, von der aus wir hier auf den Guadalquivir hinabschauen. Sie krönt einen Hügel, der hier 130 m über die Ebene Nieder-Andalusiens aufragt, 25 km westlich von Córdoba und 100 km östlich von Sevilla. Nieder-Andalusien ist eine Landschaftsbezeichnung, die zum Ausdruck bringt, dass die spanische Region Andalucía keinen einheitlichen Landschafts-Charakter hat, sondern eine gebirgige Hälfte im Osten – zu der auch die Sierra Nevada gehört – und eine große Ebene im Westen, eben Nieder-Andalusien, einschließt. Diese große Ebene, deren Längsachse der Guadalquivir bildet, hat ihren spitzen Anfang östlich von Córdoba und erreicht 100 km Breite westlich von Sevilla. Sie ist ein Senkungsgebiet zwischen der Betischen Kordillere (mit der Sierra Nevada) im Osten und der Sierra Morena im Nordwesten.

Der Guadalquivir von der Burg Almodóvar del Río   (Spanien)

Die Abflussbedingungen des Guadalquivir sind nur zu verstehen, wenn man die jahreszeitliche Niederschlagsverteilung in Andalusien kennt. Die vier Sommermonate Juni, Juli, August und September erbringen in Córdoba und Sevilla zusammen nur eine Niederschlagsmenge von 40 mm, das ist etwa die Hälfte von dem, was in Mitteleuropa in einem einzigen Monat zu erwarten ist, und das bei „nordafrikanischen" Mitteltemperaturen dieser vier Monate zwischen 24 °C und 28 °C. Im Juli und August regnet es praktisch überhaupt nicht, denn im Mittel 5–6 mm für beide Monate zusammen heißt, dass es alle paar Jahre mal einen Gewitterguss gibt und sonst buchstäblich nichts. Das wiederum bedeutet hier für die Flüsse, dass sie drei bis vier Monate lang nur vom Grundwasser ernährt werden, dessen Ergiebigkeit dabei natürlich fortwährend abnimmt. Während in Mitteleuropa, etwa bei Rhein, Elbe und Donau, das Verhältnis der Wassermengen vom Monat mit dem stärksten mittleren Abfluss zum Monat mit dem geringsten zwischen 1,5 : 1 und 3 : 1 liegt (Rhein 1,6 : 1, Donau 2 : 1, Elbe 2,6 : 1) und extreme Hochwasser- oder Niedrigwasserstände zu allen Jahreszeiten auftreten können, hat dieses Verhältnis beim Guadalquivir einen Wert von etwa 10 : 1. Im Augenblick dieser Aufnahme dürfte der Abfluss des Guadalquivir etwa bei seinem mittleren Jahreswert um 200 m³/s (Kubikmeter pro Sekunde) gelegen haben, nach einem mittleren Monatsabfluss um 500 m³/s im März. Bis August sinkt dann der Abfluss auf einen Wert um 40 m³/s. Der mittlere Jahresabfluss von 200 m³/s bringt den Guadalquivir in eine Größenverwandtschaft mit Seine, Main und Weser, doch ist für die Landschaft von Nieder-Andalusien und die Städte, durch die der Guadalquivir fließt, von Bedeutung, dass kurzfristig auch gewaltige Hochwasserwellen auftreten können.

| 85 | Aufnahme am 4.5.2005, 11 Uhr 30, horizontaler Bildwinkel 154°

Wir blicken über einen der großen Mäanderbögen des Ebro und über eine Beckenlandschaft, in der nicht immer nur Schicht auf Schicht abgelagert wurde, sondern wo die Senkung des Beckens auch mal unterbrochen wurde durch Phasen der Hebung und damit der Abtragung eines Teils des vorher Abgelagerten. Die Stufe, an deren Oberkante wir stehen, ist von Sandsteinen und Kalken des Oberen Tertiärs aufgebaut (Miozän, etwa 20 Mio. Jahre alt). Die einzelnen Schichten haben eine unterschiedliche Widerstandsfähigkeit gegenüber der Erosion, so dass wir einen Wechsel sehen zwischen senkrechten Abbrüchen in den harten Gesteinen und Hangabschnitten im weicheren Gestein, die an der Oberfläche eine dünne Schuttschicht tragen.

Das Ebrobecken ist fast von allen Seiten durch größtenteils hohe Gebirge begrenzt. Im Norden sind es die Pyrenäen, im Süden und Westen das Iberische Randgebirge, und selbst in der Richtung, in der auf einer kleinen Atlaskarte das Ebrobecken noch geöffnet erscheint, im Südosten, ist es von einem weniger hohen Gebirge, der Katalonischen Küstenkordillere, begrenzt. Deshalb ist das Ebrobecken, obwohl weit im Norden der Iberischen Halbinsel gelegen, eine sehr trockene Gegend. Der unterste Teil des Ebrobeckens, zwischen Zaragoza und der katalonischen Küstenkordillere, gehört zu den trockensten Landschaften von Spanien und auch von ganz Europa. Hier an unserem Fotostandort haben wir mit nur wenig mehr als 300 mm mittlerem Niederschlag pro Jahr zu rechnen.

Es gibt in der Nachbarschaft sogar einige kleinere Gebiete, die im Mittel pro Jahr weniger als 300 mm Niederschlag erhalten. Da ist an Waldwuchs nicht mehr zu denken; wir sind vielmehr in einem Gebiet,

Mäanderbogen des Ebro bei Sastago (Spanien)

in dem von Natur aus echte Steppenvegetation, also eine Graslandschaft ohne Baumwuchs, zu erwarten ist.

Unter diesen Klimabedingungen ist Trockenfeldbau, also Ackerbau ohne Bewässerung, nur noch mit speziellen Techniken möglich (dry farming), bei denen das Niederschlagswasser einer längeren Periode gesammelt wird. Der Bewässerungsfeldbau wiederum ist in erheblichem Maße vom Relief abhängig. Da das Hochpumpen wegen des Energieverbrauchs eine teure Angelegenheit ist, spielt es eine große Rolle, welche Felder von einem bestimmten Bewässerungskanal noch erreicht werden können. Das zeigt sehr deutlich die Grenze zwischen den grünen Feldern dicht am Fluss (also in tiefer Lage) und den gelbbraunen Flächen mit Trockenfeldbau.

Der Wassermenge nach ist der Ebro der bedeutendste Fluss der Iberischen Halbinsel. Zwar übertrifft ihn der Duero in der Größe des Einzugsgebiets, doch hat der Ebro sehr beachtliche Zuflüsse von Norden aus den Pyrenäen, während das Einzugsgebiet des Duero sich weitgehend über ziemlich trockene Beckenlandschaften erstreckt.

86 Aufnahme am 5.5.2005, 11 Uhr 30, horizontaler Bildwinkel 122°

Das Delta des Ebro ist der junge Flachlandsbereich, den der Ebro seit dem Ende der letzten Eiszeit, also in den letzten 10 000 – 15 000 Jahren, in das Mittelmeer vorgebaut hat. Das Ende der letzten Eiszeit ist deshalb ein entscheidendes Datum für die Entwicklung küstennaher Flussabschnitte, weil zu dieser Zeit der Meeresspiegel etwa 50 m tiefer lag als heute. Das Delta lässt sich klar nach Westen abgrenzen, denn die Küstenregion ist weiter landeinwärts aus Kalken der Unteren Kreidezeit aufgebaut, die sich aufgrund der Neigung ihrer Hänge scharf von den Delta-Ablagerungen abheben.

Wir stehen in etwa 200 m Höhe über dem Meer am Ostabfall einer aus diesen Kreidekalken aufgebauten und mit mediterraner Buschvegetation (Garrigue) bestandenen kleinen Bergkette, der Sierra de Montsia. Wir überschauen das gesamte Delta des Ebro, wenn auch der Blickwinkel mit zunehmender Entfernung sehr flach wird. In unserer Nähe ist das durch überstaute Reisfelder gekennzeichnete Deltaflachland nur schmal, die Hauptfläche des Deltas liegt links von der Bildmitte. Dort markiert eine dunkle Linie dicht unter dem Horizont den Lauf des Ebro (am Ufer wachsende Bäume). Als breiter Fluss, dessen Nachbarschaft durch Deiche vor Hochwasser geschützt ist, fließt der Ebro heute unverzweigt bis zur Spitze des Deltas. Alle Abzweigungen, das Charakteristikum eines natürlichen Deltas, sind heute Kanäle, die in erster Linie der Bewässerung dienen. Das gilt mittlerweile auch für den Arm, der 3 km vor der Mündung abzweigt, um

Das Ebro-Delta (Spanien)

eine 5 × 5 km große Insel abzutrennen, die Isla (katalanisch Illa) de Buda, den östlichsten Ausläufer des Ebro-Deltas. Diese Insel bildet einen Teil des Naturparks „Delta del Ebro". Der Naturpark beschränkt sich auf einige am Außenrand gelegene Lagunen und Inseln, die Hauptfläche des Deltas ist heute intensiv landwirtschaftlich genutzt, vor allem durch Reisbau. Die Gesamtausdehnung des Deltas beträgt etwa 28 × 26 km: 28 km Ost-West-Ausdehnung von der Deltawurzel bei Amposta bis zur äußersten Spitze, dem Cabo de Tortosa im Osten, 26 km vom Golfo de San Jorge im Norden bis zur Nehrungsinsel Punta de la Banya (mit Salzgewinnungsanlagen) im Süden.

Flüsse Nordeuropas

Während die Entwicklung der großen Alpentäler, des Flussnetzes von Spanien, des Mittelrheintals oder des Eisernen Tores sich in Millionen von Jahren abspielte, ist bei den Flüssen in Norwegen, Schweden und Finnland sozusagen erst gestern fast alles umgekrempelt oder neu geschaffen worden. **Noch vor 15 000 Jahren war ganz Skandinavien von dem riesigen Eisschild bedeckt**, der wenige Jahrtausende vorher seinen Rückzug von Norddeutschland und Nordpolen begonnen hatte. Vor 10 000 Jahren waren erst Südschweden sowie das südliche und östliche Finnland von der Eisbedeckung befreit. Dann wurde das Klima rasch wesentlich wärmer, so dass sich die Gletscher innerhalb von 1000 Jahren auf die Hochgebirgsregion an der Grenze zwischen Norwegen und Schweden zurückzogen. Deshalb konnte erst vor 10 000 Jahren die Bildung des heutigen Flussnetzes einsetzen. **Es sind in Skandinavien allerdings auch noch Spuren einer sehr viel älteren Entwicklung festzustellen.** Diese zeigen sich vor allem in den auffälligen Flachformen der Fjellgebiete. Diese Plateaus hoch über den Talböden haben oft eine so große Ausdehnung, dass sie lange vor dem Eiszeitalter von Flüssen eingeebnet worden sein müssen. Aus der Größe dieser flach gewellten Plateaugebiete, die sich deutlich von den darüber aufragenden Gebirgskämmen abheben, sowie aus ihrer heutigen Höhenlage kann man schließen, dass zu ihrer Entstehung viele Millionen Jahre erforderlich waren.

Was die Gletscher nach ihrem Abschmelzen zurückließen, war in den höheren Regionen (oberhalb von 300–400 m) eine Landschaft, in der nackte, von den Gletschern glattgeschliffene Felsoberflächen das dominierende Element waren. Die norwegische Seite, die Westseite des skandinavischen Gebirges, war schon vor dem Eiszeitalter eine hohe, steile Gebirgsflanke mit tief eingeschnittenen Tälern gewesen. An der Lage dieser Täler haben die Gletscherzungen, die in den Tälern vom skandinavischen Inlandeis herabflossen, gar nicht viel geändert. Nur die Form der Täler haben sie gewaltig umgestaltet. Weil sich die erodierende Wirkung von Gletschern nicht wie bei einem Fluss auf eine Linie beschränkt, sondern das Tal unten in seiner vollen Breite ausgeschürft wird, bildet sich ein U-förmiges Querprofil des Tals aus, ein Trogtal, das sehr steile Talflanken hat. Außerdem wurden die Täler von den Gletscherzungen bis unter den damaligen Meeresspiegel ausgeschürft, der zeitweilig 100–200 m tiefer lag als heute. Durch den Anstieg des Meeresspiegels nach der Eiszeit sind die untersten Abschnitte der **Trogtäler im Meer ertrunken, zu Fjorden geworden**. Etwas kompliziert ist die Situation dadurch, dass sich das Land nach dem Abschmelzen des Eises auch beträchtlich gehoben hat. Deshalb genügt der Anstieg des Meeresspiegels allein nicht zur Erklärung der Fjorde. Es muss schon vorher eine Ausschürfung der Trogtäler durch die Gletscherzungen bis unter den Meeresspiegel stattgefunden haben. So ergab sich für das Talnetz auf der norwegischen Seite, dass die Täler steil und kurz sind und verhältnismäßig kleine Einzugsgebiete haben. Selbst die größten dieser Täler haben ein sehr steiles Gefälle mit zahlreichen Wasserfällen, und bei den kleineren Nebenflüssen ist es geradezu der Normalfall, dass sie in Wasserfällen über extrem steile Trogtalflanken von den Plateaus herabstürzen. Das steile Oberende, mit dem solch ein Tal am Rand des Hochplateaus einsetzt, sowie einen über die senkrechte Trogflanke herabstürzenden Nebental-Wasserfall zeigt Bild 89.

Auf der schwedischen Seite ist die Abdachung, welche die Flüsse auf ihrem Weg zum Bottnischen Meerbusen zu überwinden haben, flacher, auch wenn sie im Vergleich zu den Landschaften von Westeuropa, Mitteleuropa und Osteuropa immer noch als steil zu bezeichnen ist. Hier hatten die eiszeitlichen Gletscher eine ungeheure Zahl kleiner und großer Felswannen auf wasserundurchlässigem Felsuntergrund ausgeschürft, die sich nach dem Abschmelzen des Eises so lange immer höher mit Wasser füllten, bis das Wasser an irgendeiner Stelle überlaufen und in tiefere Gebiete fließen konnte. Nach einer unterschiedlich kurzen Flussstrecke gelangt es dann in den meisten Fällen in die nächste Wanne. Das dabei entstehende Netzwerk von Flussstrecken ist sehr unregelmäßig, es besteht aus einer Aneinanderreihung von recht zufällig sich ergebenden Abflusswegen. Häufig sind die Seewannen auch Teile früherer Täler, die die Gletscher ausgehobelt und verbreitert haben. Überall, wo diese Flüsse ein beträchtliches Gefälle haben, fließen sie über nackten Fels, denn wo die eiszeitlichen Gletscher oder ihre Abflüsse einmal feinere Sedimente abgelagert hatten, wurden diese weggespült, wenn der Fluss darüber hinwegging. So zeichnen sich auch die Flüsse auf der schwedischen Seite durch einen Reichtum an Wasserfällen aus. **Hier sind es in erster Linie Wasserfälle im Lauf der großen Flüsse selbst, und nicht wie in Norwegen Wasserfälle beim Einmünden von Nebenflüssen in das Haupttal oder den Fjord.** Dieser Reichtum an Wasserfällen ist bei den größeren Flüssen Schwedens allerdings durch die intensive Wasserkrafterschließung erheblich eingeschränkt (Bild 93), aber einige Fluss-Wasserfälle wurden doch aus der Wasserkraftnutzung ausgeklammert und können ihre Energie noch zur Freude der Besucher ungenutzt zur Schau stellen. Der ebenfalls bedeutende Wasserkraft-Ausbau auf der norwegischen Seite ist weniger auffällig, weil dort die Nutzung der Wasserkraft von großen Flüssen eine geringere Rolle spielt und der Tourist kaum merkt, wie viel Wasser in der Hochregion gesammelt wird (Bild 88) und dann in Stollen zu unterirdischen Kraftwerken (Kavernenkraftwerken) nahe dem Meeresspiegel geführt wird.

Einer der großen, noch im ursprünglichen Zustand erhaltenen Fluss-Wasserfälle ist der Tännfors im westlichsten Mittelschweden, nahe der norwegischen Grenze. Bild 90 zeigt, wie hier ein größerer Fluss, der Indals Älv, auf 100–200 m Entfernung unter gewaltiger Energieentwicklung über etwa 30 Höhenmeter zu Tal stürzt.

Berühmte kleinere Flüsse Europas

Als Eintrittskarte für den Club der bedeutenden Flüsse Europas mochte ich nicht stur den Nachweis einer bestimmten mittleren jährlichen Mindest-Abflussmenge fordern. Es gibt eine ganze Reihe von kleineren oder gar sehr kleinen Flüssen, die zu Recht wesentlich bekannter sind als manche ihrer großen Brüder. Aber sowohl das Panorama des Rubicon an der italienischen Adriaküste – der Bach, an dem Caesar im Jahr 49 v. Chr. demonstrierte, was es bedeutet, den Rubikon zu überschreiten – wie auch ein Bild des Peneios mit den Meteoraklöstern in Nordgriechenland mussten dann doch zurückstehen, um größeren Flüssen einen Platz in der Bildergalerie zu ermöglichen.

Viele Jahre erinnerte Deutsche der Name der Neiße in erster Linie daran, dass dieser Fluss seit 1945 gemeinsam mit der Oder Deutschlands Ostgrenze bildet. Während in der Frage der Oder-Neiße-Linie im geeinten Europa doch wohl die Wunden zu heilen beginnen, haben einige Flüsse

Europas durch den Ersten Weltkrieg eine so traurige Berühmtheit erlangt, dass man dort auch nach bald 100 Jahren kaum anders als mit fassungsloser Betroffenheit die Soldatenfriedhöfe besuchen kann. Die Namen dieser Flüsse stehen für jahrelangen unmenschlichen Stellungskrieg, wo mit unsäglichen Opfern an Menschenleben um minimale Geländegewinne gekämpft wurde. In Nordostitalien gab der Isonzo den Namen für die Isonzo-Front und der Piave wird dem Reisenden an der Brücke noch heute vorgestellt als „Fiume caro alla patria" (Fluss, der dem Vaterland teuer ist). In Nordfrankreich hat ein kleiner Fluss sowohl für die Deutschen wie für ihre damaligen Gegner, die Alliierten aus Franzosen, Belgiern und den Staaten des British Commonwealth, den Namen für eine Schlacht gegeben, die vor allem von 1916–1918 weit mehr als eine Million Soldaten das Leben gekostet hat, der Schlacht an der Somme (Bild 65).

Den Flüssen der Britischen Inseln wäre es an sich schon wegen der vielen schönen Natursteinbrücken zu gönnen, mit mehreren Bildern in diesem Buch vertreten zu sein. Wo ist es sonst so selbstverständlich, dass immer wieder, selbst bei Fernverkehrsstraßen, einer alten Brücke zuliebe scharfes Einbiegen und einspuriger Verkehr auf der Brücke offensichtlich liebevoll akzeptiert wird? Britische Rivers sind aber nach kontinentalen Maßstäben doch oft eher große Bäche als wirkliche Flüsse. Inseln und Halbinseln bieten eben wenige Möglichkeiten zur Ausbildung größerer Flusssysteme. Man kann nicht alles haben, Britannia, rule the waves oder Schleswig-Holstein, meerumschlungen – und gleichzeitig Flüsse wie Wolga, Donau und Rhein. Für die altehrwürdige Themse allerdings musste um jeden Preis ein Platz gefunden werden (Bild 95), obwohl sie nach ihrem mittleren jährlichen Abfluss um 90 m³/s in der Rangliste der Flüsse Europas einen Platz einnehmen müsste hinter Aller und Neckar. Man hätte sie sonst in diesem Buch sicher vermisst. Die Themse hat das größte Einzugsgebiet von allen Flüssen der Britischen Inseln, aber sie ist nicht der wasserreichste. Das hängt damit zusammen, dass der Südosten Englands verhältnismäßig niederschlagsarm ist, während in Schottland und Irland selbst kleine Einzugsgebiete erstaunliche Wassermengen zusammenbringen. Einem dieser Flüsse aber auch ohne den historischen Ruhm einer Themse einen weiteren der 100 Panoramaplätze des Buches zuzusprechen, bei so viel wasserreicheren Anwärtern vom Kontinent – dafür hebt sich keiner genügend auffällig von den übrigen ab.

Unterirdische Flüsse, Karstflüsse, Karstquellen und ehemalige Flüsse

Richtige unterirdische Bäche oder Flüsse sind eher die Ausnahme, aber es gibt sie. Sie sind nur weit seltener, als die verbreitete Vorstellung von Wasseradern vermuten lässt. Wenn man eine Brunnenbohrung niederbringt oder einen Schacht gräbt, und es kommt plötzlich Wasser gesprudelt, dann heißt es häufig, man sei auf eine „Wasserader" gestoßen. Und wenn gar ein Wünschelrutengänger die Stelle gefunden hat, dann ist die Bewunderung für seine transzendentalen Fähigkeiten groß. Man hat aber einfach einen Grundwasserhorizont erreicht, d.h. Wasser, das die Poren von Sand, Kies oder porösem festerem Gestein großräumig erfüllt. So großflächig, dass es

gar nicht so schwierig ist, durch Bohren oder Graben auf Grundwasser zu treffen. Auch das Grundwasser fließt in den meisten Fällen, aber weit langsamer als das Wasser der Bäche und Flüsse. Während die Fließgeschwindigkeiten bei Flüssen in der Größenordnung von Dezimetern pro Sekunde liegen, nicht selten auch mal bei Metern pro Sekunde, geht es beim Grundwasser um Zentimeter pro Stunde oder weniger. Ein weiteres Argument dafür, dass man Grundwasserströmungen nicht als Flüsse bezeichnen sollte, ist die Tatsache, dass Grundwasserströme meist keine klare seitliche Begrenzung, keine Ufer haben. Bereiche hoher Strömungsgeschwindigkeit gehen kontinuierlich über in Bereiche geringer Geschwindigkeit.

Einen Übergangstyp zwischen echten Flüssen und dem Grundwasser stellen die Grundwasserströme in einem Flusstal dar. Fast jeder Fluss wird von einem Grundwasserstrom begleitet. Hauptgrund hierfür ist die Tatsache, dass ein großer Teil der Flüsse auf von ihnen selbst aufgeschütteten Sanden und Schottern fließt. Weil diese Sande und Schotter porenreich und wasserdurchlässig sind und wie der Fluss ein Gefälle haben, sind sie von Grundwasser erfüllt, das in derselben Richtung wie der Fluss fließt, nur wesentlich langsamer. Wenn während einer Dürreperiode ein Fluss völlig austrocknet, von der Erdoberfläche verschwunden ist, besteht dieser Grundwasserstrom fort, wenn er auch mit längerer Dauer der Dürreperiode immer schwächer wird.

Nun aber zu den echten unterirdischen Flüssen, die etwas ganz anderes sind als Grundwasserströme. Unterirdische Wasserströme, die seitlich klar begrenzt sind und Fließgeschwindigkeiten wie oberirdische Flüsse erreichen, erfordern es, dass es unterirdische Röhren gibt, in denen sie fließen können – und die entstehen nur unter bestimmten Bedingungen, nicht in jedem beliebigen Gestein. Spalten, Risse gibt es bis in eine Tiefe von mehreren Kilometern praktisch in jedem festen Gestein, und in ihnen fließt in der Nähe der Erdoberfläche auch häufig etwas Wasser, aber dabei bleibt es dann auch, wenn das Gestein nicht wasserlöslich ist. Wenn es sich aber um ein wasserlösliches Gestein handelt, dann wird Gestein vor allem dort gelöst, wo das Wasser fließt. Dadurch werden Risse erweitert, besonders an Engstellen, und so entstehen schließlich richtige Röhren, gelegentlich sogar ganze Hallen, insgesamt also ein Höhlensystem.

Die verbreitetsten wasserlöslichen Gesteine sind Kalkstein, Dolomit, Gips und Steinsalz. Zur Entstehung großer Höhlensysteme ist der Kalkstein am besten geeignet. Steinsalz wird zwar am schnellsten von Wasser gelöst, aber es ist so plastisch, dass es gar nicht zur Ausbildung ausgedehnter Risse kommt. Außerdem ist es zu gut löslich und zu wenig standfest, als dass in ihm Höhlensysteme länge Zeit erhalten blieben. Fester und einigermaßen reiner Kalkstein, wie er etwa als Meeresablagerung durch Korallen gebildet wird, hat für die Bildung und Erhaltung von Höhlensystemen gerade die richtige Löslichkeit. Das Paradebeispiel für solche Höhlenbildungen ist der Karst, also jene Gegend in Slowenien mit dem Namen Karst (Kras), die den Karsterscheinungen ihren Namen gegeben hat. Hier gibt es tatsächlich Flüsse, die plötzlich unter der Erdoberfläche verschwinden, wie z.B. die Reka bei Skocjan/S. Canziano, 16 km östlich von Triest (Bild 97), die dann nach 25 km wieder in den Timavo-Quellen zu Tage tritt (Bild 96). Auch in anderen Karstgebieten Europas gibt es solche unterirdischen Flussläufe, von denen einer im Bramabiau im südlichen Plateau Central von Frankreich an die Erdoberfläche kommt, ein anderer auf der gegenüberliegenden Seite der Rhone in der Vaucluse-Quelle (Bild 73).

87   Aufnahme am 9.6.2004, 9 Uhr 15, horizontaler Bildwinkel 231°

Felsbett der Otra im Setesdal bei Berdal (Norwegen)

Die Otra ist einer der Flüsse, die von den Hochflächen Südnorwegens recht geradlinig radial nach außen fließen, im Fall der Otra nach Süden. Die Gesteine, über die hier die Otra fließt, gebänderte Gneise mit dunklen Lagen von hornblendereichem Gestein (Amphibolit), haben das auch einem Geologen schon etwas Ehrfurcht abnötigende Alter von etwa einer Milliarde Jahren. Gesteine dieses Alters sind in Mitteleuropa nur an ganz wenigen Stellen festzustellen, in Südnorwegen nehmen sie dagegen große Gebiete ein.

An viel, viel kürzere Zeiträume haben wir zu denken, wenn wir hier nach der Entstehung der Landschaft fragen. Sieht man einmal vom Pflanzenkleid ab, so fließt die Otra hier in einer Landschaft, die fast noch so daliegt, wie sie die eiszeitlichen Gletscher vor 8000–9000 Jahren verlassen haben. Für die Kiefern genügten die seitdem verflossenen paar Tausend Jahre, um von Westeuropa, wohin sie in der Eiszeit zurückgedrängt worden waren, wieder hierher zurückzuwandern und von der Landschaft Besitz zu ergreifen, selbst wenn sie hier auch heute von der Grenze ihrer Existenzmöglichkeit gar nicht so weit entfernt sind. Die bis zu 1400 m hohen Berge mit Schneeresten im Hintergrund ragen nämlich schon über die durch das Klima bestimmte Baumgrenze auf, die hier bei etwa 1100 m Höhe liegt, nur gut 300 m höher als die Bäume im Vordergrund. Der Fluss hat dagegen das Relief in dieser Zeit praktisch noch nicht gestalten können. Er hält innerhalb des Hochwasserbereiches die Felsen frei von Vegetation und Feinmaterial, aber ein Tal einschneiden konnte er trotz seiner „schäumenden Energie" noch nicht. Dazu fehlten ihm die Zeit und, was noch wichtiger ist, die „Erosionswaffen", die Gerölle.

Man sieht zwar viele große gerundete Blöcke im Flussbett, z.B. in der Bildmitte ganz vorne oder als Block-Insel links, vor der Brücke, aber das sind keine Gerölle für die alltägliche Erosionsarbeit. Das Wort „alltäglich" ist dabei mehr im Sinn von „jährlich" als im wörtlichen Sinn „täglich" zu verstehen. Auch bei einem schotterreichen Fluss geschieht bei mittlerem und niedrigem Wasserstand mit den Geröllen nicht viel. Aber bei jedem größeren Hochwasser, da geraten sie in Bewegung. Nicht dagegen diese Blöcke. Die mögen bei ganz großen Hochwasser-Ereignissen auch mal ein paar Hundert Meter weiterbewegt werden – die erwähnte Block-Insel ist sicher vom Fluss zusammengestellt worden –, aber die Blöcke im Vordergrund zeigen mit ihrer „Patina", dass sie schon etliche Jahre nicht mehr bewegt wurden. Spuren einer Erosionstätigkeit des Flusses sieht man nur in wenige Dezimeter tiefen Kleinformen, z.B. in den Strudellöchern nahe dem rechten Bildrand. Diese können aber auch von einem Bach herrühren, der schon unter dem eiszeitlichen Gletschereis geflossen ist.

Für ein merkliches Einschneiden in den Untergrund fehlt dem Fluss das Routine-Schleifmaterial, die Gerölle von 5, 10 oder 20 cm Durchmesser, die bei jedem größeren Hochwasser ein paar Hundert Meter oder ein paar Kilometer bewegt werden und dabei über den Untergrund schleifen. Warum fehlen die hier? Die Antwort lautet: Weil diese skandinavischen Fjellplateaus übersät sind mit Seen in Felswannen, die von den Eiszeitgletschern ausgehobelt wurden. Weil jeder Bach nach ein paar Kilometern erst einmal wieder durch einen See muss, den er mit glasklarem Wasser wieder verlässt. Weil die Seen „Sedimentfallen" sind, in denen ein einmündender Bach oder Fluss erst einmal so lange alle Gerölle, Sande und Schwebstoffe ablagern muss, bis die Seewanne zugefüllt ist.

88 | Aufnahme am 8.6.2004, 14 Uhr 50, horizontaler Bildwinkel 152°

Bjoreidalen und Sysenvatnet-Stausee (Norwegen)

Wir befinden uns hier in der Hardangervidda, einer Landschaft mit ähnlichem Relief wie auf dem vorigen Bild. Während wir uns aber auf Bild 87 in knapp 800 m Höhe noch im Waldstockwerk befanden, sind wir hier, in 1100 m Höhe, bereits oberhalb der Baumgrenze, wie der knapp 100 m unter uns endende kleine Birkenhain anzeigt. Rechts im Hintergrund der Plateaugletscher des Hardangerjökulen, der in seinem Zentrum fast 1900 m erreicht. Die vielen kleineren Schneeflecken, die jenseits des Sees schon etwa in der Höhe unseres Standortes beginnen, werden im Laufe des Sommers größtenteils noch abschmelzen. Beim Hardangerjökul sind dagegen alle Bereiche oberhalb von etwa 1500 m dauerhaft mit Eis bedeckt. Die daran erkennbare niedrige Höhe der klimatischen Schneegrenze (1500–1600 m) und ihr sehr geringer Höhenabstand von der in 1100 m Höhe gelegenen Baumgrenze sind durch den großen Niederschlagsreichtum dieses Gebiets zu erklären (im Mittel etwa 2000 mm Niederschlag pro Jahr).

Diese großen Niederschlagsmengen, die Nähe der bis zum Meeresniveau eingeschnittenen Fjordtäler und die Möglichkeit, hoch über den Fjorden große Stauseen zu errichten, schaffen ideale Bedingungen für die Wasserkraftnutzung. Die Naturlandschaft wird natürlich durch die Stauseen beeinträchtigt; negative wirtschaftliche Auswirkungen gibt es aber in diesen unbesiedelten Höhen kaum. So wurde hier ein natürlicher kleiner See, das Sysenvatnet, durch einen langen Schüttdamm zu einem großen Speicher erweitert, sein Einzugsgebiet und damit sein Wasserzufluss durch Bachüberleitungen erweitert und durch etwa 20 km lange Stollen mit dem fast auf Meeresniveau gelegenen Sima-Kraftwerk am Eidfjord verbunden. Zu diesem Kraftwerk führen auch noch weitere Stollen von anderen Stauseen in ähnlicher Höhe.

Links des Staudamms zieht sich das Bjoreidalen als nahe der Baumgrenze gelegenes Hochtal noch etwa 10 km in unserer Blickrichtung nach Westen, bis dann mit dem Wasserfall des Vöringfossen der steile Abstieg zum Eidfjord beginnt. Dort wurde Bild 89 aufgenommen, das zeigt, wie das flache Hochtal abrupt von einer Talstufe mit Wasserfall abgelöst wird.

Aufnahme am 8. 6. 2004, 15 Uhr 30, horizontaler Bildwinkel 121°

Neben dem berühmten Wasserfall des Vöringfossen, der hier vom Aussichtspfad des Fosslihotels fotografiert wurde, fällt auf dem Bild besonders ein Reliefgegensatz auf: links ein breiter Hochtalboden, der zusammen mit den 200–300 m darüber aufragenden Bergrücken ein verhältnismäßig sanftes Relief ohne größere Felsabstürze bildet, und in diese flache Gebirgslandschaft eingeschnitten ein Tal, dessen Felsflanken steiler kaum sein können.

Der fast schon eben zu nennende Talboden in der Höhe, zu dem übrigens rechts der Bildmitte, jenseits des tiefen Tals, vor den Bergen am Horizont, eine Fortsetzung zu erkennen ist, wird als Teil einer alten „Rumpffläche" erklärt. Damit ist gemeint, dass zu einer Zeit, in der sich das Gebiet noch nicht hoch über den Meeresspiegel gehoben hatte, die Landschaft eingeebnet worden ist. Dazu sind bei einem so harten Gesteinsuntergrund wie hier (vor allem Gneise und Granite), selbst wenn die Verwitterung unter einem tropischen Klima stattfindet, schon viele Millionen Jahre erforderlich. Es gibt eine Diskussion darüber, ob diese Rumpffläche etwa 30–50 Mio. Jahre alt ist (tertiäre Rumpffläche) oder mehr als 500 Mio. Jahre (vorkambrische Rumpffläche). Dabei spielt eine wichtige Rolle, dass vor etwa 400 Mio. Jahren (im Silur) hier Sedimentgesteine auf einem ziemlich ebenen Untergrund abgelagert worden sind, der damals auch eine Rumpffläche war, und dass nach der Ablagerung dieser Sedimentgesteine des Erdaltertums die skandinavischen Hochflächen nie wieder vom Meer überflutet wurden. Sie waren also über Hunderte von Millionen Jahren Abtragungsgebiet. Dabei sind auch die Silur-Sedimente in weiten Teilen wieder abgetragen worden. Wo dadurch die alte Landoberfläche unter den Silurgesteinen „erst" vor wenigen Millionen Jahren wieder freigelegt wurde, also seit der Freilegung noch nicht viel Gestein abgetragen wurde, da hat es eine gewisse Berechtigung, von einer wieder freigelegten vorkambrischen Rumpffläche zu sprechen. Wo aber seit der Freilegung schon wieder Zigmillionen Jahre vergangen sind und seitdem Gesteine in einer Mächtigkeit von Kilometern abgetragen wurden, da haben die heutige Landoberfläche und die vor einer halben Milliarde Jahren entstandene nicht mehr viel miteinander gemeinsam.

So geht es bei der Frage, ob tertiäre oder vorkambrische Rumpffläche, weniger um Meinungsverschiedenheiten, wie das eindrucksvolle Flachrelief entstanden ist, als um die Frage, welche Bezeichnung es verdient. Weil zur Ausbildung der Plateaugebiete der Hardangervidda und anderer Hochflächen in Skandinavien die Abtragung von vielen Millionen Jahren erforderlich war, weil sie also vor dem Eiszeitalter entstanden sein müssen, ist es auf jeden Fall wichtig, mit einer Altersangabe wie Tertiär den Unterschied herauszustellen zu den tief eingeschnittenen Trogtälern und Fjorden, die im Wesentlichen ein Werk der Flüsse und Gletscher des Eiszeitalters sind. Mehr als 540 Mio. Jahre (das bedeutet nämlich vorkambrisch) sind aber bei der Reliefgestaltung ein selbst für Fachleute unvorstellbar langer Zeitraum. Wenn man nicht riskieren will, dass ein einheitliches Flachgebiet der Fjellregion an einem Ende tertiäre Rumpffläche, am anderen Ende wieder freigelegte vorkambrische ist, dann sollte man wohl die großen, relativ flachen Fjellgebiete grundsätzlich als tertiäre Rumpfflächen bezeichnen.

Für die Steilheit des eingeschnittenen Tals spielt sicher eine Rolle, dass der Plateaugletscher der Hardangervidda, der in der Eiszeit alles überdeckte, hier anfing, eine Zunge auszubilden, die nach Westen zum Eidfjord floss. Nach dem Abschmelzen der Gletscher, welche vorher die Trogtalflanken abstützten, hat es sehr häufig Bergstürze gegeben, wobei sich dann eine besonders scharfe Abbruchkante gebildet hat.

Bjoreidalen und Vöringfossen
(Norwegen)

Aufnahme am 30. 5. 2004, 9 Uhr 20, horizontaler Bildwinkel 205°

Der Wasserfall Tännfors am Indals Älv (Schweden)

Den oberen Indals Älv kann man, wie viele andere Flüsse in Schweden, als eine Kette von Seen bezeichnen, wobei die Flussstrecken, die diese Seen miteinander verbinden, selten länger als ein paar Kilometer sind. Die Seen sind ein Erbe der gerade erst überstandenen letzten Eiszeit.

In den Seen können bei der geringen Strömungsgeschwindigkeit die Gerölle und Sande eines Flusses nicht weitertransportiert werden. Solange ein See nicht zugeschüttet, verlandet oder durch Einschneiden des See-Abflusses entleert ist, verlässt das Flusswasser den See ganz klar, ohne jegliche feste Partikel, und das heißt auch: ohne jegliche Erosionswaffen.

Wenn eine durch das Überlaufen einer Seewanne entstandene steile Flussstrecke über Lockermaterial wie Moränen, Schotter oder Sande führt – was in den höheren Lagen von Norwegen oder Schweden nur sehr selten der Fall ist –, dann wird der steile Flussabschnitt durchschnitten und dadurch der oberhalb gelegene See entleert. Im Normalfall, d.h. bei Wasserfall- oder Schnellenstrecken auf Felsuntergrund, hat aber das klare, aus einem See austretende Wasser keine Chance, den Felsuntergrund in wenigen Tausend Jahren zu durchschneiden und dadurch einen über die Schwelle stürzenden Wasserfall zu beseitigen. Hier beim Tännfors führt der Weg, der sich für den Fluss zufällig ergeben hat, über eine Schwelle aus hartem Quarzit, die schon den Gletschern stärkeren Widerstand entgegengesetzte und dadurch eine Stufe verursacht hatte. An dieser Stufe hat der Fluss, seitdem er über sie seinen Weg nimmt, d.h. seit etwa 10 000 Jahren, so gut wie nichts verändern können. Er stürzt vom 435 m hoch gelegenen Tännsjön (Tännsee), dessen glatten Wasserspiegel man im Bild links, unmittelbar rechts der beiden Birken, erkennen kann, über eine weniger als 1 km lange Schnellen- und Wasserfallstrecke in einen etwa 30 m tiefer gelegenen See.

Der Tännfors-Wasserfall ist durch Wege an seinem rechten Ufer so erschlossen, dass man ihn von oben, aus der Mitte des Wasserfalls und von unten betrachten kann. Hier wurde der Blick von oben gewählt, weil man nur aus dieser Position den oberen und zugleich den unteren See sehen kann. Für den, der das tosende Wasser erleben möchte, ist der Blick aus der Mitte des Wasserfalls vielleicht noch eindrucksvoller.

91 Aufnahme am 28.5.2004, 14 Uhr 00, horizontaler Bildwinkel 197°

Mit diesem Bild sind wir noch einmal in die Fjellregion zurückgekehrt, allerdings auf die Ost-Abdachung der skandinavischen Hochregion, 200 km weiter östlich und 200 km weiter nördlich als bei den Bildern von der Hardangervidda (Bilder 88 und 89). Unser Aussichtsgipfel ist nur 963 m hoch, trotzdem liegt die Baumgrenze, die hier am Barkaldvola nur eine Höhe von etwa 800 m erreicht, schon deutlich unter uns. An unserem ziemlich trockenen Gipfelstandort herrschen unter den Pflanzen die hellen, gelbgrünen Rentierflechten vor. Die dunkleren olivgrünen Farben lassen Zwergsträucher erkennen, die in feuchteren Mulden neben Gräsern eine größere Bedeutung erlangen.

Wir schauen über das Tal der Gloma, die dann nach einer Laufstrecke von 250 km weiter im Süden aufgrund ihrer Vereinigung mit dem Lagen (Gudbrandsdalen) und aufgrund des Niederschlagsreichtums von Südnorwegen zum größten skandinavischen Fluss wird. Das spielt hier am Oberende ihres Einzugsgebiets beim Vergleich mit Nachbarflüssen aber keine Rolle.

Jenseits der Gloma sehen wir in der Mitte und der rechten Hälfte des Bildes ausgedehnte Hochflächen mit teilweise schon fast tischeben zu nennenden einheitlichen Niveaus der Wasserscheiden. Diese Flachgebiete können kaum von den eiszeitlichen Gletschern geschaffen worden sein, die in der Eiszeit mit einer Mächtigkeit von über 1000 m das Gebiet überlagert haben. Gletschereis bewegt sich vor allem in den Tälern und erodiert dadurch dort am stärksten. Das führt zu einer Verstärkung von Reliefgegensätzen, aber kaum zur Einebnung im Wasserscheidenbereich. Deshalb sind die vor uns liegenden Flachgebiete in der Höhe als Rumpfflächen anzusehen, als das Ergebnis einer über viele Millionen Jahre andauernden Abtragung unter warmem Klima, einer Abtragung, die wesentlich weiter zurückreicht als das Eiszeitalter (siehe auch Erläuterung zu Bild 89). Einzelne Berggruppen ragen deutlich über die Rumpffläche auf, z.B. im linken Viertel des Bildes der 1666 m hohe Tron und der ihm rechts vorgelagerte Felskamm mit zwei 1300 m hohen Gipfeln (im Wolkenschatten), in der Mitte des Bildes die Kuppen des Elgpiggen (1604 m) und der Grahögda (1436 m) sowie im rechten Bildviertel die um 1700 m hohen Berge der Sölen-

Das Tal der oberen Gloma vom Barkaldvola (Norwegen)

Gruppe. Die isolierte Lage dieser Gipfel über flachen Fjellgebieten erinnert sehr an Inselberge, die eine tropische Rumpffläche überragen.

Das Tal der Gloma ist hier vom Fluss und von den eiszeitlichen Gletschern gemeinsam gestaltet worden, im zeitlichen Wechsel zwischen den einzelnen Eiszeiten und den dazwischenliegenden Interglazialen. Ein ursprünglich vom Fluss geschaffenes Tal war Voraussetzung dafür, dass sich innerhalb der flächenhaften Inlandvereisung hier ein deutlicher Eisstrom entwickelte, der das Tal verbreitern und seine Hänge glattschleifen konnte. So wie das Tal der Gloma auf dem Bild vor uns liegt, ist es im Wesentlichen ein Gletschertal, denn in den kaum 8000 Jahren seit dem Abschmelzen der Gletscher der letzten Eiszeit konnte der Fluss den widerstandsfähigen Gneisen und Graniten kaum einen neuen Stempel aufdrücken.

In der Mitte des Bildes gibt es eine Stelle, halb im Wolkenschatten, halb von der Sonne angestrahlt, die auf dem nächsten Bild (92) im Detail gezeigt wird, für die aber das aktuelle Bild den besseren räumlichen Überblick ermöglicht. Man sieht dort jenseits der Gloma drei helle Flecken (Kiesabbau). Über dem rechten (kleinsten) dieser drei Flecken ist (im Wolkenschatten) der Beginn einer felsigen Schlucht, die das Tal der Gloma mit dem östlich benachbarten Tal, dem der Tysla, verbindet. Über dieses kurze Tal quer durch den schmalen Rücken zwischen den beiden großen Tälern ist gegen Ende der letzten Eiszeit Wasser aus dem Einzugsgebiet der Gloma in das Tysla-Tal geflossen. Das Merkwürdige an diesem kurzen Quertal ist, dass es auf dem nach Südwesten, also zur Gloma gerichteten Hang 70 m über der Gloma beginnt, sich urplötzlich cañonartig eingräbt und nach gut 2 km schon wieder an der Tysla endet. Ein Einzugsgebiet eines zu diesem Tal gehörenden Flusses ist nicht zu erkennen.

Aufnahme am 28.5.2004, 10 Uhr 10, horizontaler Bildwinkel 117°

Der Jutulhogget-Canyon (Norwegen)

Wir blicken hier vom jähen Talschluss am Westende des Jutulhogget-Canyon nach Osten. Das Attribut „größter Canyon von Nordeuropa" ist vielleicht etwas euphorisch und selbst die Bezeichnung „Tal" verdient diese Schlucht heute eigentlich nicht mehr. Wir blicken hier vielmehr in einen Kessel, dessen früherer Ausgang durch Hänge von groben Blöcken verschlossen ist.

Das Ganze war aber mal ein Tal, geschaffen in sehr kurzer Zeit unter den Bedingungen einer Naturkatastrophe. Gegen Ende der letzten Eiszeit hatte sich im Tal der Gloma ein großer Eisstausee gebildet, weil hier das Eis schon abgeschmolzen war, während weiter talabwärts noch Gletscher aus den höchsten Gebieten Südnorwegens das Tal blockierten. Dieser Eisstausee hatte seinen Abfluss zu der in nur 3 km Entfernung von der Gloma parallel verlaufenden Tysla. Da dabei ein 600 m Höhe erreichender Rücken zu überqueren war und 1 km weiter östlich davon die Tysla in 400 m Höhe floss, muss der daraus sich ergebende Wasserfall ein gewaltiges Spektakel gewesen sein, das alle heutigen Wasserfälle in Norwegen und Schweden in den Schatten stellte. Diese Sehenswürdigkeit hätte normalerweise eine ganze Weile erhalten bleiben können. Aber da passierte ein Unfall an der Überlauf-Baustelle, bedingt durch einen Materialfehler. Der Stausee-Abfluss traf auf eine Stelle, wo der Fels durch eine vielleicht 100 Mio. Jahre alte Verwerfung zermürbt war. Den Gletschern, die darüber fließen, fällt das nicht auf; die haben nichts davon, wenn eine 20–30 m breite Spalte mit weniger festem Material gefüllt ist. Und Bäche, die darübergehen, auch nicht, die müssen metergroße Blöcke genauso durchnagen wie festes Gestein. Aber wenn es der dumme Zufall will, dass genau da ein Mammut-Wasserfall drübergeht – dann wird aus dem gewaltigen Spektakel ein Super-Spektakel, heute würde man vielleicht auch sagen, ein Giga-Schauspiel. Da werden dann als Erstes mal zur Zeit der Schneeschmelze bei vielleicht 200 m³ Wasser pro Sekunde an der Überlaufstelle ein paar Blöcke weggerissen, die Schwelle wird um 1–2 m tiefer gelegt; der Abfluss steigert sich auf 300 oder 500 m³ pro Sekunde; die nächsten, etwas fester sitzenden Blöcke folgen, und dann gibt es kein Halten mehr, bis der Eisstausee ausgelaufen ist. Und dabei wird die ganze Störungszone ausgeräumt. Bei einem Wasserfall mit 2000 oder 10000 m³ pro Sekunde ist das eine Sache von Wochen oder gar von Tagen, nicht von Jahrtausenden oder mehr. Worauf wir jetzt blicken, das ist eine Schlucht, die verstopft ist mit steilen Bergsturzhalden.

Aufnahme am 4.6.2004, 8 Uhr 45, horizontaler Bildwinkel 109°

Das hohe Gefälle der großen schwedischen Flüsse mit häufigen Stromschnellen und Wasserfällen hat zu einer intensiven Wasserkraftnutzung eingeladen, auch wenn dabei das Landschaftsbild stärker zu verändern war als bei den Hochdruckanlagen mit mehreren Hundert Metern Fallhöhe in Norwegen. Kraftwerke wie dieses Stenkulla-Kraftwerk sind an den meisten größeren Flüssen Schwedens zu finden, oft als Ketten von Kraftwerken, die über längere Strecken das gesamte Gefälle des Flusses nutzen.

Der Damm mit einem wasserdichten Kern aus tonigem Material und einer Auflage aus Gesteinsblöcken stellt eine wesentliche Unterbrechung des natürlichen Flusssystems dar, z.B. hinsichtlich Schottertransport und Fischwanderungen, deren Auswirkungen auch im Hinblick auf längere Zeiträume (Jahrhunderte) zu berücksichtigen sind. An seinem (vom Betrachter aus gesehen) linken Ende ist der Hochwasserüberlauf zu erkennen, daran schließt sich die Maschinenhalle an und noch weiter links gewährleistet die Schaltanlage den Anschluss an das Freileitungsnetz.

Vom energietechnischen Standpunkt ist es häufig nicht sinnvoll, unterhalb der Turbinen des zu einer Staustufe gehörenden Kraftwerks das Wasser gleich wieder in das alte Flussbett zu leiten. Das tut man ohne Bedauern über Energieverluste nur dann, wenn sich der Stauraum der nächsten Stufe gleich anschließt oder die flussabwärts folgende Flussstrecke ein sehr geringes Gefälle hat. Wenn sich dagegen flussabwärts das nutzbare Gefälle fortsetzt, ohne dass man es durch Einstauen auf eine Stelle konzentrieren kann, dann wird gerne das Wasser vom Turbinenausgang in einem Kanal oder Stollen gleich zum nächsten Kraftwerk weitergeleitet, und das alte Flussbett bleibt trocken liegen. Das schafft für den geologisch Interessierten unter Umständen herrliche Gelegenheiten, die nackten Felsen im leeren Flussbett zu studieren, wobei man sich allerdings darüber im Klaren sein muss, dass es aus technischen Gründen beim Kraftwerksbetrieb notwendig sein kann, plötzlich erhebliche Wassermengen an das alte Flussbett abzugeben. Das sollte man bei solchen Studien für keine Sekunde vergessen. Zum anderen wird man darüber philosophieren, was denn eigentlich an dieser Energie erneuerbar ist. Die Energie mag über Verdunstung und Niederschlag immer wieder erneuert worden, aber wo bleibt der Fluss? Der wird offensichtlich dabei verbraucht!

Das Stenkulla-Kraftwerk am Angerman Älv
(Schweden)

94   Aufnahme am 1.6.2004, 18 Uhr 15, horizontaler Bildwinkel 206°

Wie bei den meisten Stromschnellen in Skandinavien fließt auch hier ein großer Fluss, der Torne Älv im nördlichsten Schweden, über einen von den Gletschern der letzten Eiszeit geformten Felsuntergrund, den er in der kurzen Zeit seiner Tätigkeit bisher kaum verändern konnte. Die Felsen am jenseitigen Ufer, etwas rechts der Bildmitte, deuten an, dass sich hier eine etwas härtere, nach links geneigte Felsbank quer über den Fluss zieht. Diese konnte der Fluss bisher noch kaum durchschneiden, weil er auf den oberhalb gelegenen Seeabschnitten jegliches „Schleifmaterial" zurücklassen musste.

In der rechten Bildhälfte, wo man auf die flussaufwärts gerichtete Seite der Baumstämme blickt, ist zu sehen, wie Bäume im Vordergrund auf den untersten 1–2 m schwere Beschädigungen der Rinde durch treibende Eisschollen aufweisen. Zugleich ist das ein Hinweis, dass es hier durch Eisstau zu einem beträchtlichen Anstieg des Wasserspiegels kommen kann.

60 km oberhalb dieser Stelle, bei Junosuando, hat der Torne Älv eine Bifurkation, d.h., er gabelt sich in zwei Ströme, die auf verschiedenen Wegen den Bottnischen Meerbusen erreichen. Der linke Ast behält den Namen Torne Älv bei, der rechte erhält den Namen Tärendö Älv, welcher in den Kalix Älv mündet, der dann – wie der Torne Älv, aber unabhängig von ihm – in den nördlichsten Teil des

Stromschnelle des Torne Älv bei Kengis   (Schweden)

Bottnischen Meerbusens mündet. Dies gilt als die bedeutendste Fluss-Bifurkation in Europa. Mehr als die Hälfte des Wassers, das der Torne Älv an dieser Stelle führt, geht über den Tärendö Älv in den Kalix Älv. Dieser Ast wird sich in einigen Hunderttausend Jahren wahrscheinlich stärker einschneiden und dann den Torne Älv ganz ableiten.

Der schönen Stromschnelle drohte noch eine weitere, unmittelbarere Gefahr außer der, dass ihr der Tärendö Älv eines Tages das ganze Wasser wegnehmen wird. Das war die Gefahr, dass man die „sinnlose" Energieverschwendung ersetzt durch Nutzung der regenerativen Energie zum Wohle der Erdatmosphäre. Dem wurde beim Torne Älv allerdings ein Riegel vorgeschoben, indem man bei diesem Fluss an der Grenze zwischen Finnland und Schweden per Gesetz die Wasserkraftnutzung ausgeschlossen hat.

Wenn ich mir die vielen zum Bottnischen Meerbusen entwässernden Flüsse Schwedens anschaue, wo sich im umweltbewussten Schweden leere Felsbetten abwechseln mit Kanalstrecken, Stauseen und kleinen Wasserkraftwerken, dann kann ich folgende Frage nicht einfach ohne Diskussion als abwegig vom Tisch wischen: Wäre es wirklich die schlechtere Lösung, wenn all diese Flüsse noch so über die Felsen polterten, wie Gott sie geschaffen hat, oder, wem das zu unwissenschaftlich klingt, wie sie sich nach der Eiszeit ihren Weg gesucht haben, und stattdessen ein Atomkraftwerk gewaltige Anstrengungen für angemessene Sicherheit erfordert?

95 | Aufnahme am 16.9.2008, 8 Uhr 15, horizontaler Bildwinkel 198°

Bei der Themse hatte ich drei Möglichkeiten für ein Panorama in Betracht gezogen: das Themse-Sperrwerk bei Woolwich, 12 km östlich von Westminster, dann die Tower Bridge in London und schließlich die Themse bei Windsor. Beim Themse-Sperrwerk, das seit 1983 mit beweglichen Wehren London vor schweren Sturmfluten schützt und zu diesem Zweck wenige Male im Jahr geschlossen wird, ist die Themse über 500 m breit und erweckt den Eindruck, sie sei als Fluss in der Größe mit Elbe oder Rhein vergleichbar. Es ist aber im Wesentlichen nicht ein Fluss, der dieses breite Bett erfüllt, sondern der täglich vier Mal die Richtung wechselnde Gezeitenstrom.

Die Tower Bridge ist die am weitesten flussabwärts gelegene der vielen Brücken im Stadtgebiet von London. Die besondere Konstruktion dieser 1894 erbauten Brücke wurde erforderlich, weil das wachsende London unbedingt eine Brücke weiter im Osten benötigte, die Zugänglichkeit für Seeschiffe aber bis zu der bis dahin untersten Brücke, der London Bridge, erhalten bleiben sollte. Flussabwärts von der Tower Bridge gibt es heute noch die Autobahnbrücke bei Dartford, 15 km östlich des Themse-Sperrwerks von Woolwich; weitere Querungen der Themse werden mit einer Reihe von Tunnels bewältigt.

Auch unter den Londoner Themsebrücken ist die Breite der Themse mit etwa 200 m mehr auf die Gezeitenströmungen ausgerichtet als auf den eigentlichen Fluss. Zugegeben, meine Bevorzugung des Windsor-Bildes ist auch dadurch bedingt, dass ich die Konkurrenz der fotografischen City-Spezialisten

Die Themse bei Eton und Windsor (England)

scheute, gegen deren Nachtaufnahmen mit angestrahlter Tower Bridge oder gar Feuerwerk ich einen schweren Stand befürchtete.

Also ergab sich als angemessene Lösung der Blick auf eine Themse, die beim Schloss Windsor schon fast ihre gesamte Wassermenge gesammelt hat, sich dabei aber auf eine dem Fluss entsprechende Breite beschränkt. Trotzdem ist die historische und gesellschaftliche Bedeutung dieses Flusses hier nicht zu übersehen. Wir stehen am Südende des durch sein College berühmten Eton. Die vor uns liegende Windsor-Brücke verbindet Eton mit Windsor. Morgens um halb neun, als die Straßen von Eton eindrucksvoll von schwarz gekleideten Schülern belebt waren, deren Gesichter oft deutlich ein Bewusstsein ihrer künftigen Verantwortungen erkennen ließen, war hier an der Brücke weit und breit noch kein Bobby zu sehen, unter dessen strengem Blick ich mich natürlich nicht getraut hätte, den Laternenpfeiler am nordwestlichen Brückenende als hohes Panoramastativ zu missbrauchen.

Das Flugzeug über dem Runden Turm des Schlosses macht auf Folgendes aufmerksam: Es hat offensichtlich auch die Queen nicht zu stören, dass ihr Schloss ziemlich genau in der Abflugschneise des Flughafens Heathrow liegt.

96 | Aufnahme am 6. 9. 2004, 9 Uhr 50, horizontaler Bildwinkel 194°

Die Quellen des Timavo (Italien)

Zwanzig Kilometer nordwestlich von Triest, in dem kleinen Ort San Giovanni al Timavo, treten am Fuß einer nur wenige Meter hohen, natürlichen Stufe aus Kalkstein einige gewaltige Quellen zutage, die „Fonti del Timavo", die sich innerhalb von wenigen Hundert Metern zu einem richtigen kleinen Fluss zusammenschließen, dem Timavo. Dieser Fluss mündet dann allerdings schon nach 2 km ins Meer, in die nördlichste Adria.

Was diese Karstquelle besonders interessant macht, ist einmal die Tatsache, dass sie in Verbindung gebracht werden kann mit einem kleinen Fluss, der Reka, die 25 km weiter im Osten auf einem Kalkplateau verschwindet. Zum anderen war der Timavo schon im Altertum berühmt. Ein Fluss, der schon ein paar Hundert Meter unterhalb der Quelle für damalige Begriffe als schiffbar zu bezeichnen war und nach weiteren 2 km ins Meer mündete, bot genügend Anlass, ihn mit Legenden und Sagen zu verbinden, bis hin zu solchen um die Entstehung Roms. Auch hatte man bereits im Altertum vermutet, dass der Timavo zu einem Fluss gehört, der an anderer Stelle in der Erde verschwindet, und man hatte die Länge des unterirdischen Laufs mit 24 km sehr sinnvoll eingeschätzt.

Der Fluss, der im Wesentlichen das Wasser des Timavo liefert, ist die Reka in Slowenien. Sie fließt zunächst als oberirdischer Fluss etwa 50 km in Richtung Nordwesten auf dem Plateau des istrisch-slowenischen Karsts. Dieser Landschaftsname Karst (slowenisch Kras) ist die Wurzel für die dann nicht mehr nur auf diesen Karst beschränkten allgemeinen Bezeichnungen wie Karsterscheinungen, Karstgebiete, Karstquellen. Die Reka verschwindet zunächst kurzfristig von der Erdoberfläche, taucht noch einmal am Grund von tiefen Dolinentrichtern auf (Bild 97) und entschließt sich dann, durch die Höhlen von Skocjan (italienisch S. Canziano) in die Unterwelt hinabzusteigen. Zunächst folgt sie für 2 km Höhlen, die auch für touristische Besucher zugänglich sind, bevor sie in ein Höhlensystem mit steilem Gefälle eintritt, wo man ihr bisher noch nicht folgen konnte. Es gibt dann ein paar Spuren von ihr, z.B. wenn man im Karstschlot von Trebiciano (8 km nordöstlich von Triest) 300 m in die Tiefe steigt. Es ist allerdings nicht die ganze Reka, die man dort antrifft, sondern ein Fluss, der wesentlich weniger Wasser führt als die Reka, wie sie bei S. Canziano verschwindet. Und das, was dann als Timavo unter der Kalkstufe hervorquillt, ist wiederum sehr viel mehr Wasser. Dass zwischen all diesen Stellen wirklich Verbindungen durch fließendes Wasser bestehen, hat man durch „Tracer", d.h. Stoffe wie Farben oder Pollen, die das Wasser markieren, nachgewiesen. Diese Verbindungen sind aber offensichtlich infolge von Verzweigungen und unterirdischen Nebenfluss-Einmündungen recht kompliziert.

97 | Aufnahme am 6.9.2004, 13 Uhr 20, horizontaler Bildwinkel 129°

Bild 97 zeigt einen Blick auf die Stelle, wo die Reka ihren unterirdischen Lauf beginnt. In der Mitte des Bildes sieht man die Kirche von S. Canziano; zwischen ihr und dem Betrachter liegen zwei etwa 100 m tiefe Dolinen. Dolinen sind trichterförmige Vertiefungen mit steilen Wänden, die durch Lösung von hier in die Tiefe versickerndem Wasser entstanden sind, manchmal auch, wie in diesem Fall, verbunden mit einem Einbruch der Decke über großen Höhlen. Von der Kirche S. Canziano fällt das Gelände sehr steil mit der im Schatten liegenden Felswand zum Boden der hinteren Doline ab. Am Fuß des höchsten, rechten Teils dieser Felswand sieht man den oberen Teil einer dunklen Höhle. Durch diese Höhle tritt die Reka, die 200 m weiter östlich zum ersten Mal im Untergrund verschwunden war, wieder ans Tageslicht. Sie ist also am Grund der Doline für eine kurze Strecke sichtbar, verschwindet aber gleich wieder, um den Felsrücken zwischen der hinteren und der vorderen Doline zu durchqueren. In der Mitte dieses Rückens krönt ein bogenförmiges Höhlendach, eine Naturbrücke, einen tiefen und ziemlich breiten Spalt, an dessen Grund man dann noch einmal die Reka erkennen kann (auf dem Foto mehr ahnen als wirklich erkennen).

Im Vordergrund links sieht man eine steile, diesmal sonnenbeschienene Felswand. In diese Felswand tritt die Reka direkt unter dem Betrachter ein, um dann erst 25 km weiter im Westen wieder ans Tageslicht zu kommen.

Die Tatsache, dass die Reka bei S. Canziano eine Kette von Dolinen durchquert und dabei jeweils am Grund der Dolinen kurz sichtbar ist, lässt sich kaum anders erklären, als dass im obersten Abschnitt eines früher durchgehenden unterirdischen Laufs unter einem Kalkplateau sich Dolinen von der Erdoberfläche zum unterirdischen Fluss hinuntergenagt haben, wobei dann zum Schluss auch noch Teile der Dolinenflanken nachgestürzt sind. Auch wenn der größte Teil des Bildes von steilen Felswänden eingenommen wird, lässt sich erkennen, dass sich hinter den tief eingeschnittenen Dolinen und vor den Bergen am Horizont eine verhältnismäßig flachwellige Plateaulandschaft ausbreitet.

Dolinen zwischen Reka und Timavo (Slowenien)

Aufnahme am 13. 5. 2006, 12 Uhr 20, horizontaler Bildwinkel 136° 98

Bild 98 zeigt ein Tal mit steilen Felsflanken, das in ein flach gewelltes Kalkplateau etwa hundert Meter tief eingeschnitten ist. Der Reliefgegensatz zwischen der sanften Plateau-Oberfläche und den steilen, felsigen Talflanken ist leicht zu erklären: Ein Fluss kann sich in einen Untergrund aus Kalkstein verhältnismäßig leicht einschneiden, sowohl durch Lösung des Gesteins als auch aufgrund der Tatsache, dass Kalk ein verhältnismäßig weiches Gestein ist. Es setzt einem Fluss, der den Bettboden mit Geröllen bearbeitet, nur mäßigen Widerstand entgegen. Gegenüber der Hangabtragung kann dagegen eine senkrechte Wand aus festem, wenig geklüftetem Kalk überaus widerstandsfähig sein. Eine hohe, senkrechte Wand bekommt nur sehr wenig Regen ab; es kommt kaum zur Lösung von Gestein durch den Regen. Und wenn der Kalk so fest ist, dass er nicht zu Abbrüchen neigt, kann es vorkommen, dass an so einer vom Fluss geschaffenen Felswand über viele Tausend Jahre hinsichtlich Abtragung so gut wie gar nichts geschieht.

In dem tief eingeschnittenen Tal fällt eine Reihe von Seen auf, die Plitvitzer Seen (Plitvicka Jezera), die durch Wasserfälle voneinander getrennt sind, Wasserfälle, die sich quer über den Talboden ziehen. Diese Wasserfälle sind nicht etwa dadurch zu erklären, dass sich an diesen Stellen harte Gesteinsbänke quer über das Tal ziehen, sondern der Fluss hat die Felsstufen selbst geschaffen. Er arbeitet nicht etwa daran, diese Stufen zu durchschneiden, sondern daran, sie in folgender Weise weiter aufzubauen:

Der Regen, der auf das Kalkplateau fällt, versickert in Dolinen, wobei er sowohl an der Erdoberfläche als auch später in den Höhlen Kalk löst. Schließlich ist das Wasser mit Kalk gesättigt; es kann keinen weiteren Kalk mehr aufnehmen. Irgendwann tritt dann dieses Wasser wieder zutage, meist in Form von kleinen Quellbächen nahe dem Boden eines großen Tals. Und dann wird ein Grundprinzip der Kalklösung in Karstgebieten wirksam. Dieses Prinzip lautet: Kaltes Wasser kann mehr Kalk lösen als warmes, CO_2-reiches Wasser kann mehr Kalk lösen als CO_2-armes. Das Wasser des Flusses ist bis an die Grenze des Möglichen mit Kalk gesättigt. Beim Weiterfließen an der Erdoberfläche erwärmt sich das Wasser und gibt einen Teil seines CO_2-Gehalts an die Luft ab. Beides bewirkt, dass die Menge Kalk, die das Wasser maximal gelöst enthalten kann, geringer wird. Was bleibt anderes übrig, als dass das Wasser die Kalkmenge, die es nicht mehr gelöst enthalten kann, um die es übersättigt ist, wieder ausscheidet?

(Kroatien) **Talaufwärts-Blick im Tal der Plitvitzer Seen**

Die Plitvitzer Seen bieten ein eindrucksvolles Naturschauspiel, an dem sich an schönen Sommertagen schon mal mehrere Tausend Besucher erfreuen. Deshalb sind die Ufer des Flusses und der Seen und besonders die von Natur aus schwer zugänglichen, aus Kalktuff ausgebauten Wasserfallstufen hervorragend durch Kies- oder Bohlenwege und kleine Brücken erschlossen, so dass auch Besucher mit sehr unterschiedlicher Bereitschaft oder Fähigkeit zum Wandern ihr Naturerlebnis bekommen. In der linken Hälfte des Bildes sieht man solch einen Bohlenweg, der direkt an den Rand einer aus Kalksinter aufgebauten Wasserfallstufe heranführt, wo man dann sozusagen zuschauen kann, wie im Wasser stehende Pflanzen diesem das CO_2 entziehen und der poröse Sinterkalk die Stufe weiter aufbaut.

Der hohe Wasserfall etwas rechts der Bildmitte ist allerdings anderer Natur, denn er stürzt über Kalkfelsen, die vor etwa 80 Mio. Jahren als Meeresablagerungen entstanden sind, nicht über eine Stufe von frisch aufgebautem Kalksinter (da wäre die Altersgrößenordnung Hunderte bis Tausende von Jahren). Diese Wasserfallstufe ist also nicht durch jungen Aufbau von Gestein entstanden, sondern dadurch, dass sich der Fluss des Haupttals tief in das Kalkplateau eingeschnitten hat, so dass die kleinen Nebenflüsse noch hoch über dem Haupttalboden hängen. Die Ablagerung von Sinterkalk spielt hier insofern aber auch eine Rolle, als sie die Nebenbäche daran hindert, sich in die steile Talflanke einzuschneiden. Die gelblichen bis bräunlichen Farben im Bereich des Wasserfalls weisen darauf hin, dass eine gewisse Ablagerung von Kalksinter auch hier stattfindet, auch wenn die Felswand insgesamt aus festen Kalken der Kreidezeit aufgebaut ist. Auch das Tosbecken am Fuß dieses Wasserfalls gehört zum Typ der Plitvitzer Seen, also Seen, die durch Kalksinterwälle aufgestaut sind. Es ist deshalb anzunehmen, dass auch das Wasser dieses Wasserfalls sehr reich an gelöstem Kalk ist, übersättigt mit Kalk. Die Ablagerung von Kalksinter oberhalb des Wasserfalls hat zur Folge, dass dieser seine Position von Zeit zu Zeit verlagert.

Eine spezielle, ungeklärte Frage, die den Fachmann beschäftigt, soll an dieser Stelle nicht verschwiegen werden: Es ist nicht ganz einzusehen, warum bei einem ungestörten Ablauf der Fluss zunächst sein Tal immer tiefer in das Kalkplateau eingräbt, um dann auf einmal festzustellen: Das war zu viel, ich baue wieder auf! Es muss ein Ereignis gegeben haben, das den Wechsel von Einschneiden zu Aufbau am Talboden bewirkt hat. Dafür gibt es allerdings genug Möglichkeiten: Klimaänderung, z.B. die Eiszeiten, Änderungen im Flusssystem oder Bewegungen der Erdkruste.

Wasserfälle über und zwischen den Plitvitzer Seen (Kroatien)

Aufnahme am 13. 5. 2006, 9 Uhr 20, horizontaler Bildwinkel 53°

99

100 Aufnahme am 28.5.2007, 17 Uhr 00, horizontaler Bildwinkel 215°

Der Bosporus (Türkei)

Was hat der Bosporus in einem Buch über die Flüsse Europas zu suchen? Dahinter verbergen sich gleich zwei Fragen: Erstens, ist das ein Fluss?, und zweitens, gehört das noch zu Europa?

Wenn ein Fluss jedes große Gewässer wäre, das fließt, dann hätten wir hier einen gewaltigen Fluss vor uns, den größten in diesem Buch genannten Fluss. Mit 12 000–13 000 m³/s (Kubikmetern pro Sekunde) geht durch den Bosporus anderthalb Mal so viel Wasser vom Schwarzen Meer in das Mittelmeer wie die Wolga im Mittel bei Wolgograd und Astrachan hat. Aber die Verhältnisse im Bosporus sind überhaupt nicht zu vergleichen mit der Wolga und mit der Donau, weil aufgrund der beträchtlichen Tiefe des Bosporus von etwa 100 m gleichzeitig mit den oben genannten 12 000–13 000 m³ ein halb so bedeutender Strom in der Tiefe, ein Unterstrom, in umgekehrter Richtung vom Mittelmeer zum Schwarzen Meer fließt. So etwas wird wissenschaftlich nicht als Fluss bezeichnet. Die Ursache für den Unterstrom ist der unterschiedliche Salzgehalt von Schwarzem Meer und Mittelmeer: Das sehr salzreiche und deshalb schwerere Mittelmeerwasser drückt in der Tiefe in das Schwarze Meer, auch wenn das äußerst geringe Oberflächengefälle vom Schwarzen Meer zum Mittelmeer gerichtet ist.

Allerdings schauen wir tatsächlich auf ein Flusstal! Nur liegt in diesem von einem Fluss geschaffenen Tal heute kein Fluss, sondern ein Meeresarm. Und das hat folgende Ursache: In den Eiszeiten war den Ozeanen sehr viel Wasser entzogen, das in Form großer Gletscher riesige Gebiete vor allem in Europa, Nordamerika und Asien bedeckte. Der Meeresspiegel lag deshalb wesentlich tiefer als heute, noch gegen Ende der letzten Eiszeit, vor nur 20 000 Jahren, etwa 60 m unter dem heutigen Spiegel des Weltmeeres. Zu dieser Zeit war das Schwarze Meer ein riesiger Süßwassersee, der mit dem Mittelmeer durch einen echten Fluss verbunden war. Dieser Fluss, den man als Donau nach Durchströmen des Schwarzmeer-Sees auffassen kann, hat das Tal geschaffen, in dem heute der Meeresarm des Bosporus liegt. Mit dem Abschmelzen der eiszeitlichen Gletscher stieg der Spiegel des Mittelmeeres an. Die Bosporus-Donau wurde dadurch aufgestaut und erreichte eine Tiefe, die die normale Tiefe eines so großen Flusses (etwa 10–20 m) um ein Vielfaches übertraf. Solange dabei das Wasser nur in einer Richtung vom Schwarzen Meer zum Mittelmeer floss, war es immer noch ein Fluss. Als aber im Tal der Wasserspiegel so stark angestiegen war, dass schweres, salziges Mittelmeerwasser sich in der Tiefe zum Schwarzen Meer vorschieben konnte, da war aus dem Fluss eine Meerenge geworden.

Nun noch zu der schwierigen Frage: War die Bosporus-Donau ein europäischer Fluss? Mein Antwort-Vorschlag: Vor 20 000 Jahren gab es noch kein Europa, also ist die Frage nicht sinnvoll. Und warum gab es Europa noch nicht? Ein extrem national ausgerichteter Politiker mag vielleicht sagen: „Europa spukt nur in den Hirnen weltfremder Idealisten" – ich würde denselben Gedanken liebevoll so formulieren: Europa ist eine Idee in den Herzen vieler Menschen. Wie aber Europa als ein Stück Landkarte, als ein Kontinent auf dem Globus gegen Asien abzugrenzen ist, das sagen uns keine geologischen Strukturen, keine Klimascheiden, keine Grenzen von Wüsten oder Wäldern, keine Wirtschaftsstrukturen und keine Sprach- oder Religionsgrenzen. Die Geographie hat es nie geschafft, eine überzeugende Antwort auf die Frage zu geben, wie Europa zu umgrenzen ist. Sie teilt uns letztlich nur das mit, was ich schon als Schüler gelernt habe, dass nämlich die Mehrheit der Geographen folgende Linie als Grenze benutzt: Uralgebirge – Uralfluss – Kaspisches Meer – Manytsch-Niederung – Asowsches Meer – Schwarzes Meer – Bosporus – Marmara-Meer – Dardanellen – Mittelmeer. Warum das die Grenze zwischen Europa und Asien oder Afrika ist, das kann man etwa so erklären: Schon zu Zeiten, als Autorität oft genügte zur Begründung einer Entscheidung, hat sich diese Grenze als Mehrheitsmeinung herauskristallisiert, und seitdem ist uns noch nichts Besseres eingefallen.

Zum Schluss: Ob die Türkei in Europa liegt, darauf gibt es eine ganz einfache Antwort: zu 3 % in Europa, zu 97 % in Asien. Ob sie zu Europa gehört, das ist eine Entscheidung in den Herzen der Menschen, die jeder selbst zu treffen hat, sowohl die Menschen, die in Europa leben, wie auch die, die im asiatischen Teil der Türkei leben. Und noch etwas ganz anderes ist schließlich die Frage, ob, wann und für wen es wünschenswert ist, dass die Türkei der Europäischen Union beitritt.

Register der Flussnamen

Aare 10, 15, 16, 54
Achtuba 44
Adda 123, 132
Adige 123
Albigna 21
Albula 10
Aller 181
Angerman Älv 193
Arno 29, 122, 136
Averser Rhein 10

Beraun 87
Bjorei 184, 187
Bonheur 150
Bosna 70
Bosporus 204
Bramabiau 181
Breg 9, 11, 54, 56
Brenta 122, 123
Brigach 9, 11, 56
Burnaja 52

Cellina 130

Dischma 11
Dnjepr 29, 85
Don 29, 49, 50, 85
Donau 9, 11, 12, 28–30,
    52, 54, 56, 58, 60, 62,
    64, 66, 68, 70, 72, 77,
    79–85, 120, 148, 175,
    181, 204
Dora Baltea 12, 122
Dora Riparia 12
Doubs 9
Dourbie 150
Drau 29
Drina 70
Duero, Douro 29, 123,
    160–162, 164, 177
Durance 9, 159

Ebro 29, 52, 123, 176, 178
Eder 157
Eger 87
Elbe 13, 29, 52, 87, 101, 102,
    104–106, 108, 110, 112,
    114, 120, 175, 196
Ems 101, 140
Enns 55, 120
Etsch 122, 123, 126, 128

Fulda 11, 140, 157

Gail 120
Garonne 29, 120, 123
Gloma 29, 190, 191, 192
Göta Älv 29
Großer Regen 11
Guadalquivir 29, 84, 123,
    174, 175
Guadiana 29, 123, 164,
    170–172, 174

Havel 138
Hinterrhein 10, 18

Iller 55
Ilz 58
Indals Älv 180, 188
Inn 11, 12, 20, 22, 28,
    29, 55, 58, 70, 120
Isar 11, 55
Isère 9, 154
Isonzo 181

Jeetzel 110
Jonte 150
Jutulhogget 192

Kalix Älv 194
Kama 29–30, 48, 52
Kemijoki 29
Kleiner Regen 11
Kupa 70

Lagen 190
Lech 55
Leine 32, 140
Loire 29, 52, 84, 113, 120,
    123, 148, 149
Luleälv 29

Maas 98
Madrischer Rhein 10
Main 10, 138
Manytsch 205
Marne 142
Marta 123
Massa 9
Medelser Rhein 10
Meduna 130
Memel 29
Mera, Maira 20
Merwede 98
Mesen 29
Moldau 87, 103
Morava 55
Mosel 10, 58, 96, 123, 138
Moskwa 32
Mürz 120
Mur 120

Nahe 92
Neckar 10, 181
Neiße 180
Nera 122, 123
Newa 28, 29, 52, 85
Nördliche Dwina 29, 52
Nogat 118

Oder 13, 29, 87, 101, 113,
    115, 123, 180
Oise 142
Oka 30, 32, 36
Onega 29
Orlegna 21
Otra 182

Pellice 12
Peneios 180
Petschora 29, 52
Piave 181
Po 12, 25, 26, 28, 29, 84,
    121, 122, 132–134

Radolfzeller Aach 56, 157
Regen 11
Reka 181, 198, 200
Reuss 120
Rhein 10, 11, 18, 29–30,
    52, 54, 58, 66, 84, 86, 88,
    90, 92, 94, 96, 101, 113,
    120, 123, 148, 153, 175,
    196
Rhone 9, 14, 15, 17, 28, 29,
    84, 120, 123, 152, 153,
    154, 158, 181
Rubicon 180

Salzach 60, 120
Saône 9, 123
Save 28, 29, 60, 70
Schwarzer Regen 11
Segura 122
Seine 29, 84, 113, 120,
    123, 142, 144, 146,
    148
Sesia 122
Somme 140, 181
Sorgue 156
Stura di Lanzo 122
Sumvitger Rhein 10
Svir 52

Tännfors 180, 188
Tärendö Älv 194
Tagliamento 128
Tajo, Tejo 29, 123, 164,
    166, 168
Tanaro 122
Tarn 150
Theiß 29, 55, 60, 70
Themse 29, 113, 120,
    181, 196
Tiber, Tevere 29, 122,
    138
Ticino, Tessin 121, 132
Timavo 181, 198
Torne Älv, Torniojoki 194
Trevesel 150
Tysla 191, 192

Una 70
Ural 204
Ussa (N. Petschora) 29

Vaucluse 157, 181
Visp 9
Vöringfossen 185, 187
Volhov 52
Vorderrhein 10, 120
Vrbas 70

Waal 98
Weichsel 29, 84, 87, 113,
    116, 118, 123
Weißer Regen 11
Werra 11, 32
Weser 87, 101, 138
Westliche Dwina 29
Wolga 28–33, 34, 36, 38,
    40, 42, 44, 46, 48–50,
    52, 55, 85, 113, 181,
    204

Literaturverzeichnis

Dieses Literaturverzeichnis ist eine Auswahl der Bücher, von denen ich bei der Abfassung meines Buches besonders profitiert habe. Auf jeden Fall sollten natürlich die wenigen im Text erwähnten Werke hier auch zu finden sein. Ein paar Mal habe ich versucht, die Bücher nach Inhalt und Schwierigkeitsgrad etwas zu gruppieren, es dann aber immer wieder aufgegeben. Also, es ist eine echte, wenn auch alphabetisch geordnete Schmökerkiste für unterschiedlichste Interessenten. Schließlich: Ein Literaturverzeichnis, das weiterführende Literatur über die Flüsse Europas nennen will und nicht nur Literatur über Burgen, Schlösser und sonstige Sehenswürdigkeiten an den Flüssen, kommt nicht ohne fremdsprachige Literatur aus. Aber ich denke: Wer sich für die Flüsse Europas interessiert, hat doch auch etwas Spaß an fremden Sprachen.

Almagia, Roberto (1959): L'Italia. Unione Tipografico-Editrice Torinese, Torino.

ATV-DVWK Deutsche Vereinigung für Wasserwirtschaft, Abwasser und Abfall (2000): Die Elbe und ihre Nebenflüsse – Belastung, Trends, Bewertung, Perspektiven. GFA, Hennef.

Bayerische Akademie für Naturschutz und Landschaftspflege (1991): Erhaltung und Entwicklung von Flussauen in Europa. Laufen.

Bayerisches Staatsministerium für Landesentwicklung und Umweltfragen (1985): Wasserwirtschaftliche Rahmenuntersuchung Donau und Main. München.

Blühberger, Günther (1996): Wie die Donau nach Wien kam. Böhlau Verlag, Wien.

Bullock, Allan (1996): The Rivers of Europe. George Weidenfeld and Nicolson, London.

Bundesministerium für Umwelt, Naturschutz und Reaktorsicherheit (2000): Hydrologischer Atlas von Deutschland. Bonn.

Cepl-Kaufmann, Gertrude und Johanning, Antje (2003): Mythos Rhein. Wissenschaftliche Buchgesellschaft, Darmstadt.

Conosci L'Italia, Bd. I (1957): L'Italia Fisica. Touring Club Italiano, Milano.

Cropp, J. Albrecht (1979): Die Elbe. Reich Verlag, Luzern.

Cropp, J. Albrecht (1982): Der Rhein. UmschauVerlag, Frankfurt am Main.

Davy, Lucette (1978): L'Ebre – Etude hydrologique. Thèse, Lille.

Diaconu, Constantin und Nichiforow, Iacov D. (1963): Zona de Varsare a Dunarii. București.

Eckoldt, Martin (Hrsg.) (1998): Flüsse und Kanäle. Die Geschichte der deutschen Wasserstraßen. DSV-Verlag, Hamburg.

Federau, Bernt und Batsch, Volker (1991): Die Elbe aus der Luft. Edition Maritim, Hamburg.

Franz, Hans-Joachim (1973): Physische Geographie der Sowjetunion. Hermann Haack, Gotha.

Gerken, Bernd und Schirmer, Michael (1995): Die Weser. Gustav Fischer, Stuttgart.

Hantke, René (1993): Flußgeschichte Mitteleuropas. Ferdinand Enke, Stuttgart.

IHP-Programm der UNESCO (1997): River Flood Desasters. Bundesanstalt für Gewässerkunde, Koblenz.

Institutul de Geologie si Geografie al Academiei Republicii Socialiste Romania (1969): Geografia Vaii Dunarii Romanesti. Editura Academiei Republicii Socialiste Romania, București.

Internationale Kommission für die Hydrologie des Rheingebietes (1978): Le bassin du Rhin – Das Rheingebiet. s'-Gravenhage.

Königslöw, Joachim von (1995): Flüsse Mitteleuropas. Verlag Urachhaus, Stuttgart.

Konzelmann, Gerhard (1994): Die Wolga. Hoffmann und Campe, Hamburg.

Kulturreferat der Oberösterreichischen Landesregierung (Hrsg.) (1994): Die Donau – Facetten eines europäischen Stromes. Landesverlag, Linz.

Lautensach, Hermann (1964): Iberische Halbinsel. Keysersche Verlagsbuchhandlung, München.

Le Regioni d'Italia. Etwa 20 Bände um 1960–66. Unione Tipografico-Editrice Torinese, Torino.

Lewin, John (1981): British Rivers. George Allan & Unwin, London.

Liedtke, Herbert und Marcinek, Joachim (Hrsg.) (1994): Physische Geographie Deutschlands. Justus Perthes, Gotha.

Magris, Claudio (1988): Donau. Paul Zsolnay Verlag, Wien.

Maier, Vene und Sommer, Robert (1994): Die Wachau. Falter Verlag, Wien.

Meszaros, Laszlo (2006): Die Donau. Christian Verlag, München.

Mordukhai-Boltovskoi, Ph. D. (Hrsg.) (1979): The River Volga and its life. Dr W. Junk bv Publishers, The Hague/Boston/London.

Muir, Richard und Muir, Nina (1986): Rivers of Britain. Webb & Bowen, Exeter.

Novaresio, Paolo (2006): Bedeutende Flüsse der Welt. White Star Verlag, Wiesbaden.

Petts, Geoffrey E. (Hrsg.) (1989): Historical Change of Large Alluvial Rivers: Western Europe. John Wiley & Sons, Chichester.

Raab, Birgitta und Vedin, Haldo (Hrsg.) (1995): National Atlas of Sweden. Band Climate, Lakes and Rivers. Stockholm.

Radvanyi, Jean (2000): La Nouvelle Russie. Armand Colin, Paris.

Regionale Zusammenarbeit der Donauländer (1986): Die Donau und ihr Einzugsgebiet. 3 Teile, Folgeband 2004: Das Abflussregime der Donau und ihres Einzugsgebietes.

Seppälä, Matti (Hrsg.) (2005): The Physical Geography of Fennoscandia. Oxford University Press, Oxford.

Sparschuh, Jens und Kempowski, Walter (2000): Die Elbe. Gustav Kiepenheuer Verlag, Leipzig.

Stancik, Andrej und Jovanovic, Slavoljub (Hrsg.) (1988): Danube – Dunai – Danube – Donau. Priroda, Bratislava.

Ujvari, Iosif (1972): Geografia Apelor Romaniei. Editura Stiintifica, Cluj.

Whitton, Brian A. (1984): Ecology of European Rivers. Blackwell, Oxford.

Wilhelm, Jürgen und Zehnder, Frank Günter (2002): Der Rhein. Greven Verlag, Köln.

Bemerkungen zur Fototechnik und über die Betrachtung von Panoramen, sowie ein Schlusswort

Alle Bilder dieses Buches außer den Bildern 6, 7, 23, 47, 81 und den Ausschnitten 9a, 14a und 59a sind durch Zusammensetzen (Stitching) von mehreren Einzelaufnahmen entstanden. Das Zusammensetzen von Einzelaufnahmen zu Panoramen hat man schon seit vielen Jahrzehnten praktiziert, aber vor der Bildbearbeitung am Computer war eine genaue geometrische Anpassung benachbarter Bilder praktisch nicht möglich, und auch die Anpassung von Helligkeit, Farbe und Kontrast konnte nie so gut erreicht werden, dass man nicht die Grenzen zwischen den Einzelbildern sah. Auch mit Computerbenutzung kann man nicht beliebige Aufnahmen ohne sichtbare Sprünge zusammensetzen. Es sind einige Regeln zu beachten, von denen die wichtigste ist: Die Aufnahmeorte müssen umso genauer übereinstimmen, je näher der Vordergrund ist. Bei einem Vordergrund in 1–2 m Entfernung auf den Millimeter! Das ist ohne Stativ oft nicht mit ausreichender Genauigkeit möglich, aber andererseits kann man, wenn es schnell gehen muss oder man gerade noch einen Felszacken mit optimalem Rundblick gefunden hat, auch auf Freihand-Aufnahmen nicht immer verzichten.

Die Aufnahmen vor dem 1.1.2006 wurden mit einer Hasselblad-Ausrüstung gemacht (Quadratformat 6×6 cm), fast alle mit der Weitwinkelkamera SWC (38 mm Brennweite), einige mit einer 500C mit Planar 100 mm. Sie wurden gescannt mit einem Nikon SCS 3000. Die Aufnahmen ab dem 1.1.2006 wurden mit einer Canon EOS 5D gemacht und den Objektiven Canon 24–105 mm und Tamron 17–35 mm. Diese bereits bei der Aufnahme digitalen Bilder wurden ausnahmslos als Hochformat-Aufnahmen gemacht, damit man nach dem Zusammensetzen eine größere Bildhöhe erhält und damit noch ein annehmbares Breite/Höhe-Verhältnis der Bilder.

Ein paar Worte zur Betrachtung von Bildern mit sehr großem Bildwinkel. Der Mensch kann ohne Drehung des Kopfes oder Bewegung der Augen nur etwa einen Bildwinkel von 50° überschauen, einigermaßen scharf sogar nur etwa 30° und ganz scharf nur 5–10°. Man könnte daraus den Schluss ziehen: Bilder mit einem horizontalen Blickwinkel von mehr als 60° sind etwas Unnatürliches und deshalb zu vermeiden. Das wird schwierig bei einem Bildband über Flüsse. Wie viele herrliche Aussichtspunkte gibt es an Flüssen, wo man von flussaufwärts bis flussabwärts den Blick wenden kann und dabei dann 200° oder auch mehr überschaut! Soll man das jedes Mal auf vier getrennten Einzelbildern darstellen anstatt auf einem Panorama? Wohl kaum, aber man sollte daran denken, dass das Panorama eigentlich auf der Innenseite eines Zylinders anzubringen wäre, bei dem der Betrachter in der Mitte steht. Dann könnte er den Kopf drehen oder den ganzen Körper wenden und jeden Teil des Bildes in einer natürlichen Perspektive sehen. Dafür sind allerdings die Bilder dieses Buches zu klein. Wenn man ein 200°-Bild nicht in dieser Weise „um sich herum" aufbauen kann, sondern das Doppelseitenbild als ebene Fläche vor sich liegen hat, in 60 cm Entfernung (um es gut überschauen zu können), dann sieht man das 200°-Bild unter einem Blickwinkel von nur 52°, und dann entsteht oft der Eindruck „unnatürlich". Deshalb folgender Rat, wenn man mal „psychologische" Schwierigkeiten mit der Perspektive eines der Panoramen hat: Mal kurze Zeit ganz dicht ran, am besten mit einer starken Lesebrille, so dicht, dass man das Bild nicht mit einem Blick überschauen kann, und aus dieser Position dann den Kopf drehen, um nach links und rechts zu schauen. Weitere kurze Hinweise auf Probleme bei der Betrachtung von Bildern mit sehr großen Bildwinkeln (Panoramen) finden sich auf den Seiten 40, 60, 118, 134, 138 und 146.

Für einen Geographen gibt das keine auffallenden Spuren hinterlassende Zusammensetzen von Einzelaufnahmen zu einem einzigen Bild großartige Möglichkeiten, Zusammenhänge in Landschaften vorzustellen. Ich möchte mich an dieser Stelle bei meinem Sohn Christoph bedanken, der meine ersten „handgestrickten" (selbst programmierten) Versuche um Stitching näher an den aktuellen Stand der Technik herangeführt hat und der auch entscheidend zur Verbesserung der Reliefdarstellung meiner Karten beigetragen hat.

Und wenn ich schon, um nicht eine der aufgrund der Verlagsplanung verfügbaren 208 Seiten für ein Vorwort zu verschwenden, einen Dank erst versteckt am Ende des Buches ausgedrückt habe, dann möchte ich zum Schluss einen kurzen Absatz noch für einen anderen Dank verwenden: für den Dank, welchen ich meiner Frau Helmtrud schulde für die Bereitung des Bodens und die stete Aufmerksamkeit, die so ein Buch zum Gedeihen benötigt.

Cesky Krumlow
Gmünd
Horn
Hollabrunn
Mistelbach
Passau
22
25
Krems
Stockerau
Linz
Wien
26
Bratislava
St.Pölten
Ried
Wels
Steyr
Amstetten
Vöcklabruck
Waidhofen
Gmunden
Bruck
Wiener Neustadt
Bad Ischl
Sopron
Kapuvár
Györ
Liezen
Kapfenberg
Schladming
Bruck
Knittelfeld
Leoben
Tamsweg
Graz
Murau
Wolfsberg
Spittal
St.Veit
Villach
Klagenfurt
Maribor
Jesenice
Varaždin
Kranj
Ljubljana
Gorizia
Monfalcone
96
Trieste
97
Zagreb
Rijeka
98
99
Ancona
Šibenik
Sinj
Split
Mostar
Banja Luka
Nova Gradiška
Slavonski Brod
Sarajewo
Donau
27
28
Budapest
Székesfehérvár
Kaposvár
Pécs
Drau
Osijek
Donau
Novi Sad
Save
Drina
Sárospatak
Bodrog
Kisvárda
Samos
Miskolc
Ózd
Nyiregyháza
Eger
Debrecen
Tiszafüred
Karcag
Berettyóújfalu
Oradea
Szolnok
Mezotur
Szeghalom
Körös
Békéscsaba
Szentes
Orosháza
Hódmezövásárhely
Szeged
Maros
Arad
Theiss
Timişoara
Lugo
Re
Oravita
Bela Crkva
Belgrad
29
Pančevo
30
Obrenovac
Donau
Smederovo
Požarevac
Morava
Kragujevac
Čačak
Paracin
Kraljevo
Kruševac
Novi Pazar
Kosovska Mitrovica
Priština
0
25
50
100
150
200 km